거짓과 싸움이다

그들은 포기하지 않을 것이다

송재빈

휴엔스트리

거짓과 싸움이다

초판 1쇄 인쇄 2021년 10월 26일
초판 1쇄 발행 2021년 11월 03일
지은이 송재빈

펴낸이 김양수
책임편집 이정은
교정교열 이봄이

펴낸곳 휴앤스토리
출판등록 제2016-000014
주소 경기도 고양시 일산서구 중앙로 1456 서현프라자 604호
전화 031) 906-5006
팩스 031) 906-5079
홈페이지 www.booksam.kr
블로그 http://blog.naver.com/okbook1234
포스트 http://naver.me/GOjsbqes
인스타그램 @okbook_
이메일 okbook1234@naver.com

ISBN 979-11-89254-62-9 (03330)

머리말

⬦⬦⬦⬦⬦⬦⬦⬦⬦

최근 민주주의를 빼앗긴 나라와 지역이 많다. 홍콩은 중국이 장악하였다. 러시아 푸틴 대통령은 개헌으로 종신 집권 토대를 마련했다. 베네수엘라 마두로 대통령은 선거 부정 논란 속에서도 두 번째 임기를 시작했고, 야권이 주도하던 국회마저 장악했다. 아프가니스탄은 탈레반이 장악했다.

여러 나라의 사례가 보여주듯이 권력은 끊임없이 자유를 위협하고 공격해서 자신의 정권 확장을 호시탐탐 노린다. 자유 사회는 공짜로 주어진 결과물이 아니라 국민들의 끊임없는 관심과 투쟁으로 유지되는 '상태'일 뿐이다. 우리나라만 봐도 증명된다. 민주주의 위해 싸우고 그로 인해 정권을 잡았다는 이들이 권력을 지키려고 악법을 만들고 민주주의를 파괴하는 행위를 서슴지 않고 벌이고 있지 않은가. 자유민주주의 체제는 거저 주어진 것이 아니라 국민들이 깨어있어 끊임없는 투쟁이 있어야만 체제가 유지된다는 사실을 깨닫게 된다.

"저 사람은 누구 편일까"

우리 사회는 분열과 대립, 불신이 갈수록 깊어지고 있다. 많은 사람이 자신과 생각이 다른 사람과 함께 살아가기를 거부하고 있다. 한 인간이 당연히 가져야 할 다양한 사고와 독립적 판단을 인정하려 하지 않는다. 마음속에 어떤 생각이 떠오를 때마다 다른 사람 눈치를 봐야 하는 세상이 돼 버렸다. 상대방과 대화하기도 쉽지 않다. "저 사람은 누구 편일까"를 조심스럽게 살펴야 할 지경이다. 지금 대한민국은 점점 품격 낮은 이상한 사회가 돼 가고 있다. 국민들의 눈과 귀는 미래가 아니라 과거로, 밖이 아니라 자꾸 안으로 향하고 있다. 이런 나라에 어떤 미래가 기다리고 있을까?

"저항해야 할 때 침묵하는 행위가 사람들을 비겁하게 만든다"

독일 나치 치하의 한 공학자는 뼈아픈 고백을 한다.

"내가 만약 1935년에 선서를 거부했다면, 결국 독일 전역에서 나와 같은 사람 수천수만 명이 선서를 거부했을 것이다. 이들의 거부는 결국 수백만 명의 마음을 움직였을 것이고 그랬다면 정권은 전복되었을지도 모르고, 최소한 처음부터 권력을 장악하게 되는 일 자체가 없었을 것이다." 결국 독일의 비극은 겁에 질려 자신의 안위만 추구하고 나치의 전횡에 반대 의견을 표명하지 않은 독일인 모두가 침묵한 결과이다.

"지옥의 가장 뜨거운 자리는 도덕적 위기의 시기에 중립을 지킨 자들에게 예약되어 있다." — 단테

"역사는 이렇게 기록할 것이다. 이 사회적 전환기의 최대 비극은 악한

사람들의 거친 아우성이 아니라 선한 사람들의 소름 끼치는 침묵이
었다고."
– 마틴 루터 킹

절대 권력은 절대 부패를 생산한다

현대 사회는 개인보다는 집단이 매우 심각한 가해자가 될 가능성이 크
다. 선전·선동을 통해 자신들의 목적을 이루고자 하는 집단은 국민들의
감성을 자극한다. 평등, 정의, 공정. 이런 아름다운 단어를 사용한다. 그
러나 그들이 사용한 언어는 순전히 선전용이며 그대로 살지는 않는다.
순진한 국민들을 반복 세뇌교육을 통해 지배해 버린다.

지킬 수 있을 때 지켜야 한다

거짓과 선동을 분별하는 지식을 갖추어야만 한다. 우리도 지금 지키지
않으면 베네수엘라, 아르헨티나, 칠레 등 자유 없는 거지국가, 지하철
요금 50원 인상으로 폭동을 일으키는 나라가 되지 말란 법이 없다. 정신
똑바로 차리고 자유민주주의를 지켜야 한다.

우리가 쉽게 흔들리는 것은 생각의 뿌리가 깊지 못해서다. 왜 이런 현
상이 일어나고 왜 일반상식을 넘어서는가, 누군가 이것을 연구하고 조
종하는 세력이 존재한다는 것이다. 자신들의 목적 달성을 위해 국민을
속인다는 것이다. 거짓에 속지 않기 위해서는 말과 행동이 다르지는 않
은지 항상 생각하고 분석해 봐야 한다.

이인호 서울대 명예교수는 "역사를 공부하는 이유 중 하나는 조작이나
선동에 휘둘리지 않도록 지성을 키우기 위해서다."라고 말했다.

"스탈린이나 김일성은 역사를 조작해 정적(政敵)을 처단하는 데 도사였다. 역사를 공부하는 이유는 그런 조작이나 선동에 끌려다니지 않도록 지성을 키우기 위해서다. 지성인이라면 구호에 현혹되지 않고 그걸 어떻게 달성할 건지 방법을 캐물어야 한다. 개인의 자유와 진리에 대한 존중 없이는 정의나 평등은 달성할 수 없다."

100년 전에 레닌이 했던 말을 기억해야 한다

"중산층을 세금과 인플레이션의 맷돌로 으깨버려라. 더 이상 노력으로 계층 상승이 불가능한 사회를 만들어라. 중산층을 과도한 세금과 집값 상승으로 척살하고 다수의 빈민층들이 가진 자를 혐오하게 만들어라. 국가 공권력 및 구호품에 절대적으로 의존하게 만들어 공산정부를 절대적으로 지지하게끔 조종하는 것이 공산정권 유지의 비결이다."

국민들은 먹고사는 문제보다 정치에 관심을 가져야 한다

정치가 먹고사는 문제뿐만 아니라 삶의 모든 영역에 간섭을 하고 있다. 직장, 부동산, 세금, 연금, 건강 등 거의 모든 것이 국회에서 법이라는 이름으로 만들어진 문서에 통제되고 나의 현재 삶뿐만 아니라 내 자녀들의 미래를 결정하고 있다.

지금 사회가 혼란스럽고 급변하는 이유는 세계정세보다는 내가 뽑은 지도자들이 자신의 이념에 따라 국가 정책을 결정하고 집행하고 있기 때문이다. 모든 게 우리 손에 달려 있다. 지금 이 나라가 가는 길이 100년 전에 레닌이 추구하고 꿈꾸던 길은 아닌지 잘 살펴봐야 한다. 정부의 책임이 아니라 공산주의 추종자들을 뽑은 국민의 손에 책임이 있다.

거짓과 싸움이다

나라가 없으면 개인도 가정도 없다

먹고 살기 바쁘다 보니 역사를 제대로 배우고 가르치지 못한 책임이 크다. 국가나 지방자치단체 지도자들의 공약과 이념, 사상 등에 관심을 갖고 이제부터라도 올바른 역사관을 가지고 거짓과 선동으로 물든 역사 의식을 바로잡아야 한다. 올바른 지식으로 무장하지 않으면 거짓과 혹 하는 선전 · 선동에 또 당하게 돼 있다.

"자유라는 나무는 애국자와 폭군의 피를 먹고 자란다"
"정부가 국민을 두려워할 때 자유가 있고, 국민이 정부를 두려워하면 폭정이 있다." 미국 3대 대통령 토머스 제퍼슨(1743~1826)이 남긴 말이 다.

이 책을 쓸 수 있도록 지혜를 주시고 여기까지 인도해 주신 살아계신 하나님께 감사드린다.

송재빈

3장 노예의 길

4장 나라가 없으면 개인도 가정도 없다

5장 그들은 결코 포기하지 않을 것이다

1장

나는 무관심을 증오한다

왜 히틀러에게 투표했을까?

"만약 내가 충성선서를 거부했다면 수천, 수만 명의 거부로 이어져 나치는 권력 장악에 실패했거나 전복됐을지 모른다."

– 나치의 강압에 순응했던 한 공학자의 깊은 회한

《아빠, 왜 히틀러한테 투표했어요?》는 나치 정권을 살아가는 한 독일 가정의 이야기를 담은 그림책이다. 어른들의 투표는 아이들의 삶에 어떤 영향을 끼치며 잘못된 선택은 우리 모두의 삶에 어떤 결과를 낳을까? 민주주의 사회에서 가장 기본적인 제도인 선거가 최악의 결과를 낳을 수도 있다는 걸 일깨운다.

아돌프 히틀러는 다른 독재자들과 달리 어떤 군사 쿠데타나 무력 도발 같은 불법 없이 독일의 정권을 차지했다. 히틀러는 선거를 통한 독일인들의 정당한 지지로 당선이 된 통치자였던 것이다. 올바른 투표가 얼마나 중요한 것인지, 반대로 잘못된 투표가 사람들의 삶에 어떤 결과를 초래하는지 알려주고 있다

거짓과 싸움이다

최근 몇 년 동안 뉴스에서는 '탄핵', '하야' 같은, 생소한 단어들이 쏟아졌다. 잘못된 현실에 분노하여 수백만의 시민들이 촛불을 들고 광장으로 모였다. 아이들은 이 광경을 지켜보면서 무슨 생각을 했을까? 80년 전에 독일에서 일어났던 일이 오늘날 우리나라의 현실과 크게 다르지 않게 읽히는 까닭은 무엇일까?

"대다수 독일인은 나치즘의 공범"

히틀러는 '좌절한 화가 지망생'이었다. 만약 히틀러가 미대에 입학해서 예술가의 길을 걸었다면 어떻게 되었을까?

'대학살(홀로코스트)'로 상징되는 잔혹했던 나치즘은 일반적으로 아돌프 히틀러와 소수 추종집단의 악행으로 인식된다.

미국의 저명한 언론인 밀턴 마이어가 1955년 출간한 《그들은 자신들이 자유롭다고 생각했다》는 이런 상식에 반대하며 나치즘과 현대사 이해의 폭을 확장시킨 책이다.

독일에 1년간 거주하면서 나치에 가담했던 열 명에 대한 인터뷰를 통해 "나치즘이 무기력한 수백만 명 위에 군림한 악마적인 소수의 독재가 아니라 다수 대중의 동조와 협력의 산물이었다"고 밝혀낸다. 나치와 히틀러의 잔혹상이 남아있던 1955년에 출간되어 커다란 반향을 불러일으켰으며, 지금도 전 세계적으로 나치 시대를 이해하는 필독서로서 꾸준히 읽히고 있다.

밀턴 마이어는 "다수의 침묵과 권력 편승이 멀쩡했던 한 사회가 순식간에 광기의 사회로 돌변하는 데 어떻게 일조할 수 있는지 강력하게 경고하는데, 이는 민주주의의 위기를 우려하는 우리 사회에도 많은 시사점을 던져준다."라고 말한다.

한나 아렌트가 '아이히만 재판'을 참관하고 펴낸 《예루살렘의 아이히만》에서 제기한 '악의 평범성', '무(無)사유'와도 깊이 맞닿아 있다.

목수, 고교생, 빵집 주인, 교사, 경찰관 등 밀턴 마이어가 만난 이 열 명의 나치 참여자들은 대체로 선량하고 가정에 충실한 평범한 사람들이다. 도대체 왜, 어떻게 나치당(국가사회주의 독일노동자당)에 가담하게 됐을까.

나치당 가입 이유도 다양하다. 나치야말로 독일을 위기에서 구할 수 있으며, 직장을 잃지 않기 위해서라고 얘기한 사람, 어려운 형편에 있는 사람들을 돕기 위해, 도덕적으로 우월한 자신이 나치를 고칠 수 있다는 생각에서 나치당에 들어간 사람도 있었다. "여러 가지 이유를 대지만 실제로는 일신의 안위를 위해서 내린 비겁한 선택이었다"는 것이 마이어의 판단이다. 어떤 소방대원은 "시장과 상관도 나치당원이고, 간부도 나치당원 중에서만 선발되는 것을 보고는 입당하지 않을 수 없었다"고 말했다. 교원 후보자이던 어느 교사도 8년 동안 승진에 실패해 나치에 가입했고, 곧바로 정교사가 됐다고 말했다. "처음에는 학교 선생님 35명 중 5명만 나치였지만, 어느새 나치당에 입당하지 않은 사람이 5명에 불과했다." 나치당원에게는 철저한 보상이 주어졌고 거부하기 힘든 유혹이었다는 것이다. 그렇지만 당장 눈앞에 보이는 편안함을 위해 내린 비겁한 선택에 불과했으며, 서로 눈치만 보다가 결국 역사상 최악의 정권

밑에서 최악의 범죄를 묵인하는 입장이 되고 말았다. 그 밑바닥에는 결국 자신의 안위가 있었고 그 결과는 참혹했다는 것을 알게 된다.

또한 나치가 언론 조작을 통해 신뢰를 확산시키고 자신들의 폭정은 철저히 은폐했고, 바깥세상으로는 시선을 돌리지도, 귀 기울이지도 않는 폐쇄적인 태도가 비극을 불렀다.

"비극은 침묵에서 시작된다"

"사회적 전환기의 최대 비극은 악한 사람들의 거친 아우성이 아니라, 선한 사람들의 소름 끼치는 침묵이다."

독일의 제1차 세계대전 참전과 전쟁에서의 패배로 수많은 독일 국민들은 목적을 상실했다. 오스트리아 출신의 망명자 아돌프 히틀러도 그중 한 사람이었다. 독일 국민이 겪고 있는 비참한 단 한 가지 원인을 '근대화의 수혜자'인 유대인이라고 선동했다.

나치 당시 유대인은 독일 인구의 1%밖에 되지 않았지만, 독일인 노벨상 수상자 중 4분의 1, 판·검사의 6%, 변호사와 공중인의 15%, 의사의 7%, 언론인과 작가의 8%를 차지했다. 심지어 백화점 유통망의 80%, 섬유산업의 40%가 유대인 소유였다. 히틀러는 공공연히 유대인을 '내부의 적'으로 삼았고, 아리아 게르만족의 순결성을 더럽히는 '세균'으로 꼽았다. 대부분의 독일 국민들은 히틀러의 카리스마 넘치는 선동에 따라 모든 악의 근원은 유대인이다. 유대인을 뿌리 뽑아야만 평화를 다시 찾을 수 있다고 믿었다.

당시 독일 인구 7,000만 명 중 100만 명이 마음대로 권력을 휘두른 배후에는 6,900만 명의 동의가 있었다. 많은 독일인은 히틀러에게 동질감을 느끼고 나치의 정책을 지지해 그들에게 권력을 넘겼으며 반(反)유대주의 선동도 무비판적으로 받아들였다.

대다수 독일인이 수용소로 끌려가는 유대인에 침묵, 방관하는 사이 탄압의 범위가 점차 넓어졌고, 결국 파시즘 지배를 낳았다. 권력의 타락과 일탈을 방관하는 것은 '범죄'다.

독일 국민은 어떻게 광기의 독재자이자 히틀러에게 자신들의 운명을 내맡기게 됐을까. 5,000만 명의 목숨을 앗아가고 전쟁을 촉발시킨 이 인물은 어떤 경로를 거쳐 독일 국민의 마음을 사로잡게 됐을까. 히틀러는 결코 무력으로만 독일인을 복종시킨 게 아니라 독일 국민 스스로 히틀러에게 충성을 맹세하고 그를 총통으로 앉혔다. 독일 국민과 미래의 총통은 하나의 운명공동체로서 함께 성장한 것이다.

히틀러를 지지한 사람들의 4분의 3이 개신교도였으며, 부르주아와 자영업자, 고소득자도 많았다. 나치당의 가장 막강한 근거지는 농촌이었다. 히틀러는 요제프 괴벨스, 에른스트 룀, 하인리히 힘러, 헤르만 괴링 등 필요한 사람을 자기편으로 만들어 평생 마법처럼 그들을 사로잡았다. 그들 중에는 학식이 풍부한 엘리트도, 군 장성도 있었지만 그의 단순명쾌한 논리 앞에서 복종을 맹세할 뿐이었다.

히틀러는 그가 자랑스럽게 내세운 세계관과 유창한 말솜씨와 특유의 행동을 통해 독일에서 역동적인 추종세력을 규합하는 데 성공했다.

'대중독재'를 논할 때 근본적인 질문 중 하나는 '대중은 왜 독재세력에게 권력을 순순히 넘겨주느냐'는 것이었다. 이 과정은 사회심리학적으로도 충분히 해명돼야 할 과제이기도 하지만 무엇보다 당대의 사회와 역사적 배경이 중요 요인으로 작용한다.

"민주주의가 어떻게 쇠퇴하는가"

2018년 영국 '이코노미스트'는 필리핀, 헝가리, 폴란드, 터키 등을 대상으로 민주주의 쇠퇴 4단계로 분석 정리했는데, 그 결과가 우리 현실에 겹쳐 보인다.

첫째, 위기가 발생하고, 유권자들은 그들을 구해주겠다고 약속한 카리스마형 지도자에게 표를 던진다. 둘째, 이 지도자는 끊임없이 가상의 적을 찾아내 사람들을 불안하게 한다. 셋째, 그는 자신에게 방해가 되는 독립적인 기관들, 즉 사법부나 언론을 순치시킨다. 마지막으로 이 지도자는 제도를 바꿔 유권자들이 자신을 몰아내기 어렵게 만든다.

한 정치학자는 "코로나와 견제받지 않는 권력의 공통점은 둘 다 눈에 보이지 않고 잘못 걸리면 죽는다"는 점이라고 했다. 그런데 "후자가 더 무섭다"고 했다. "권력의 단맛은 한번 들이면 '면역'이 생기는 게 아니라 '중독'이 되어 결국 스스로를 파괴할 뿐만 아니라 자칫 나라를 말아먹을 수 있기 때문"이다.

독일의 경험에서 배운다. 보편적 인간 가치를 위협하는 '집단애국'을 경계해야…

히틀러와 국민의 공모를 다룬 《집단 애국의 탄생 히틀러》 책은 어느 국가, 어느 사회에나 반면교사로서 집단적·광신적으로 표출되는 애국주의에 대한 성찰과 경계를 요구한다.

모든 비극의 시작에는 나치의 전횡에 '내가' 반대 의견을 표시하지 않은 것, 위기의 시대에 평범한 사람들이 보인 안이함과 침묵이 자리 잡고 있다.

공동체 속에 자신의 안위만을 위한 평범한 사람들의 '소름 끼치는 침묵'과 선한 다수는 그저 편안하게 살고 싶은 소박한 욕망 때문에 부정과 범죄의 동조자가 됐고, 그런 침묵이 광기의 사회를 불렀다.

공동체와 연대의식 해체는 항상 휴머니즘의 해체로 이어진다. 서로 공감하고 연대하는 인간적 본능이 거부되는 사회는 더 이상 어떤 민주주의도 필요하지 않을 만큼 추악하다. 아무 생각 없이 오직 자신의 이익만을 좇는 이기적인 태도는 현재를 살아가는 우리 마음속에서도 수없이 발견되곤 한다.

오늘날 극심한 갈등과 분열로 인해 상호존중과 통합의 필요성이 더욱 절실히 요구되는 한국 사회에서 개인과 집단의 관계를 살펴보는 데 독일의 경험은 매우 유효한 시사점을 제공해 주고 있다.

나치 시대의 이야기가 지금 우리에게 말을 걸고 있다. 침묵과 암묵적 동조는 광기의 피바람을 부르고, 불의를 보고도 저항하지 않는다면 또 다른 히틀러가 탄생할 것이란 경고이다.

나는 침묵했다

'나치가 그들을 덮쳤을 때'라는 시는 독일의 신학자 마르틴 니묄러

거짓과 싸움이다

(1892~1984)가 제2차 세계 대전 후 발언한 것으로 밀턴 마이어가 《그들은 자신들이 자유롭다고 생각했다》라는 책에서 통해 인용함으로써 널리 알려졌다. 밀턴 마이어는 나치의 범죄에 대해 국가와 집단의 책임을 묻는 것만큼이나, 개인의 책임을 묻는 것도 중요하다고 지적한다.

그들이 처음 공산주의자들에게 왔을 때,
나는 침묵했다.
나는 공산주의자가 아니었기에.

이어서 그들이 사회민주당원에게 왔을 때,
나는 침묵했다.
나는 사회민주당원이 아니었기에.

이어서 그들이 노동조합원들에게 왔을 때,
나는 침묵했다.
나는 노동조합원이 아니었기에.

이어서 그들이 유대인을 덮쳤을 때,
나는 침묵했다.
나는 유대인이 아니었기에.

이어서 그들이 내게 왔을 때,
그때는 더 이상 나를 위해 말해줄 이가

아무도 남아 있지 않았다.

독일의 한 공학자의 뼈아픈 고백이다.

"제가 만약 1935년에 선서를 거부했다면, 결국 독일 전역에서 저와 같은 사람 수천수만 명이 선서를 거부했다는 의미였을 겁니다. 이들의 거부는 결국 수백만 명의 마음을 움직였을 거예요. 그랬다면 정권은 전복되었을지도 모르고, 최소한 애초에 권력을 장악하게 되는 일 자체가 없었을 겁니다." 결국 독일의 비극은 겁에 질려 자신의 안위만 추구하고 나치의 전횡에 반대 의견을 표명하지 않은 독일인 모두 침묵의 결과이다.

거짓과 싸움이다

민주주의 이름으로 민주주의가 무너진다

"일단 우리가 헌법상 권력을 손에 넣으면, 우리가 옳다고 생각하는 모양으로 나라를 성형할 것이다."

– 히틀러

이 말은 '민주적으로 선출된 정부가 민주주의의 이름으로 민주주의를 파괴'하려 할 경우의 위험을 잘 보여준다.

토머스 제퍼슨은 당시 이런 말을 남겼다.

"민주주의라는 나무는 때로는 애국자와 압제자의 피를 먹고 자란다."

어떻게 민주주의는 무너지는가

"오늘날 민주주의의 붕괴는 투표장에서 일어난다."

트럼프 대통령 당선 직후, 전통을 자랑하는 민주주의조차 쉽게 무너질 수 있음을 깨달은 하버드대 정치학과 교수 스티븐 레비츠키와 대니얼 지블랫이 한 말이다.

그들은 〈뉴욕 타임스〉에 "트럼프는 민주주의에 위협이 되는가?"라는 제목으로 민주주의의 위기를 경고하는 칼럼을 쓰면서 큰 주목을 받았고, 출판사 요청으로 《어떻게 민주주의는 무너지는가》를 출간하며 즉시 화제를 일으켰다.

저자들은 냉전 종식 이후의 새로운 독재는 총이나 무력이 아니라 선출된 지도자에게서 나왔다고 지적한다. '투표장'과 '독재'의 패러독스를 통렬하게 파헤친다.

"민주주의 후퇴 현상의 핵심은 군부가 아니라 선거라는 합법적 절차로 당선된 대통령이나 총리가 권력을 잡고 난 뒤 민주주의 절차를 없애버리는 것이다." 이 책의 핵심 논점이다.

저자들은 세계 여러 나라의 경우를 비교한 끝에 민주주의가 놀라울 정도로 비슷한 과정을 거쳐 무너졌음을 발견했고, 몇 가지 신호를 패턴화했다. ①심판을 매수하고(사법부 장악) ②비판자를 탄압하고 상대편 주전이 뛰지 못하게 하거나 ③게임의 룰을 바꿔 기울어진 운동장을 만드는 방식(야당 무력화)으로 이뤄진다는 주장이다.

모든 민주주의는 유사한 방식으로 무너진다

민주주의가 무너지는 핵심 현상은 군부가 민주정치 파괴의 주범이었던 과거와 달리 선거라는 합법적 절차로 당선된 지도자가 권위주의적으로 변한다는 점이다. 선동가 히틀러, 베네수엘라의 우고 차베스, 헝가리의 빅토르 오르반처럼 선출된 선동가들이 포퓰리즘을 등에 업고 자신을 지지하는 세력은 '내 편'으로, 반대파는 '적폐 세력'으로 분리해 증오와

거짓과 싸움이다

분열, 대립의 선동정치로 이끌어 갔던 것이다.

선출된 독재자는 어떤 방식으로 민주주의를 무너뜨리며, 잠재적 독재자가 집권하기 전까지 어떤 징후들이 나타날까? 미국의 민주주의 위기를 분석한 스티븐 레비츠키와 대니얼 지블랫은 《어떻게 민주주의는 무너지는가》에서 선동가 히틀러를 '걸러내지' 못한 바이마르 공화정의 정당이 선동가를 걸러내는 '문지기' 역할을 제대로 수행하지 못했다고 설명한다.

선출된 지도자는 민주주의 규범을 성실히 따르다 나중에 본색을 드러내기도 한다. 이 책의 저자들은 잠재적인 독재자를 감별할 수 있는 몇 가지 경고신호를 개발했다. 말과 행동으로 민주주의 규범을 거부하는가, 폭력을 용인하거나 조장하는가, 경쟁자의 존재를 부인하는가, 언론의 자유를 포함하여 반대자의 기본권을 억압하려 드는가 등 독재자를 감별하는 신호를 구체적인 항목으로 제시하고 있다.

심판 매수, 비판자 탄압, 권력 남용으로 반대 세력을 적폐 세력으로 몰아 감옥에 보내고 운동장을 기울게 만든다

심판 매수는 주로 전 정권 관료들을 해고하고 측근을 임명하는 방식으로 이뤄진다. 헝가리의 빅토르 오르반 총리는 온·오프라인 미디어를 장악하고 정권의 나팔수로 만들었고, 헌법재판소와 사법부 판사를 장악하고 2012년에 선거법을 개정해서 의회의 절대다수를 차지했다. 4선의 오르반은 반(反)무슬림, 반이민, 반서방의 증오에 기반한 정치를 하고 있다.

"법원은 암살을 피하기 위해 자살을 선택했다." 베네수엘라의 우고 차베스가 14년간의 장기 독재를 시작했던 1999년 2월 당시 베네수엘라 대법원장 세실리아 소사가 사임하며 한 말이다.

석유 매장량 세계 1위 베네수엘라에서 차베스는 압도적 지지로 당선된 민주 지도자였다. 차베스는 집권 후 곧바로 판사들을 '적폐'로 몰고 대법원을 무력화시키고 '사법비상위원회'를 설치해 차베스 인사들로 2중대 사법기구를 만들며 독재자가 된다. '매수된 심판'은 권력의 입맛에 맞는 판결로 행정·입법·언론을 탄압하는 충견이 됐다.

터키의 에르도안과 러시아의 푸틴은 법률을 활용해 각각 자신에게 비판적이고 야당에 우호적인 언론에 거액의 벌금을 부과하는 등의 방법으로 경영권을 상실하게 만들었다. 독재자는 게임의 규칙을 수시로 바꾼다.

선출된 독재자는 법의 테두리 안에서 점진적으로 독재를 이루어 가기에 시민들 다수가 그런 일이 벌어지는 것을 쉽게 알아채지 못한다. 기울어진 운동장에서 제대로 된 플레이를 할 수가 없다. 문제는 페어플레이가 무너질 때 민주주의도 같이 붕괴한다는 사실이다. 민주주의의 붕괴는 국가 추락으로 이어진다.

《어떻게 민주주의는 무너지는가》의 저자는 전 세계 많은 민주주의 국가가 아주 유사한 패턴으로 무너졌음을 발견한다. 그 패턴 속에서 '경쟁자를 적으로 간주하는 정치인', '후보를 가려내는 역할을 제대로 하지 못한 정당', '언론을 공격하는 선출된 지도자' 등 민주주의 붕괴 조짐을 알

　　　　　　　　　　　　　거짓과 싸움이다

리는 명백한 신호들을 알아냈고, 결과적으로 민주주의를 지키는 건 헌법 같은 '제도'가 아니라 상호 관용이나 제도적 자제와 같은 '규범'임을 이야기한다.

독재정권의 민주주의 전복 시도는 의회나 법원의 승인을 받았다는 점에서 '합법적'이다. 심지어 사법부를 효율적으로 개편하고 부패를 척결하고 혹은 선거 절차를 간소화한다는 명분으로 민주주의를 '개선'하려고까지 한다. 신문은 똑같이 발행되지만 정권의 회유나 협박은 자체 검열을 강요한다. 시민들은 정부를 비판할 수 있지만 그럴 경우 세무조사를 받거나 소송을 당하게 된다. 독재를 비판하는 사람들의 주장은 과장이거나 거짓말이라고 '오해'를 받는다. 대부분의 사람들은 자신들은 여전히 민주주의 사회에서 살고 있다고 믿으며 민주주의가 무너지고 있다는 사실을 제대로 인지하지 못한다.

독재자를 사전에 차단하는 감별법

누가 잠재적인 독재자인지를 가려내는 데 필요한 네 가지가 있다. ① 말과 행동에서 민주주의 규범을 거부하거나 규범준수 의지가 부족하다. ②정치 경쟁자의 존재를 부인하고 ③폭력을 용인하고 조장하고 ④언론의 자유를 포함하여 반대자의 기본권을 억압하려는 정치인을 유심히 지켜봐야 한다. 네 가지 기준 중 하나라도 충족한다면 우리는 그를 주의 깊게 관찰해야 한다.

권력을 잡은 자들은 어떤 속성을 지니고 있는가

권력을 쥔 영원(Eternity)의 정치인들은 위기를 꾸며내고 그 결과로 생겨나는 감정을 조작한다. 그들은 개혁을 하지 못하는 자신들의 무능이나 의지 없음에 관심이 쏠리지 않도록 하기 위해 시민들에게 잠깐씩 의기양양과 분노를 경험하도록 가르치면서 미래를 현재라는 강물에 빠뜨린다. 대외 정책에서 영원의 정치인들은 자국 시민들에게 본보기처럼 보일 수 있는 다른 나라들의 업적을 폄하하고 무효로 만든다. 그들은 정치적 허구를 국내외로 전파할 수 있는 기술을 활용해서 진실을 부정하는 한편 삶을 스펙터클과 감정으로 축소하려고 한다.

민주주의의 붕괴는 투표장에서 일어난다

선거를 통해 권력을 장악한 독재자의 시나리오에서 가장 비극적인 역설은 그가 민주주의 제도를 미묘하게, 점진적으로, 그리고 심지어 합법적으로 활용함으로써 민주주의를 죽인다는 사실이다.

잠재적 대중선동가는 모든 민주주의 사회에 존재하며, 그들은 대중의 감성을 자극한다. 독재자가 될 가능성이 높은 극단적 포퓰리스트들이 어떤 조건에서 선출되는지, 선출된 독재자들이 어떻게 합법적으로 민주주의를 파괴하는지 헝가리, 베네수엘라, 칠레 등 세계 여러 나라의 사례를 통해 생생하게 보여준다.

전 세계적으로 선출된 독재자들이 출현하며 민주주의가 쇠퇴하는 이 시점에 민주주의 위기 신호를 미리 인식하고 위기에 대처할 방안을 모색해야 할 것이다.

거짓과 싸움이다

오늘날 우리 상황을 너무나 잘 묘사한 부분도 있다. "잠재적 독재자는 자신의 반민주적 조치를 정당화하기 위해 경제위기나 자연재해, 전염병, 특히 전쟁과 폭동, 테러와 같은 안보 위협을 구실로 삼는다. 시민들 역시 국가 안보가 위기에 처했을 때 (권력자의) 전체주의 조치에 더욱 관대해진다."

민주주의가 후퇴하고 있다

지금의 민주주의는 과거와 비교해 후퇴 현상에서 몇 가지 새로운 특징을 보이고 있다. 가장 두드러지는 점은 민주적 절차를 거쳐 선출된 지도자들이 민주주의를 점진적으로 파괴하고 있다는 것이다. 군사독재나 공산주의 혁명과 같은 급진적 방법에 의해서가 아니라, 합법적 절차로 당선된 지도자들에 의해 민주주의가 뒷걸음질 치고 있다는 뜻이다.

공산주의 체제하에서 소련의 철군을 주장했던 헝가리의 민주화 투사 빅토르 오르반도 집권 후 권위주의의 유혹을 떨쳐내지 못했다. 그의 세력은 정치적 라이벌을 적으로 삼고, 기득권을 악(惡)으로 규정하며, 언론을 가짜뉴스라고 조롱했다.

상호 관용과 타협보다 증오와 대립의 정치가 앞서고, 권력을 남용하면 정치적 양극화는 필연적 결과가 된다

선출된 독재자는 자신들을 '거악'과 싸우며 서민을 대변하는 투사로 포장한다. 그뿐만 아니라 인종적, 종교적 소수자나 이민자들을 정치적 희생양으로 삼는 것을 주저하지 않는다. 또 정치 논리나 대중의 감성을 자극하는 데 익숙하고 전문가의 견해는 기득권을 대변하는 것으로 치부하고 무시한다.

한국도 세계적 흐름에서 자유롭지 못하다. 국민 분열을 통한 증오는 통치의 한 기술이다. 민주주의의 진정한 리더는 자신의 통치이념보다는 양보나 타협을 통해 분열을 막고 통합하는 방향으로 나라를 이끈다. 어떤 지도자도 어떤 정당도 자기 맘대로 민주주의를 끝낼 수도 살릴 수도 없다. 민주주의는 우리 모두가 함께 살아가는 시스템이다. 그러므로 그 운명은 우리 모두의 손에 달려 있다. 대한민국 민주주의 운명도 국민 손에 달렸다.

미국 정치학자 후안 린츠는 《민주주의 체제의 붕괴》에서 "가장 위험한 적은 스스로를 민주주의자라고 생각하고 자신이 민주주의를 구하거나 개선하기 위해 투쟁하고 있다고 확신하는 사람"이라고 말했다.

'조용한 혁명'을 위해 사법시험 선택한 386운동권, 필연적인 현재의 위기

김성욱 기자는 법조인들의 좌경화를 지적하며 자유민주주의를 걱정하고 있다. 그는 386운동권이 사법시험을 선택한 이유를 이렇게 설명하고 있다.

"1999년 김일성주의 지하당인 민혁당의 하영옥은 사법시험 준비 중에 구속됐다고 합니다. 법조인 중 언더서클에서 활동하던 사람들은 한두 명이 아닙니다. 그들은 혁명을 위해 고시를 한 사람들이라는 것입니다. 몇몇 소수뿐 아니라 90년대 고시판의 주류는 아예 운동권 분위기였습니

거짓과 싸움이다

다. 고시생 중 운동권 출신은 소수였지만 '좌익의 변혁이 정의로운 것'이라는 공식은 지배적이었다고 합니다.

지겹고 따분한 수험생활을 이겨낼 자기 정당화의 논리는 흔히 시험에 붙어서 정의를 실천하겠다는 것이었고, 그 기준은 '친일파가 세운 대한민국은 정의가 패배한 기회주의 역사'라는 것이었습니다. 반면 '북한은 친일파를 처단해 민족정기를 세운 지주와 주체의 형제국가'라는 우호적 감정이 깔려 있었습니다.

대학 시절과 대학원 시절 법대에서 배웠던 헌정사 역시 '자학적 사과'에 기초했습니다. 북한의 공산전체주의에 대한 비판은 한 번도 듣지 못했고, 이승만, 박정희, 전두환 정권의 이른바 헌법 유린에 대해서만 귀에 못 박히도록 배웠습니다. 형법 시간에 국가보안법에 대한 냉소와 조롱만 들었을 뿐입니다. 그런 배경이 이제 사법부를 통해 현실적인 판결로 나타나고 있습니다.

김정일을 찬양하는 편지를 써서 북한의 대남공작원에게 제출해도 국가보안법으로 처벌할 수 없다는 판결이 나왔습니다. 판사들은 먼저 국가보안법을 무력화해 버렸습니다. 빨치산추모제를 벌인 교사들이 무죄를 선고받았습니다.

전교조 소속 교사 김형근은 빨치산을 통일애국열사로 찬양하고 "제국주의 양키놈은 한 놈도 없이 섬멸하자"라고 하는 등 극렬한 친북반미를 주장했습니다. 그는 또한 '위대한 김정일 장군님께서 창조에 관해 하신 명언'을 인터넷에 올리기도 했습니다. 그러나 그는 무죄가 선고됐습니다.

이런 좌편향 판결은 이미 운동권 또는 지하당 출신인 몇몇 판사의 튀는 판결이 아니라 세대의 문제입니다. 그것은 80년대, 90년대 학생들을 지배한 자학적 사관의 결과물이고 진앙은 김일성주의자였습니다.

그 시절 사회과학도들 중에는 반미, 친북좌파적 시각을 갖지 않는 사람이 드물었고 이것은 고시를 통해 입신출세를 꿈꾸는 이들이 가장 심했습니다. 스스로 그것을 정의라고 불렀고 그렇게 믿었습니다. 자신들은 이미 강남의 고급 아파트에 살며 자본주의의 가장 큰 특혜를 누리고 살지만 청년 시절 입력된 붉은색 메모리칩은 빠지질 않았습니다. 더 큰 풍요와 더 큰 특권을 누릴수록 마음속 앙금처럼 느껴지는 죄책감은 종북주의자들에 대한 우호적인 판결로 표현되는 것입니다. 좌편향 판결은 광주사태 이후 합격한 전체 세대의 문제입니다. 그들이 한국에서 가장 영향력 있는 집단이기에 한국의 위기는 필연적입니다."

김일성이 1973년 4월 대남공작 담당 요원들에게 내린 비밀교시
김용규 저자의《태양을 등진 달바라기》에서 알 수 있는 내용이다.

"남조선에선 고등고시에 합격되기만 하면 행정부, 사법부에도 얼마든지 파고들어 갈 수 있는 길이 열려 있습니다. 앞으로는 검열된 학생들 가운데 머리 좋고 똑똑한 아이들은 데모에 내몰지 말고 고시준비를 시키도록 해야 하겠습니다. 열 명을 준비시켜서 한 명만 합격된다 해도 소기의 목적은 달성됩니다. 그러니까 각급 지하당 조직들은 대상을 잘 선발해 가지고 그들이 아무 근심 걱정 없이 고시 공부에만 전념할 수 있도록 물심양면으로 적극 지원해 주어야 합니다."

거짓과 싸움이다

"남조선을 가리켜 법치국가라고 하고, 또 법은 만인에게 평등하다 하지만 역시 돈과 권력의 시녀 노릇을 하는 것이 황금만능주의에 물 젖은 자본주의 사회의 법조인이다. '유전무죄요 무전유죄라' 하는 말이 있듯이 판사, 변호사의 농간에 의해 사건이 뒤집히는 예가 허다하다. 이것이 오늘 남조선의 법 실태다. 현지 당 지도부는 남조선의 이러한 법 체제의 미비점을 잘 이용해야 한다. 중대한 사건일수록 법조계, 종교계, 언론계의 조직망을 총동원하여 사회적인 여론을 조성하고 사면팔방으로 역공을 펼쳐야 한다. 그래야 법정 싸움에서도 우리가 승리할 수 있다."

광우병 쇠고기 먹고 있습니까?

"군중 속의 개인과 독립된 개인은 다르다. 일반 개인은 똑똑해도 군중
속의 개인은 멍청하다. 따라서 군중도 멍청하고, 원시적이며, 충동적
이다."
— 《군중심리》, 구스타브 르봉(프랑스 사상가, 심리학자)

우리는 매일 미디어를 접하면서 웃고, 울고, 기뻐하고, 슬퍼하며 내일
의 희망을 꿈꾸고, 절망하고 분노하기도 한다. 하지만 고의로 국가 정체
성에 대한 부정과 사상적 이념적 이데올로기에 대한 내용이 담겨 있다
면 방송은 이미 그 기능을 상실했다고밖에 볼 수 없다. 이것이 바로 위
장 민주 언론이다.

'위장 민주 언론'은 겉으로는 민주 언론을 부르짖으면서 권력과 야합하
여, 종북으로 기울어진 좌편향성을 의미하는 것이다. 방송의 생명은 공
정성이다. 어떤 사안을 다룰 때 편파성을 띠지 않고 불편부당하게 보도
하는 것이 형평성이고 허위나 날조가 아닌 사실에 바탕을 둔 객관적인

거짓과 싸움이다

보도를 하는 것이 정확성이다.

조작된 광우병의 공포로 온 국민을 감염시키고 선전·선동을 통해 국정을 무력화시키고 정권을 전복하려고 어린 학생까지 거리로 내모는 이런 방송은 더는 안 된다. 진정한 국민을 위한 국민의 방송으로 바로 서는 것이 국가의 정체성을 지키는 근본이다.

언어란 사람의 마음과 생각을 변화시키고, 행동을 지배하고, 환경과 운명을 결정하기도 한다. 의도된 언어와 적극적인 선동 속에서 국민의 사고와 판단은 흔히들 어긋날 수밖에 없는 것이다.

도대체 왜

《좌파정권 10년 방송은 이런 짓들을 했다》 저자는 광우병 사태 배경을 이렇게 설명했다.

"2007년 12월 대선에서 이명박 후보가 승리해 좌파정권 10년이 막을 내렸다. MBC는 애당초부터 자기들의 코드와 맞지 않는 MB 정권은 안중에도 없었다. 노조는 MBC 출신인 정동영 후보가 대권을 잡을 것으로 확신하고 있었다. 그러기에 정 후보의 낙선은 좌파운동 선봉대였던 MBC 노조에게는 청천벽력이나 마찬가지였다. 10년 만에 정권교체에 성공한 한나라당은 성공에 도취되어 좌파들의 음모를 제대로 간파하지 못하고 있었다."

MB 정권에게는 운명의 시간, 2008년 4월 29일 밤 11시 5분, "목숨을 걸고 광우병 쇠고기를 먹어야 합니까?" 쓰러진 소를 보여주자 국민들은 엄청난 충격에 빠졌다.

광우병은 영국에서 소나 양의 머리뼈와 내장 등을 1972년부터 소의 사료에 섞어 주면서 생긴 신종 질병이다. 광우병 관련 프로그램을 7월 15일까지 다섯 번이나 방송한 것은 아주 특별한 경우였다고 한다. 광우병 관련 소식은 KBS, MBC, SBS 등 지상파 3사의 메인 뉴스에서도 비슷한 내용을 다루며 추측하고 과장하는 보도가 많았다.

〈PD수첩〉, 광우병 프로그램의 스튜디오 백드롭(Backdrop, 배경)에는 섬뜩한 문장이 파란색 바탕에 대각선으로 "목숨 걸고 광우병 쇠고기 먹겠습니까?"라는 흰 글씨가 깔려 있었다.

광우병 예고편 40초가 던진 메시지는 엄청난 충격을 던졌다. 시청자에게 제작진이 의도하고 있는 충격과 공포를 제대로 전해 주었다. 이것이 40초의 마력이었다. 예고편 40초짜리 하나로 백만 촛불시위를 이끌어내는 데 성공했다.

매스미디어 연구에서 효과이론이 있다. TV 시청자에게 노출되는 폭력 경험에 관한 이론으로, TV를 많이 보는 시청자는 그렇지 않은 시청자에 비해 TV가 묘사한 현실을 더욱 현실적으로 받아들인다는 이론이다. 어린이와 청소년들을 폭력적인 영화나 TV를 오랫동안 보여주면 자연스럽게 폭력적인 성향을 보인다는 것이다. 폭력에 자주 노출되면 폭력성을 가지므로 미디어가 미치는 영향이 크다는 것이다. 주요 방송 3사가 수개월 동안 미친소가 쓰러지는 장면을 거의 매일 보고 듣다 보니 진실로 받아들이게 됐다는 추론이 가능하다.

은밀하게 사전에 기획된 광우병 프로그램

언제부터 광우병 프로그램을 준비하고 있었을까? 미국산 쇠고기 수입 협상은 노무현 정권에서도 문제가 되었던 사안이며 이명박 정권은 그대로 이어받아 진행한 것이다. 왜 그러면 노무현 정권에서 쇠고기 수입 문제를 매듭짓지 못하고 차기 정권으로 이양하여 문제를 키운 것인가?

광우병 프로그램 담당자는 재판장에게 보낸 최후 진술서에서 "저와 미국산 쇠고기의 인연은 2007년부터 시작되었습니다."라고 밝혀 이미 이명박 대통령 취임식 전부터 이 프로그램을 준비한 것으로 드러났다. 또한 번역 문제에 대한 잘못을 인정했다. 먼저 번역을 잘 챙기지 못한 점과 번역의 오류에 대한 책임은 번역자가 아니라 자신이 지겠다고 말했다. 우리 건강과 국가 간 교역에 중대한 영향을 미치는 광우병 프로그램은 그렇게 만들어지고 있었다.

영국 피츠햄 농장에서 쓰러진 소를 미국 광우병 소로 조작

〈PD수첩〉은 광우병 프로그램 예고편부터 큰 잘못을 저질렀다. 40초의 영상에 다우너 소가 등장하는 광우병 프로그램을 예고한 것부터 허위였다. 프로그램을 제작하는 데 지켜야 할 최소한의 방송심의규정을 어긴 것이다.

〈PD수첩〉은 영국에서 광우병이 밝혀지기 훨씬 전인 1985년에 찍은 동영상을 미국산 쇠고기의 위험성을 설명하는 데 살짝 끼워 넣었다. 이건 조작이며 날조라고 할 수 있다. 이런 사실을 〈PD수첩〉 제작팀이 몰랐을 리가 없다.

당시 미국산 쇠고기 협상 대표였던 민동석 전 차관이 쓴 《대한민국에서 공직자로 산다는 것》을 보면 영국 피츠햄 농장에서 쓰러지는 광우병 소로 조작한 것은 〈PD수첩〉 제작팀이 배포한 보도 자료에서부터였던 것으로 나타났다.

"문제가 된 〈PD수첩〉의 화면을 보면 쓰러져 뒷다리로 무릎을 꿇는 소가 나타나는 자막에는 '광우병 소'라고 적혀 있다. 일어서려고 고통스러워하면서 끙끙거리는 소의 모습이었다. 〈PD수첩〉은 그 동영상(영국 피츠햄 농장의 쓰러지는 소)을 통해 미국 광우병 소가 위험하다는 메시지를 시청자에게 전달하고 있다. 내가 본 바로 이 장면은 방송 시작 22분 48초와 52초 사이에 끼워 넣은 장면이다. 그런데 그게 전혀 엉뚱한 다른 나라의 화면이라는 것이다. 그 자료 화면은 24년 전 영국 피츠햄 농장에 있는 쓰러져 있는 소를 찍은 화면이었다."

민동석 전 차관은 "나는 그게 왜 미국 광우병 소의 불법 도축 장면으로 둔갑되어 방영되었는지 도대체 이해할 수가 없다. 〈PD수첩〉은 이 장면을 프로그램의 가장 중요한 핵심으로 써먹었다. 심지어 그 화면은 광우병의 본국인 영국에서도 광우병을 알기 전에 찍힌 것이었다. 영국 피츠햄 농장의 쓰러진 소는 (광우병 소가 아니라) 단순 골절된 소였다."고 밝혔다.

사실이 이렇다면 이것은 화면 도둑질에다가 조작까지 하여 국민들에게 불안감을 심어준 것이다. 〈PD수첩〉은 자기들이 원래 정해놓은 목표로 나가기 위해 화면을 조작하였다.

거짓과 싸움이다

안이한 태도가 사태를 악화시켰다

〈PD수첩〉의 결정타로 개혁의 동력을 잃어버렸고 문제를 해결할 리더십이 없다는 게 불행한 일이었다. 지난 정권에서 잘못된 정책들을 개혁해야 할 가장 중요한 시기인 정권 출범 1년을 아깝게 보내며 기회를 놓치고 말았다. 그 당시 광우병 사태를 냉정하고 합리적으로 해결할 노력은 하지 않고 시간이 지나면 촛불 집회도 그칠 것이라고 안이하게 대처한 것이 사태를 걷잡을 수 없이 키웠다. 광우병 프로그램 하나가 정권의 숨통을 조인 것이다. 상대를 몰라도 너무 몰랐던 것이다.

국가가 위기로 몰리고 있을 때 유명 방송인, 국회의원, 시민운동가, 노동운동가, 일부 교수들, 진보성향의 변호사들까지 자녀들을 미국에 유학을 보냈다는 루머가 인터넷에 떠돌았다. 그들은 '미국산 쇠고기＝미친소＝인간광우병＝반미주의'라고 외치면서 자식들은 광우병이 우글거리는 사지(死地)인 미국으로 보냈다. 한 시민은 "광우병 파동 때 그렇게 미국을 싫어하는 듯이 말하던 분이 대부분 미국 국적의 아이들이 다니는 외국인 학교에 아들을 입학시킨 것은 이중적으로 보여 제보했다"고 말했다. 이들의 자녀들은 미국에서 미국 쇠고기를 먹으면서 공부하고 있는데 정치적인 성향 때문에 미국산 쇠고기는 광우병이 득실거리니까 수입하지 말라면서 촛불시위를 벌였다. 이처럼 광우병 촛불시위 선동에 동참한 일부 지도자들은 광우병 소굴에서 유학을 했거나 자식들을 사지로 보내 공부를 시키고 있었다.

스타들의 문화권력

유명 연예인들의 광우병 선동 발언이 촛불시위의 불쏘시개 역할을 하게 된다. 이들은 방송, 인터넷, 가요, 라디오, 만화 등 대중문화 전반을 넘나들면서 광우병 괴담을 퍼뜨리고 있었다. "차라리 청산가리를 먹겠다.", "먹고 죽으라는 거야?", "국민이 병신이야?", "엄마로서 참을 수가 없다.", "광우병에 걸려 죽거든 대운하에 뿌려다오." 민감한 사항에 신세대 스타들이 거침없는 발언들을 쏟아 냈다.

먹는 문제는 국민에게 중요한 문제다. 그리고 개인의 의견을 말하는 것은 자유다. 그러나 정확한 정보에 기초해서 말해야 한다. 우리 일상에 가장 영향을 많이 미치는 것이 미디어이다. 스타들의 말 한마디가 대중에게는 엄청난 파급효과가 있다. 유명 연예인들의 말이나 행동 하나하나가 스타들의 문화권력으로 자리매김하고 있다. 그리고 스타들의 문화권력과 함께 책임론도 대두되고 있다. 표현의 자유가 있지만 공인으로서 자신의 주장이나 견해가 사회적으로 미칠 영향까지 고려해야 한다. 스타들의 발언은 네티즌에 의해 확대 재생산되므로 대중은 스타가 이것을 좋은 기회로 생각해서 자신을 나타내려는 것은 아닌지 신중해야 한다.

광우병 파동은 우리 사회가 거짓 선동에 얼마나 취약한가를 여실히 보여준다.

"물대포 쏘는 경찰이야 기대한 것이 없어서 그런가 보다 했지만, 버스를 끌어내는 등 폭력적으로 변질된 촛불시위는 실망스러웠다"라며 "촛불시위를 '새로운 시위문화'라고 좋게 보도했던 외신들이 어떻게 생각할지 걱정"이라고 촛불시위 반대 발언을 했던 어느 아나운서는 시위 찬성자들과 네티즌으로부터 집중 공격을 받고 방송을 하차하거나 사과까지 하는 위기로 내몰렸지만 응원군은 하나도 없었다.

촛불시위 사회적 비용

2008년 한국경제연구원 "촛불시위의 사회적 비용"이라는 보고서에서 촛불시위로 인해 발생한 총 사회적 비용은 3조 7,513억 원이라고 발표했다. 총비용은 2007년 GDP 기준 0.4% 규모로 나타났다.

직간접피해비용, 사회불안정과 소모적인 공공개혁 지연에 따른 비용, 국민 정신적 건강에 미치는 영향 등…. 광우병 사태가 국가 전체에 미친 부정적인 영향은 수치로 계량화할 수가 없는 엄청난 파괴와 피해를 입혔다.

대법원은 4년 2개월에 걸쳐 공방전을 벌인 〈PD수첩〉 팀에게 광우병에 대해 제기된 7건, 43여억 원의 손해배상 청구소송과 형사재판에서 모두 무죄를 선고했다. 광우병 방송은 범죄로 인정할 만한 것은 없다고 본 것이다.

점차 시간이 흐르면서 시위참가자나 주동자(이익집단)들이 '촛불'에 편승하면서 공기업 민영화, 교육개혁, 기업환경개선을 위한 규제개혁, 한미 FTA 반대 등 미국산 쇠고기 문제와 무관한 정부정책에 제동을 걸었다. 또한 국회의원들이 등원을 거부하여 민생법안 처리가 지연되었고, 특정 언론에 대한 광고 중단 압력 등으로 시장경제의 기본 메커니즘이 흔들리고 있는 실정이 반영된 것이다.

광우병 사태가 남긴 가장 큰 후유증은 유언비어에 취약한 구조를 지닌 우리 사회의 실상이다. 과학적 근거가 없는 유언비어들이 사실처럼 단정되어 무수한 시민들을 거리로 내몰고 분노에 휩싸이게 했다는 사실은 그때나 지금이나 놀라지 않을 수 없는 일이다.

쇠고기 문제가 아니라 증오와 이념의 문제

"나는 이 사건의 본질이 쇠고기 문제도 언론의 자유도 아니고 '증오와 이념'의 문제인 걸 이제는 확실히 알고 있다. 우리의 내부에 이렇게 뿌리 깊은 암 덩어리가 자리 잡고 있는지 몰랐다." 민동석 전 한미쇠고기협상 수석대표의 말이다.

중국에서 들어오는 김치를 비롯한 식품에는 많은 오염 물질이 있다. 6·25 때 남한을 공격한 중국에게는 아무 말도 하질 못한다. 좌파들은 아주 작은 잘못을 부풀려 본질을 흐리게 하고 능숙한 선동기법을 동원해서 국민들을 속이고 있다.

국민이 들고 있는 촛불은 국민이 꺼야 합니다

광우병 시위가 한창일 때 한양대 신방과 4학년에 재학 중인 이세진 씨가 서울 청계광장 앞에서 촛불반대 1인 시위를 하고 있었다. 그는 이런 글을 써서 들고 있었다.

"6·25전쟁 때 자국민 4만 명을 희생시키고, 우리도 용서 못 했던 조승희(2007.04.16. 미국 버지니아공대에서 한국인 조승희의 총기 난사로 32명이 사망

거짓과 싸움이다

하고 29명이 다친 사고)를 용서한 나라가 미국입니다.”

“미국의 쇠고기는 미국뿐만 아니라 전 세계가 먹습니다.”

“우린 지금 스스로 광우병을 만들어 내고 있습니다.”

“저는 수출 무역국가인 조국을 위해 이 자리에 섰습니다.”

“김정일이 핵을 쏘고 3백만 동포가 굶어 죽을 때는 왜 촛불을 들지 않습니까?”

당신의 자녀는
어떤 역사 교과서를 보고 있습니까?

"책으로 공산주의를 배우면 공산주의자가 되고, 몸으로 공산주의자
를 배우면 반공주의자가 된다." — 스베틀라나 알릴루예바(스탈린의 딸)

교육은 사람을 만든다. 어떤 역사를 교육하느냐에 따라 사람이 달라진
다. 교육은 두 가지 타입이 있다. 하나는 자기 나라에 대한 자부심과 애
착심을 가진 국민을 만드는 것이고, 다른 하나는 공산주의자들의 역사
를 통해 공산혁명전사를 만드는 것이다.

이명희 공주대 역사교육과 교수는 "자신의 나라가 어떤 과정을 통해
유지되고 발전됐는지에 대한 인식에 따라 미래에 대한 방향이 잡히기 때
문에 역사교육을 빼앗기면 나라의 미래를 빼앗기는 것"이라고 밝혔다.

지금 우리는 낙동강 전선에 서 있다. 이념전쟁은 아직도 현재 진행형
이다. 우리는 인류의 현대사에서 공산주의 이념과 싸우는 마지막 전쟁
터인 이 땅에서 살고 있다.

거짓과 싸움이다

1950년 대한민국이 북조선 인민민주주의공화국 군대에 쫓겨 낙동강 전선까지 마지막 방어의 교두보를 만들고 인민군과 싸울 때, 우리에게는 더 이상 후퇴할 땅이 없었다. 거기서 후퇴하면 나라를 잃어버리는 것이기 때문이었다.

역사 교과서 전선은 우리가 진지를 파고 들어가서 목숨을 걸고 방어해야 할 전선이다. 여기에서 밀리면 이제 우리에게 자유 대한민국은 없어질지도 모른다.

소련 등 공산권이 몰락했지만 공산주의 유령은 어딘가에서 불러내는 목소리만 있으면 끊임없이 되돌아온다는 것이다. 우리 사회에서 남녀혐오, 금수저, 흙수저, 성소수자, 헬조선 등이 실제로 과장되게 사회 이슈가 되는 이유도 여기 있다고 본다.

대한민국 근현대사 역사 해석의 문제는 단순한 이념논쟁이 아니라 국가 체제와 존립의 문제다.

시대착오적 세력이 국가 발전 발목 잡아

대한민국은 이념 문제 때문에 6·25전쟁을 한 나라다. 북한은 핵무기로 무장하고 남침의 기회를 엿보고 있다. 건국 대통령 이승만은 자유민주주의, 자유시장경제, 한미동맹, 기독교입국론 기초 위에 우리나라를 세웠다. 70년이 지난 지금 남한은 세계 경제 10위로, 북한은 세계 최빈국으로 떨어졌다. 이런 놀라운 사실을 왜곡, 증오하면서 자랑스런 대한민국을 폄하하는 시대착오적 세력이 우리 사회를 소모적 분열과 갈등의 장으로 몰아넣으며 국가 발전의 발목을 잡고 있다.

대학 시절의 의식화 학습이 지금은 정규과정

"나는 서울대 운동권 출신, 공산주의자였다"고 말한 바 있는 장신대 김철홍 교수는 "고등학교 한국사 자습서에 자신이 대학교 의식화 학습에서 공부했던 내용 중 근현대사와 조선인민주의 운동사에서 학습했던 내용들이 그대로 요약되어 있어 놀랐다고 한다.

"1981~1982년도에 내가 다른 사람들의 눈에 띄지 않게 숨어서 좌파 서적에서 읽고 학습했던 내용보다 어떤 면에서는 잘 정리되어 있는 내용들이, 그동안 일반 고등학교 한국사 시간에 학생들에게 공개적으로 교육되고 있었던 것이다." 학교 내에 좌파세력이 얼마나 깊숙이 자리 잡고 있는지를 보여준다.

또한 의식화 작업의 과정을 말한다. "학생운동이 일종의 도제(徒弟) 시스템을 사용하여 선배가 후배들에게 그토록 열심히 가르쳐서 '의식화된 (좌파) 지성인'으로 만들던 그 과정 가운데 핵심적이고 기본적인 사항이 이제는 전국의 고등학교에서 공개적으로 교사들에 의해 교육되고 있었던 것이다."

1980년대 운동권에서 주적(主敵)이 바뀌었다

1986년은 학생운동권에 결정적 변화가 일어난 해이기도 하다. 이 해를 기점으로 그 이전에 학생 운동권이 맞서 싸우던 주적(主敵)이 바뀌었다. 1986년 이전에는 투쟁의 주적이 독재정권이었다. 하지만 이때부터 운동권의 주적은 미 제국주의로 바뀌었다.

"현재 남한 인민들의 진정한 적은 독재정권이 아니라 제국주의 국가인 미국"이라고 주장했다. 남한은 미국의 식민지며, 미국과 싸워 이기지 못

거짓과 싸움이다

하면 인민 해방은 불가능하다고 주장했다.

1986년이 되자 반제국주의 그룹은 그 가면을 벗었다. 가면 뒤에는 북한의 주체사상이 있었다. 주체사상은 빠른 속도로 퍼져나갔고 결국 학생, 노동, 문화 운동의 다수파가 되었다. 이후로 문화·예술 분야에는 미국을 주적으로 이해하는 좌파 예술가들이 등장하기 시작했다.

장신대 김철홍 교수도 "내가 사는 대한민국은 이제 내가 나의 사상을 내 마음대로 선택할 수 없는 나라다. 좌파 이념을 버리고 우파가 되면 변절자, 배신자 소리를 듣는 나라다. 정말 웃기는 상황이다. 어쩌다 이렇게 되었는가?

대한민국을 덮고 있는 전체주의의 망령, 프롤레타리아에 의한, 프롤레타리아를 위한, 프롤레타리아의 인민민주주의(민중민주주의)를 꿈꾸는 망상가들이 이 땅의 교육계를 활보하는 한, 국정화냐, 검인정이냐 이 선택은 큰 의미가 없다. 지금은 친일 청산이 중요한 시점이 아니고 좌파 이념의 청산이 더 절실한 시점이다."고 말했다.

대한민국을 여전히 미 제국주의 식민지로 본다

지금 학생들이 일본 제국주의 바라보는 시각은 부정적이다. 좌파가 역사를 읽는 방식으로 해방 이후의 현대사를 이해하고 배웠기 때문이다. 대한민국을 여전히 미 제국주의 식민지로 본다. 현재도 우리는 미 제국주의와 자본가들의 수탈을 당하고 있으며 민중(인민)은 제국주의로부터 해방의 주체가 된다.

이런 관점에서 보면 미국산 소고기의 문제는 '소'의 문제가 아니라 '미

제국주의'의 문제가 된다. 그들이 진짜 문제 삼고 싶은 것은 광우병에 걸려서 뇌 속에 구멍이 송송송 뚫리는 것이 아니라 소고기 수입을 통해 미제국주의가 민중을 계속 수탈하는 것이다.

현재 사용 중인 검인정 한국사 교과서가 어떤 특정 부분의 정보가 빠진 것이 아니다. 교과서가 문제가 되는 이유는 그 책들이 역사를 바라보는 관점이 기본적으로 마르크스의 계급투쟁론 역사관이기 때문이다.

남침이냐, 북침이냐 문제가 아니다

현 검인정 교과서에서 6·25전쟁을 남침으로 묘사했느냐 북침으로 묘사했느냐 그런 것은 문제의 핵심이 아니다. 6·25전쟁을 남침으로 묘사했다고 해서 교과서에 문제가 없다고 말할 수 없다. 현행 검인정 교과서가 갖고 있는 문제는 이 교과서의 근·현대사 부분이 마르크스주의에 기초한 역사관에 의해 서술되어 있기 때문에 그 교과서가 사용되는 한 사회주의에 친화적인 태도를 갖고 있는 젊은 세대를 끊임없이 생산해 낸다는 점이다.

바로 여기에 범좌파 계열이 모두 한결같이 입에 거품을 물고 국정화를 반대하는 그 비밀스러운 이유가 숨겨져 있다. 주사파건, 정통 마르크스주의자건, 새정치연합이건, 일반 시민이건, 이들은 한마음으로 연합하여 국정화를 막아야 한다. 그것은 그들의 공통의 이익이다. 단지 북쪽의 공화국이 국정화를 반대하라고 공개 지령을 내렸기 때문만은 아니다. 국정화를 막지 못하면 당장 야당에게 친화적이고 사회주의 이념에 친화적인 다음 세대를 만들어 결국 언젠가는 한국 사회를 사회주의로 이행시켜야 하는 그들의 역사적 소명을 성취할 가능성이 점점 더 적어지기 때문이다.

역사 전쟁은 문화전쟁

지금 우리의 싸움은 총, 칼 들고 싸우는 전쟁이 아니라 문화적 매체를 무기로 싸우는 이념전쟁이다.

대한민국을 부정하는 세력들에게 가장 중요한 전선(戰線)은 역사와 교육이다. 역사관을 자기들 것으로 끌어오고, 역사적 사실을 자신들의 논리대로 규정하는 작업의 반복을 통해 미래 권력을 손에 넣을 수 있다는 것을 저들은 알고 있다.

또 하나의 축은 교육이다. 자라나는 세대들에게 자신들의 세계관과 가치관을 주입시키는 일은 전사(戰士)를 길러내는 일이다. 더욱이 사고체계가 성숙되기 전인 학생들이라 그리 수고스러운 작업도 아니다. 이른 나이에 저들에게 노출될수록 충성도가 강해진다.

역사 교과서는 이처럼 반대한민국 세력이 가장 중요시하는 두 전선에 걸쳐져 있는 사안이다. 문제는 이렇게 치밀하게 계산된 반대한민국 세력에 대한 실태 파악에 대해 정부가 손을 놓고 있었다는 사실이다.

정부가 명백한 직무유기를 하는 동안 반대한민국 세력은 멋대로 대한민국의 역사를 기술하고 가장 강력한 교육 수단인 교과서를 통해 확산시켰다. 이를 토대로 참고서, 문제지, 인터넷 강의, 논술시장이 자리 잡고 학생들이 끌려다녔다. 저들이 그들의 사상적 신념도 지키면서 경제적 실리도 취하는 꽃놀이를 즐기는 동안 대한민국의 역사, 세계가 부러워하는 기적의 역사는 은폐되고 왜곡되었다. 아무도 바로잡아 주지 않는 불모지가 되고 말았다.

대한민국을 건국일 없는 이상한 나라로 만들기 위해 반드시 거쳐야 하는 인물이 있다

바로 건국 대통령 이승만이다. 해방 직후 전 국민의 75%가 사회주의가 무엇인지도 모르고 찬성할 때, 그는 자유민주주의를 대한민국에 심었다. 먹고 살기도 힘든 시기에 무엇보다 의무교육을 통해 전 국민을 교육하는 일이 국가건설의 지름길임을 일깨웠던 것이다. 반대한민국 세력의 '이승만 대통령을 독재자로 낙인찍기'는 대한민국 건국 부정의 시작이자 완성이다. 그에게 친일, 독재의 프레임을 씌워 결국 대한민국 자체를 부정하는 것이다.

1948년 유엔총회 결의대로 '대한민국이 한반도 유일의 합법 정부'인 것은 역사적 사실이다.

교과서, 무엇이 잘못되었는가

자라나는 미래 세대의 머리와 가슴속에 교육이 어떤 사고를 심느냐에 따라 국가의 미래가 달라진다. 역사 교과서 논쟁에서 가장 중요한 점은 현행 역사 교과서가 어떻게 잘못되었는가이다.

첫째, 대한민국 건국일조차 명시하지 않은 교과서란 점이다. 교과서의 한결같은 서술 태도는 대한민국의 건국을 부정하는 것이다. '한반도에 남한 정부가 수립되었다.'라고 기술한 것이다.

대한민국은 제2차 세계대전 이후 세계 각 나라들이 공산화되는 과정에서 유일하게 자유민주주의를 선택해서 성공한 나라다. 그런데도 '정부

거짓과 싸움이다

수립'이라는 말로 설명하는 것은 대한민국 건국 자체가 자랑스럽지 않다는 의식이 밑바닥에 강하게 뿌리를 내렸기 때문이다.

둘째, 현재 학생들이 배우고 있는 교과서는 정도 차이만 있을 뿐 대한민국에 대한 평가는 박(薄)하고 북한에 대한 평가는 후(厚)하다. 분단의 책임도 남한에, 통일을 달성하지 못하는 책임도 남한에 돌린다. 북한은 자주와 주체의 땅이고 대한민국은 친일, 친미, 기회주의의 땅이라는 식의 맥락이 교과서에 깊숙이 박혀 있다. 따라서 돈으로 사는 평화라도 평화라면 좋은 것이고 통일도 저들의 비위를 맞출 수만 있다면 어떤 이념을 바탕으로 하든 대수냐는 식이다.

이런 교과서는 학생들로 하여금 북한 정권을 이성국가, 합리적 대화가 가능한 국가라고 인식할 수 있는 길을 열어 준다. 명확한 찬양, 고무보다 더 무섭고 질이 안 좋은 경우가 바로 이것이다.

셋째, 대한민국은 세계가 놀랄 60여 년의 압축 성장을 이뤄냈다. 세계 최빈국에서 벗어나 원조를 주는 국가로 성장했으며, 민주화까지 성공시킨 나라다. 정치와 경제 두 축 모두를 우리처럼 빠른 시간 내에 성공시킨 국가는 세계에서도 유례를 찾기 어렵다.

현행 역사 교과서는 산업화와 민주화를 분절적(分節的)인 것으로 인식한다. 산업화 시대를 "경제발전은 이루었으나 노동자들의 삶이 피폐해지고 도시화로 인간 소외가 발생했고 자본주의는 약육강식의 경쟁과 피로사회를 가져왔다."는 태도로 기술한다.

서울대학교 이영훈 교수는 초중등 과정 모든 교과서를 분석한 끝에 '자유'라는 단어와 개념이 교육에서 실종되어 있음을 개탄하였다.

자녀가 성인이 되어서도 스스로 독립하기보다는 부모에게 의지하고, 부모는 이런 자녀를 받아주는 풍토는 잘못된 교육의 토양에서 만들어진 것이다. 군중 속에 함께할 때 편안함을 느끼고 자신의 노력과 실패 없이 누군가에게 기대는 의존형 인간으로 변질돼 간다. 정신적, 물질적으로 독립하지 못하는 개인은 자신의 자유의지가 침해당해도 분노하지 않고 자존감을 느끼지도 못한다. 자녀들을 이렇게 무기력하게 만드는 데 잘 못된 교육, 그중에서도 교과서의 영향이 크다고 할 수 있다.

목적을 이루기 위해서는 어떤 수단도 사용하는 공산주의

공산당선언 마지막에 이런 내용이 있다. "공산주의자들은 자신들의 목적이 기존의 모든 사회질서를 폭력적으로 타도함으로써만 이루어질 수 있다는 사실을 공공연하게 밝힌다. 지배 계급들을 공산주의 혁명 앞에서 벌벌 떨게 하라. 이 혁명에서 프롤레타리아가 잃을 것은 쇠사슬뿐이요 얻을 것은 세계 전부이다. 만국의 프롤레타리아여, 단결하라."

폭력, 거짓말, 약탈, 강도, 테러, 방화를 저질러도 된다. 공산주의 목적을 이루기 위해서는 어떤 수단을 사용해도 된다. 그들은 목적이 수단을 정당화한다.

북한의 전략적 무기 두 개, 핵무기와 종북 주사파

시대에 한참 뒤떨어진 공산주의 세뇌교육이 지구 한 바퀴를 돌아 대한민국에서 행해지고 있다. 자랑스러운 대한민국을 마치 태어나지 않아야

거짓과 싸움이다

할 나라로 가르침으로써 자라나는 학생들의 건전한 국가관 형성을 방해하고 있다. 북한은 전략적인 무기 두 개를 갖고 있다. 핵무기와 남한 내 북한을 추종하는 종북 주사파 세력이다. 대한민국을 지금 이대로 놔두면 정식적 독극물, 계급투쟁론 역사 교과서로 세뇌교육을 받은 청소년들은 반역 세력이 되어 대한민국을 체제를 뒤엎는 홍위병이 될 것이다.

2장

거짓은
거짓을 낳고

과거를 지배하는 자가 미래를 지배한다

"진정한 자유란 사람들이 듣기 싫어하는 것이라도 말할 수 있는 권리를 말한다. 모든 동물들은 평등하다. 그러나 어떤 동물들은 다른 동물들보다 더욱 평등하다."
            – 《동물농장》, 조지 오웰

"과거를 지배하는 사람이 미래를 지배한다. 현재를 지배하는 사람이 과거를 지배한다."
               – 《1984》, 조지 오웰

사피엔스의 저자 유발 하라리 교수는 이런 말을 했다. "코로나19 사태 이후 빅 브라더가 등장할 것이다." 전염병을 막는다는 명분으로 정보를 독점하고 사회를 통제하는 절대 권력의 탄생, 요즘 같은 정보화 시대에 충분히 경계해 볼 만한 상황이다. 빅 브라더(Big Brother, 감시권력)는 지금부터 70여 년 전에 출간된 소설 《1984》에서 처음으로 등장한다. 조지 오웰은 우리에게 끊임없이 경고한다. "독재를 조심하라! 정보화 시대가 오면 전체주의를 조심하라!"

거짓과 위선의 계절이다. 정의와 사회참여를 외쳤던 지식인들은 대부분 입을 다물고 있다. 오히려 부패한 정권에 동조하거나 가담하고 있다. 오만한 권력이 국민을 개돼지 취급하고 조작된 진실이 세상을 휩쓸고 있다.

사람은 자신의 이익을 좇아 행동하고 있다. 그러나 모든 사람이 그런 것은 아니다. 자신이 옳다고 믿는 것을 위해 모든 것을 바친 사람도 있다. 영국의 작가 조지 오웰(본명 에릭 아서 블레어, 1903~1950)이 바로 그런 사람이다. 그는 스페인 내전에 참전했다가 스탈린주의자들의 만행을 체험한 후 전체주의 고발에 전념하게 된다. 평생 사회주의자였으면서도 공산주의의 악행을 외면하지 않은 진정한 진보주의자였다.

《동물농장(Animal Farm)》(1945)

조지 오웰은 20세기 초 스페인 내전과 제2차 세계대전을 겪고, 또한 버마(미얀마)와 인도에서 경찰로 근무하면서 제국주의의 폐해를 깨달았다. 그는 "책을 쓰는 이유는 내가 폭로하고 싶은 어떤 거짓말이 있기 때문이고 사람들을 주목하게 하고 싶은 어떤 진실이 있기 때문이다."라고 말했다.

《동물농장》은 평등을 내건 돼지 지배층, 스탈린 독재를 우화적으로 차용했지만 본질적으로는 파시즘과 나치즘을 비롯한 모든 전체주의를 겨냥한 작품이다.

러시아 혁명은 자본가와 귀족에게 핍박받는 노동자와 농민을 위한 국가를 만들겠다며 세계 최초 사회주의 국가를 탄생시킨 혁명이다. 그러나 새로운 지배 세력이 된 스탈린 또한 독재를 시작한다. 국민들은 또다시 자유를 빼앗기게 된다. 조지 오웰은 스페인 내전에서 경험한 인간의 나약함과 권력의 속성에 대해 고민하기 시작한다.

어떻게 하면 널리 알릴 수 있을까, 누구나 쉽게 이해하고 다른 나라 말로도 쉽게 옮겨지도록 만들 수는 없을까? 이런 고민을 하던 오웰은 어느 날 말을 몰고 가는 소년을 발견한다. 말이 길에서 벗어나자 소년은 채찍을 휘두른다. 바로 이때 오웰은 생각한다. 핍박받는 동물의 관점에서 러시아 혁명을 이야기하겠어! 오웰은 러시아 혁명을 우화의 형식을 빌려 이야기한다.

인간을 쫓아낸 동물들이 가장 먼저 하는 일이 바로 '과거 청산'

어느 농장에서 평소에 불만을 품던 동물들이 반란을 일으킨다. 반란을 앞둔 동물들의 비밀 모임에서 우두머리 돼지가 처음 던지는 질문은 "쥐는 우리의 동지인가?"였다. 그런데 반란에 성공하고 시간이 지나자 동물농장 내에서는 풍차 건설을 계기로 권력투쟁이 시작된다. 반란 주동자는 메이저라는 늙은 돼지와 그를 따르던 나폴레옹과 스노우 볼이라는 돼지다. 《동물농장》에서 나폴레옹은 스탈린, 스노우 볼은 트로츠키, 메이저는 마르크스나 레닌을 희화화한 것이라는 걸 알 수 있다.

반란에 성공한 후 스노우 볼은 간교한 나폴레옹에 의해 축출된다. 나폴레옹은 비밀경찰인 개 아홉 마리를 앞세워 공포정치를 실시하고, 풍차 건설을 빌미로 동물들의 자유를 억압한다. 농장주 존스가 다시 쳐들어온다는 위협을 하며 공포 분위기를 조성한다. 서로 의견을 모으던 일요회의도 폐지한다. 불평불만을 말하는 동물, 반대파 동물을 첩자로 몰

거짓과 싸움이다

아 숙청하고 식량 배급을 줄이고 작업량을 늘인다. 나폴레옹과 측근들은 존스 시대의 인간보다 더 호화 방탕한 생활을 한다. 조지 오웰은 독재의 시작을 이렇게 묘사한다.

"권력이 곧 바뀔 것을 알아차린 쥐는 벌벌 떨고 있지만 뜻밖에도 돼지는 쥐를 동지로 받아들인다. 권력을 거머쥐기 위해 '인간의 적은 동물의 친구'라는 정치 구호를 만들어 낸 것이다."

인간을 쫓아낸 동물들이 가장 먼저 하는 일이 바로 과거 청산이다. 멍에와 기구, 재갈과 코뚜레와 꼬리를 장식했던 것들을 모두 우물에 던져버린다.

정권 연장을 위한 끊임없는 역사 조작

권력의 속성을 가장 잘 이해한 돼지 '나폴레옹'은 어렵게 잡은 권력 유지 방안을 추진했다. 가장 먼저 한 일은 젊은 세대를 세뇌교육을 통해 정권의 호위무사로 만든 것이다. 이들을 통해 경쟁자를 적폐로 몰아 숙청했다. 순진한 동물인 양(羊)에 대하여는 단순한 구호 반복을 통해 묻지마 권력 추종 집단으로 만드는 데 성공했다. 동물농장 구성원들은 과거 인간이 주인이었던 시절보다 더 비참한 삶을 살고 있음에도 끊임없는 세뇌로 이곳이 천국이라는 환상 속에 살아가게 된다.

"죽은 듯한 침묵이 흘렀다. 놀라고 겁먹은 동물들은 줄지어 천천히 마당을 걷고 있는 돼지들의 행렬을 지켜보며 한쪽에 몰려 서 있었다. 마치 온 세상이 거꾸로 된 것 같았다."

총칼로 무장한 지배자 계급 앞에 겁먹은 포로들처럼 구석에서 눈치만 살피는 사람들. 혁명 이전 그렇게 외치던 정의와 평등은 이미 어디론가 사라져 버리고, 지배 계급들은 과거 농장주 존스보다 더 호화로운 생활을 즐긴다. 권력을 잡은 특권층으로부터 끊임없이 거짓에 속고 또 속으면서도 거짓인지조차 모르고 무작정 추종하는 무기력하고 가련한 사회가 바로 조지 오웰이 《동물농장》에서 그린 공산주의 사회다.

"누가 돼지고 누가 인간인지 이미 구별할 수 없게 된 것이다." 조지 오웰의 말이다. 왜, 이 지경이 된 것일까? 그것은 사자와 어린 양이 함께 뛰어노는 이상향 세상을 우린 결코 만들 수 없기 때문이다. 유토피아적인 환상은 세상에 대한 무지에서 비롯되는 경우가 많다. 어떤 훌륭한 제도나 이상도 누군가를 착취하는 수단으로 변질할 수 있다는 것이다. 더 중요한 것은 그것을 운영해 나가는 사람으로서 갖추어야 할 도리와 정신에 달려 있는 것이다.

"누가 돼지이고 누가 인간인지, 어느 것이 어느 것인지 이미 분간할 수 없었다"

조지 오웰은 러시아의 전체주의를 증오하고 그것이 영국에 끼치는 악영향을 증오했지만, 올바른 사회주의를 위한 쓴소리였을 뿐 사회주의 자체를 부정한 것은 아니었다. 뼛속까지 사회주의자였던 조지 오웰. 《동물농장》을 통해 권력의 타락을 막을 해결책도 숨겨 놓았다. 이 소설의 초반부에서 몇몇 돼지들이 다른 동물들이 생산한 우유와 사과를 당연한 듯 가져가기 시작하는 대목인데, 평소에는 의견이 팽팽했던 두 마리의 지도자 돼지가 이때만큼은 한목소리로 특권을 주장한다. 바로 이 순간 다른 동물들이 머뭇거리며 눈치를 보거나 무관심하게 반응하는 대신 '이 건 아니다!'라고 말할 수 있었다면 오웰은 동물농장의 운명이 달라졌을 것이라고 말한다.

지금 우리 사회가 어디로 가고 있는지 자세히 살펴보고 잘못된 점을 과감하게 비판도 하는 감시자의 자세가 필요하다는 것이 오웰의 생각이었다. 《동물농장》을 쓰면서 조지오웰 자신이 바로 그 감시자의 자세를 취했던 게 아닐까?

《동물농장》은 정치적인 이유로 수없이 출판을 거부당하다가 우여곡절 끝에 출간되었는데 출간되자마자 영미권 베스트셀러가 된다. 세계 주요 언론들은 《동물농장》을 20세기 최고 문학작품 중 하나로 뽑았다.

조지 오웰이 서거한 지 70년이 지났음에도 '프롤레타리아 유토피아'를 내건 전체주의 독재의 참상을 고발하고 풍자한 《동물농장》은 각국에서 여전히 활발하게 재조명되고 있다. 편 가르기를 뛰어넘어 모든 독재와 인간성 말살에 대한 경종을 울리기 때문이다. 세계 여러 나라 중 굳이 몇 나라를 거론하지 않더라도 《동물농장》은 스탈린으로 끝을 맺지 않았다. 지금도 세계 곳곳에서는 '유사 동물농장'들이 여전히 살아 움직이고 있기 때문이다.

거의 모든 좌파 독재자는 왜 부패하게 되는가. 국가통제, 계획경제, 이념상 거대 정부를 지향하는 데 근본 원인이 있다. 권력층이 강력한 권력으로 국민을 통제하는 환경에서 '돈은 곧 권력이다'가 만들어진다. "모든 동물들은 평등하다. 그러나 어떤 동물들은 다른 동물보다 더욱 평등하다."라는 조지 오웰의 《동물농장》 속 경구는 좌파권력의 본질을 꿰뚫어 본 것이다.

《동물농장》의 마지막은 이렇다. 인간인 전 농장주 존스의 말이다.

"그래, 맞아. 돼지들의 얼굴에 무슨 변화가 일어났는지 이제 알 수 있었다. 창밖의 동물들은 돼지에게서 인간으로, 인간에게서 돼지로, 다시 돼지에게서 인간으로 번갈아 시선을 옮겼다. 그러나 누가 돼지고 누가 인간인지, 어느 것이 어느 것인지 이미 분간할 수 없었다."

《1984(Nineteen Eighty Four)》(1949)

《1984》는 조지오웰이 피를 토하며 쓴 소설이다. 《1984》가 출간되고 바로 그다음 해에 세상을 떠나고 만다. 《1984》는 도대체 어떤 소설이기에 자신의 생명을 바쳐서 썼을까?

《1984》에서는 절대 권력자 '빅 브라더'가 통제하는 극단적인 전체주의 사회가 등장한다. 조지 오웰의 디스토피아(Dystopia, 불행한 미래) 소설 《1984》는 진실과 거짓에 대한 구별이 사라진 세계를 우화적으로 그렸다. 정부는 권력 유지를 위해 과거를 끊임없이 날조하고 허구의 반역자를 내세워 사람들을 선동한다.

국민의 무의식을 자극하는 편향적 여론조사와 거짓을 계속 반복하다 보면 자신도 모르게 영향을 받을 수밖에 없다. 여론 조작을 통해 반대자와 비판 목소리에 친일·적폐·수구·기득권의 프레임을 씌운다. 이것이 독재자들이 즐겨 쓰는 반복 세뇌 수법이다.

거짓과 싸움이다

《1984》소설 속 '진실부(Ministry of Truth)'는 신문이나 공문서의 경제 수치나 날씨 같은 팩트를 고쳐서 거짓을 생산, 전파한다. 빅 브라더가 대중을 세뇌시켜 어리석게 만든 조직이다. 현재에 맞춰 과거를 끊임없이 수정하는 기관이다.

텔레스크린, 사상경찰, 마이크로폰 등 다양한 방식으로 공공시설뿐 아니라 집안까지 감시하며 개개인의 사생활을 철저히 통제한다. 일기를 쓸 때도 머리 위에 텔레스크린이라는 감시 장치가 돌아가고 있어서 사상적으로 불온한 생각은 일기로도 쓰지 못하게 한다. 아무리 부부 사이라고 해도 사랑이 들어간 부부관계를 가져서는 안 된다. 부부관계는 국가를 위해 아이를 낳을 때만 허용된다. 명목상으로는 전쟁으로부터 시민의 안전을 보호하기 위한 선의의 감시라고 하지만 실제로는 독재 권력을 유지하기 위해 시민들의 생각과 감정까지도 통제하려는 사회다. 《1984》속 감시사회는 조금 과장되어 있기는 하지만 사생활 침해가 난무한 오늘날의 사회와 크게 다르지 않은 것 같다.

CCTV, 신용카드 사용 내역, 위치추적… 이런 말은 이젠 우리에게 일상이다. 개개인의 사생활과 신상정보가 쉽게 노출될 수 있는 오늘날을 예견한 오웰은 《1984》를 통해 미래의 정보화 시대에 대한 경고를 보낸 것이다. 출간 당시 가장 동시대적인 작품이면서 미래를 예언한 소설이라는 평가를 받았다.

《동물농장》을 통해 독재의 위험성을 알린 데 이어 《1984》에서는 정보화 시대의 전체주의를 경고하는 조지 오웰. 그는 사회주의자이면서도 끊임없이 사회주의 현실의 문제점을 비판했다. 현실에 안주하는 편한 길을 놔두고 그는 왜 불편한 길을 선택했을까?

"자유와 행복 중에 하나를 택해야 한다면, 대부분의 인간은 행복을 선호한다." 오웰은 그래서 더더욱 자유를 선택하려고 했던 것 같다. 보통 자유는 공적인 가치고 행복은 개인적인 가치라고 생각한다('자유=우리 모두를 위한 것'↔'행복=나를 위한 것'). 대부분의 사람은 행복을 삶의 우선순위로 잡고 그 밖에서 일어나는 갈등 상황에는 무관심해지기 쉽다. 하지만 오웰은 자유와 행복 두 가지가 사실은 하나로 연결되어 있다는 것을 알았던 것이다.

《동물농장》의 동물들이 우유와 사과, 즉 자신들의 권리를 지키지 못했던 것이 결국은 각자의 행복을 빼앗기는 착취의 시작이 되었던 것처럼 개개인의 행복을 지키기 위해서는 우리 모두의 자유를 지켜내야만 한다. "소중한 것을 지키려면 용기를 낼 줄 알아야 한다." 조지 오웰은 우리의 자유를 억압하는 것들에 가차 없이 경고를 보낸다.

조지 오웰이 소설에서 스탈린 치하 소련 사회를 풍자한 지 70년이 지났지만 여전히 지금 현실 세계에 그 상황이 그대로 나타나고 있다. 국민을 바보로 만드는 권력자의 진실 조작 시스템은 각자 역할을 분담하고 있다.

정부를 둘러싼 카르텔이 가짜 논리로 현실을 왜곡하고 거짓을 진실로 둔갑시키고 명백한 사실을 아니라고 뒤집고 조작된 진실로 대중을 그릇된 길로 이끌고 있다.

소설 《1984》가 70여 년이 지난 지금도 여전히 유효하고 미래적인 이유는 절대적 권력이 더 이상 육체적이고 폭력적인 방식으로 우리를 억압하는 것이 아니라 기계, 문명 등을 통해 심리적이고 은밀한 방식으로 우리를 조정할 것을 예견했기 때문이다.

빅 브라더가 지배하는 《1984》는 묻고 있다. 왜(Why) 빅 브라더의 지배를 받는 사람들은 '어떻게 하면 더 빨리 더 효과적으로 일할 수 있을까?'라는 고민을 할 뿐 '이 일을 왜 해야 하는 거지?', '이 일을 하는 것이 과연 정당한가?'라고 질문하지 않을까? 왜(Why)라고 묻는 것만으로도 우리는 조금 더 자유로워질 수 있다는 뜻이다.

뇌과학자들에 따르면, 역사상 그 어느 때보다 많은 양의 정보를 처리해야 하는 현대인의 뇌는 팩트(Fact)에 대한 분별력이 점점 무뎌지고 있다고 한다.

지금 우리는 '《동물농장》과 《1984》'가 뒤범벅된 세상을 살아가고 있다. 세계를 지배하는 《1984》 당의 슬로건은 '과거를 지배하는 자가 미래를 지배한다. 현재를 지배하는 자는 과거를 지배한다.'이다. 과거를 향해 칼자루를 휘두르기 위해서는 진실이 뭔지 묻지도 따지지도 않는다.

어떤 사람은 다른 사람보다 '더 평등'하고, 더 많은 공정하지 못한 정의의 특권을 누린다. 국민이 개돼지 취급당하고 조작된 진실이 세상을 뒤덮고 '《동물농장》과 《1984》' 같은 나라가 됐다.

지금 우리 사회는 한 방향으로 움직이고 있다. 그런데 그 한 방향은 모두 현재에서 과거를 향하고 있다. 미래를 준비하는 것은 보이지 않는다. 21세기 대변화의 소용돌이 속에서 미래의 희망보다는 과거의 기억을 되새기는 데 모든 에너지를 쏟고 있다.

이 거대한 비극을 멈추게 하려면 국민이 거짓과 진실을 분별하고 정신을 똑바로 차리는 수밖에 없다. 조작된 진실에 저항을 해야만 한다.

거짓과 싸움이다

진상 규명은 끝이 없어야 한다

이승복 사건

1968년 12월 9일 저녁 강원도 평창군 진부면 노동리 계방산 중턱, 눈 덮인 외딴 화전민 집에 무장공비 5명이 잠입했다. 이들은 1968년 10월 30일 울진·삼척 지역에 침투했다가 우리 군의 추격을 받고 도주하던 무장공비 120명 중 일부였다.

무장공비들은 공부하는 초등학교 2학년이던 이승복(당시 9세)에게 묻는다. "너는 북한이 좋으냐, 남한이 좋으냐?"
그러자 돌아온 대답은 "우리는 북한이 싫어요. 공산당은 싫어요."

이 말이 끝나는 것과 동시에 공비가 "야!" 하고 고함을 지르면서 이승복의 멱살을 잡아 번쩍 들어올렸다. 버둥거리는 이승복에게 공비 한 놈이 다가가 칼을 입속으로 쑤셔 박았다. 두 동생도 깨어나 울기 시작했다. 공비들은 둘을 거꾸로 들어올린 뒤, 벽에 머리를 패대기쳐 죽였다.

어머니 주대하 씨(당시 34), 동생 이승수 군(당시 7), 이승자 양(당시 5)도 처참하게 학살당했다. 이승복 군의 형 이학관 씨(당시 15세)는 30여 군데를 칼에 찔리고도 거름더미에 숨어 살아남았고, 아버지 이 씨는 이웃집 이사를 돕고 돌아왔다가 붙잡혀 칼에 찔렸지만 기적적으로 도주해 목숨을 건졌다. 이 군의 할머니 강순길 씨는 마침 이웃집에 마실을 가 있어 무사할 수 있었다.

17년간 활개친 광기(狂氣)들

1998년 이승복 어린이의 "나는 공산당이 싫어요"가 조선일보가 조작해 낸 소설이자 '신화'라는 주장이 여러 언론매체에서 본격적으로 제기되기 시작하였다.

이들 가족을 가장 괴롭힌 것은 이승복 사건이 '오보'라고 주장한 언론개혁시민연대(약칭 언개련)가 서울 지하철 1호선 시청역 전시실에서 '오보 전시회'를 연 것이다.

1998년 9월 22일 MBC 〈PD수첩〉 '오보 그 진실을 밝히다'에서 이승복 사건을 다루었고 이 보도를 통해 논란은 크게 확산되었다. 2008년 '미국산 쇠고기, 과연 광우병에서 안전한가?' 속 주저앉은 소 영상 때문에 광화문 광장이 3개월간 시위대에 점령당했던 사태를 보면 진실 여부를 떠나 방송의 위력이 얼마나 대단한지 실감할 수 있다.

이승복의 조카 두 명은 중학교와 고등학교에 다니고 있었다. 〈PD수첩〉이 방송된 다음날, 학교에서 "야, 너희 삼촌 가짜라며?"라는 조롱을 친구들에게 들었다고 한다.

결국 진실은 대법원에서 가려졌다. 2006년 11월 대법원은 "이승복 기사는 조선일보 기자들이 현장을 취재해 작성한 사실 보도"라고 판결했다. 현장에 가지도 않고 꾸며 쓴 거짓 보도라고 허위 사실을 유포한 김 모 씨는 징역 6개월에 집행유예 2년의 유죄가 확정됐다.

"당시 정권에 의해 기획되고 그 정권의 하수인이었던 언개련이 앞장섰던 '이승복 기사 조작' 캠페인은 대한민국 정부의 정통성을 부인하는 세력들에 의해 그 후 계속 확대 재생산돼 2세들의 뇌리에 주입되면서 자라나는 젊은 세대들의 국가관(觀)에 큰 혼란을 불렀다.

언론에 재갈을 물리려는 정권과 이념에 눈먼 세력들은 정치적 이득을 위해서라면 한 소년의 티 없는 영혼에 침을 뱉는 일도 서슴지 않았다."

교과서에서 빠지고 동상 철거되고… 피해 막심

1990년대 '이승복 기사 조작설'이 유포되자, 전국 초등학교에 있는 이승복 군 동상이 대거 철거되고 교과서에서도 사라지는 등 엄연한 역사적 진실이 흔들리면서 사회적 피해도 막심했다. 1969년 이후 이승복 군 이야기는 초등학교 도덕 교과서에 실려, 남북대치상황에서 반공(反共)의 상징이 됐다. 제4차 교육과정(1984)까지는 초등학교 5학년 2학기 교과서에서 당시 무장공비의 만행이 상세히 기술되는 등 큰 비중을 차지했다.

그러나 1988년 '민족자존과 통일번영을 위한 특별선언(7·7선언)'을 발표한 이후인 제5차 교육과정(1990)에서 간략하게 설명하는 방식으로 바뀌더니, '조작설'이 유포된 지 5년 후인 1997년부터 교과서에서 자취를 감췄다.

이승복이 불편한 사람들

"우리는 공산당이 싫어요"라는 외침이 얼마나 소중한 가치의 선언인지 우리 사회가 공감하기를 바라면서 《우리는 공산당이 싫어요》를 펴낸 김태수 변호사는 "1980년대 이후의 변화된 상황에 대한 이해가 선행되지 않고서는 그 깊은 맛을 제대로 음미하기 어렵다"고 한다. 김 변호사는 386세대의 한 사람으로서 보고 느꼈던 당시의 운동권의 분위기를 이렇게 전했다.

"1987년 6·29선언 이후 모든 것이 바뀌었다. 운동권 내부의 분위기도 이상하게 변해갔다. 그전까지는 《해방전후사의 인식》이나 《전환시대의 논리》 등의 도서를 세미나 자료로 정해 미리 읽은 후, 선후배가 한자리에 모여 치열하게 논쟁을 벌이는 방식으로 후배들을 교육했는데, 그런 토론식 방식에서 김일성의 연설이나 교시를 토씨 하나 빼지 않고 달달 외우게 하는 주입식, 암기식 교육 방식으로 바뀌었다. 토론을 없앴더니 애들이 머릿속에 든 게 없어서 그런지 좀 멍청해졌다는 말이 돌기 시작했다. 그런데 주입식 교육 성과는 빨리 나타났고, 분명히 우리말인 것 같기는 한데 일상에서 쓰기는 왠지 어색한 낯선 용어와 표현들이 대자보에 등장하기 시작했다."

그렇다면, 왜 하필 이승복 사건인가?

이승복 사건이 좌파의 집중적인 공격 대상이 되기 시작한 것이 1980년대 후반부터라는 사실을 놓쳐서는 안 된다. 이승복 군이 공비가 주는

거짓과 싸움이다

'콩사탕'을 싫다고 거절했기 때문에 맞아 죽었다는 식으로 이승복 사건을 희화화하는 유머가 학생들 사이에서 유행하기 시작한 것도 이때부터다.

그렇다면, 왜 하필 이승복 사건인가? 바로 북한 지도부의 도덕성을 밑바닥부터 뒤흔드는 가장 상징적인 사건이었기 때문이다. 이승복 사건의 희생자들은 적어도 문명사회라면 가장 일차적인 보호대상이 되어야 할 여자와 아이들이었다. 또한 그들은 우리 사회 가장 밑바닥의 궁핍한 화전민(火田民) 가족이기도 했다. 그들이 말하는 인민 중의 인민인 셈인데 그들을 '인민의 군대'가 그토록 무참하게 도륙했으니 이보다 더한 모순이 어디 있겠는가. 그들의 입장에 동조하는 우리 사회 일부 추종 세력에게 이승복 사건은 애써 외면하고픈 '불편한 진실'이요 반드시 파괴해야 할 '상징'이었던 것이다.

KAL기 폭파사건

북한 공작원에 의해 자행되었던 민항기인 KAL기 폭파사건(1987. 11.28.)도 마찬가지다. KAL기에는 한국인 승객 93명과 외국인 2명, 승무원 20명 등 모두 115명이 탑승하고 있었다. KAL기는 이라크를 떠나 서울로 오다 미얀마 상공에서 폭파됐다. 탑승자 대부분은 중동 건설현장에서 귀국하던 근로자들이었다. 이승복 사건과 KAL기 폭파사건은 유사한 점이 아주 많다. 과거를 뒤집으려는 자들이 목숨을 걸고 달려드는 이유가 여기에 있다.

정부는 북한 공작원 김현희의 테러로 결론 내렸다. 하지만 그 후 KAL기 폭파사건이 국가안전기획부의 자작극이라는 음모론이 제기돼 2007

년 노무현 정부가 재조사를 벌여 '북한 공작원에 의한 사건'임을 재확인했다.

김대중, 노무현 정부 때의 조사를 비롯해 지금까지 여러 차례 진상 규명이 이루어졌지만, 아마도 '전두환 정권에 의해 조작된 것'이라는 결론이 나오기 전까지 조사 결과에 승복하는 일은 없을 것이다.

이승복 사건, KAL기 폭파사건의 본질은 간단하다. 이승복, 김현희, 무장공비도 평소 배운 대로 말하고 행동했을 뿐이다.

우리는 공짜 자유와 풍요에 무임승차하고 있다. 이승복 사건, KAL기 폭파사건 등 과거 사건 조작론은 끊임없이 진행 중이나 정치에 무관심한 국민들이 늘어나고 있다. 우리가 알지 못하는 사이에 대한민국 건국 정신을 폄하시키고 지우는 작업이 계속되고 있다.

조갑제 TV 인터뷰 김현희, "나를 가짜로 모는 자들 천벌을 받을 것"

KAL기 폭파범 김현희 씨는 한 언론과의 인터뷰에서 이렇게 말한다.

"자꾸 대한항공 폭파사건이 김정일의 지시가 아니고 안기부 자작극이라고 하는 사람들은 진실을 말해도 진실을 싫어하니까 절대로 받아들이지 않는다."

30년이 지났다. 국제적으로 미국 CIA에서 증거를 가지고 조사를 했다. 88 서울 올림픽을 앞두고 방해하기 위해 KAL기를 폭파해서 민간인을 이렇게 많이 살해했다는 진실을 좌파는 받아들이지 못하는 모양이다. 받아들이기 싫은 것이다. 그들 입장에서는 아주 수치스럽기 때문에 알면서도 받아들이지 않고 있다.

거짓과 싸움이다

최근 정치권에서 KAL기 폭파사건 재조사 발언이 나온 뒤 인터넷에는 "정말 곰이 마늘과 쑥을 계속 먹었는지, 여자가 된 게 호랑이가 아닌 곰이 과연 맞는지, 혹시 조작된 건 아닌지 등 단군신화도 모두 재조사해야 한다."라는 댓글이 등장할 정도다. 웃어야 할지, 말아야 할지. 앞으로 나가기는커녕 자꾸만 뒤로 가고 있다.

과거 뒤집기는 주류 교체를 했다는 세력이 두려움을 느낄 때 비롯된다

"단순 제도권 교체가 아닌, 역사적 정당성을 획득해야 권력이 계속된다고 본다"며 과거 뒤집기의 속뜻을 분석한 정치평론가도 있다.

한국형 과거사조사위원회는 정권에 따라 출렁거리며 핵심 지지층 결집용으로 쓰이기도 했다. 미선·효순 사건, 광우병 사태, 강정 해군기지, 세월호 등이 모두 분노의 소재가 됐다. 2차 조사는 기본이고 3차 조사도 한다. 재조사하는 것은 무한 반복이다. 문제가 해결되면 분노가 사라지기 때문에 곤란하다. 진상 규명은 끝이 없어야 한다.

과거에서 미래로…

코로나 전염병, 세계경기침체, 미국과 중국의 패권전쟁, 4차 산업혁명 등으로 세계 무역질서와 국제정치 질서가 근본적으로 변화하고 있다. 지금 미래를 바라보고 예측하고 대응해야 할 일들이 산더미처럼 쌓이고 있다. 조선은 정쟁과 무용(無用)한 과거사 뒤집기의 사화(士禍)로 날을 지새우다 결국 망했다.

거짓말을 백번 하면 참말이 된다
_ 용어혼란전술

"충분히 자주 하는 거짓말은 진실이 된다."

"목적은 수단을 정당화한다. 혁명을 위해서는 거짓말을 해도 괜찮다."

"공산주의자는 법률 위반, 거짓말, 속임수, 사실 은폐 따위를 예사로
해치우지 않으면 안 된다."

"거짓말은 혁명을 위한 가장 강력한 수단이며, 거짓말을 백번 하면
참말이 된다."

"거짓말을 창조하지 못하는 자는 위대한 혁명가가 될 수 없다."

"거짓말은 클수록 좋다."

"'민주화'란 단어를 포기해서는 안 된다."　　　　－ 레닌(러시아 공산주의 혁명가)

좋은 말을 빼앗긴 시대

말은 세상을 바꾼다. 세상이 타락하는 징조는 말의 변질에서 찾을 수
있다. 말의 속뜻을 변질시켜 편을 나누고 내 편에 힘을 모으는 방식은
독일 나치가 즐겨 쓴 수법이기도 했다.

거짓과 싸움이다

유대인 대학살 책임자인 하인리히 힘러(1900~1945)는 1941년 자신의 딸 학급 문집에 "언제나 품위 있고, 용감하며, 관대하게 살아야 한다."고 적었고, 1943년 폴란드에서 행한 연설에서 "인간으로서 품위를 유지하는 일은 우리를 강하게 만든다. 나치 친위대원들은 정직하고, 품위 있고, 충실하며, 동지애를 가져야 한다."고 말했다. 힘러가 말한 '품위'는 우리가 알고 있는 뜻이 아니다. 유대인들이 품위를 오염시키고 있으니 이들을 없애는 것이 품위 있는 행동이라고 했다. "품위는 우리와 같은 피를 가진 동지들에게만 해당되고, 다른 이들에게는 해당되지 않는다"고 선언했다.

《무례한 시대를 품위 있게 건너는 법》의 저자인 독일의 악셀 하케는 "인간의 기본 원칙에 해당하는 개념을 뒤틀어 체제를 유지하는 방식은 고도의 전략"이라고 말한다. 자유와 정의 같은 개념들을 고유 뜻이 아닌 전혀 다른 의미를 지닌 말로 대체하는 전략이다. "이런 전략은 대중으로부터 말을 빼앗음으로써 체제 유지나 전쟁을 성공적으로 이끄는 데 기여한다"고 했다. 기존 단어에 완전히 다른 의미를 부여하면 원래 뜻은 사라지고, 이 과정이 지속적으로 이뤄지면 권력에 대항하는 이들은 더 이상 아무런 언어도 갖지 못하게 된다. 대중으로부터 말을 빼앗음으로써 체제 유지에 기여한다는 것이다.

말을 빼앗는 전략은 정권 유지에는 도움이 될지 몰라도 나라는 그로 인해 오염되고 진실의 뜻도 지속적으로 변질되며 사회 전체가 타락하게 된다.

거칠고 감정적이고 격한 북한의 언어

북한은 상대를 비판하거나 공격할 때 가장 수위가 높은 극단적인 언어를 사용한다. 1990년대 남북한 회담에서 북한의 대표가 "서울을 불바다로 만들겠다"고 위협하며 북한의 언어 실체를 보여준 적이 있다.

북 외교관을 지낸 태영호 의원은 "한·미 비난 글을 쓸 때는 불타는 적개심으로, 원수의 심장을 찌르는 심정으로 쓰라"는 교육을 받는다고 했다.

"이 욕설들은 김일성대 역사·어문학부 등을 나온 엘리트들이 만들어 낸다. 대남 막말은 통일전선부, 대미는 외무성, 군 관련은 정찰총국이 맡는다고 한다. 부서마다 100명 이상 욕설 전문 인력들이 '신박한' 표현을 매일 궁리한다. 김 씨 일가가 선전·선동을 직접 챙기는 만큼 눈에 띄면 고속 출세할 수 있다. 2000년 남북 정상회담 북측 주역이던 송호경 통전부 부부장이 대표적이라고 한다."

세월이 지나도 북한의 언어는 변하지 않고 여전히 거칠고 전투적이고 공격적이다. '미 제국주의 원수들을 무찌르자'는 증오감이 넘치는 언어와 '위대한 민족의 태양이신 영도자'라는 극존칭 과장 언어가 공존한다.

최근에는 "삶은 소대가리도 앙천대소(웃을)할 노릇", "태도가 참으로 기괴하다", "헛된 개꿈", "가을 뻐꾸기 같은 소리", "(남조선) 괴뢰패당을 죽탕쳐(짓이겨) 버리자", "민족반역자이며 인간쓰레기인 탈북자들을 찢어 죽이자"는 선동 글귀들이 등장했다.

언어가 극단적이고 광적이고 증오적이면 그 사회가 그런 사회로 변해가기 마련이다.

"혁명을 위해 용어를 혼란시켜라"

러시아 공산혁명 지도자 레닌은 공산주의 추종세력들을 향해 "혁명의 성공적 수행을 위해서는 용어를 혼란시켜야 한다."고 말했다. 레닌은 《민주주의 혁명에서의 사회민주주의의 두 가지 전술》에서 "동일한 사안이라도 동지와 적을 대할 때 각각 구분해서 용어를 사용하라. 적에 대해서는 가능한 한 부정적인 용어, 언어를 구사해 비판하고 동지에 대해서는 우호적이고 순화된 용어, 언어를 사용하였을 때 선전·선동에 유리하고 혁명이란 목표 달성에 효과적"이라고 말했다.

따라서 용어혼란전술은 언어를 통한 '영향공작(Influential Operation)'의 일종으로 일반 대중이 선호하고 긍정적으로 받아들이는 용어를 사용해, 공산주의를 우호적으로 생각하도록 만드는 저강도 심리전이라 할 수 있다.

공안검사 출신 고영주 변호사는 "공산주의 이론은 선전이론과 실천이론이라는 이중구조로 되어 있으며, 공산주의자들은 다양한 사기수법을 사용하며, 좌경이념은 사회적 약자를 이용해 정권을 획득하려는 사기이론이라고 밝혔다.

공산혁명의 기본전술인 용어혼란전술의 몇 가지 특징

첫째, 자신들의 필요에 따라 새로운 용어를 만든다는 것이다.

둘째, '우리민족끼리', '민족' 같은 기존의 용어들 가운데 대중적 이미지가 좋은 용어를 선점해 사용하는 것이다. '우리민족끼리'는 반미, 반일을 의미하며, 평화는 전쟁이 없는 상태를 말하는 게 아니라 남과 북을 공산화한다는 뜻이다. 평화경제는 통일경제를 의미한다. 공산주의라는 용어 대신 사용하는 인민민주주의, 민중민주주의, 진보적민주주의는 모두 좌경이념이라는 것이다.

실제로는 고려연방제 공산통일방안 같은 연방제통일 기존의 용어들을 자신들 나름대로 새롭게 정의해 사용하는 것이다.

셋째, 거짓을 반복한다. 모든 언론을 장악하고 가짜 뉴스를 반복해서 생산해 낸다. 용어혼란전술과 거짓 속임수를 통해 북한이 주장하는 사회주의를 민주혁명과업이라고 바꾸어 말하고 있다.

'용어혼란'은 판단을 흐리고 오해에 빠뜨리려는 계획적이고 교활한 술책이다. 이런 용어혼란전술은 유럽의 공산주의 혁명 초기부터 전통적이고 중요한 전략이 되어왔다. 이 전략을 레닌은 "혁명을 위해 용어를 혼란시켜라"는 말로 표현했었다.

한반도 공산화를 위해 좌경세력이 용어혼란전술을 사용하고 있는 것이다.

현재 북한과 국내 좌경세력이 용어혼란 차원에서 가장 널리 사용하고 있는 단어는 '진보세력'과 '민주화 세력'이다. 진보세력은 1980년대 민족주의운동, 마르크스–레닌주의와 볼셰비즘 그리고 북한의 주체사상을 계승한 민족주의 민족해방민중민주주의혁명(NLPDR) 운동세력과 사실상 동의어라고 할 수 있다. 북한과 남한의 좌경세력은 공산혁명을 변혁혁명으로, 대남혁명투쟁 3대 과제를 자주·민주·통일로, 공산화 통일을 평

거짓과 싸움이다

화통일로 미화하고 선전·선동하고 있다.

국가보안법 위반자를 양심수로, 한반도 공산화 세력을 통일애국세력으로, 김일성·김정일·김정은 추종세력을 평화세력으로, 자유민주세력을 전쟁세력으로 칭하는 등 용어를 노골적으로 왜곡, 확산시키고 있다.

용어혼란전술에 대한 해결방안

정치, 사상 용어는 사람들의 정치의식에 은밀하게 핵폭탄과 같은 엄청난 영향을 미친다. 선전·선동으로 사회혼란을 부추기는 북한과 남한의 좌경세력은 이와 같은 사실을 잘 알고 적극 활용하고 있다. 언어는 의사소통의 수단인 동시에 사상투쟁의 무기이다.

방송, SNS 매체들은 일반 대중이 북한과 남한 내 좌경세력이 만들어 놓은 함정에 빠지지 않도록 주의해야 한다. 좌경세력에 맞설 수 있는 새로운 용어를 창의적으로 만들어야 하며 용어혼란전술의 최종 목표가 한반도 공산화 통일 완수라는 사실을 국민들에게 올바로 알려야 한다.

통일구호로 위장된 자주, 민주, 통일

국내 친북 NGO들이 공통으로 내세우는 한국사회변혁운동의 과제는 자주, 민주, 통일로 요약된다. 자주, 민주, 통일은 겉으로는 극히 정상적인 용어처럼 보인다. '자주적으로 민주적으로 통일하자' 하는데 누가 반대를 하겠는가? 누가 들어도 호감이 가는 용어임이 분명하다.

그러나 이는 북한이 대남혁명투쟁 3대 과제로 설정한 혁명용어이다. 북한은 1970년 10월 제5차 당(조선로동당)대회 이후 남한혁명의 당면과제로 '자주, 민주, 통일의 실현'을 채택하고 이의 투쟁을 선동해 오고 있다.

좌익이 말하는 민주주의는 인민민주주의

고영주 변호사는 항소심 결심공판(2020.06.02.) 법정 최후진술서에서 "좌익이 말하는 민주주의는 인민민주주의"라고 주장했다.

북한은 2010년 9월 북한 헌법보다 상위규범인 '노동당 규약'을 개정하면서 대남적화혁명전략 명칭을 종전의 '민족해방인민민주주의혁명' 용어 대신 '인민'을 삭제한 '민족해방민주주의혁명'이라는 용어로 바꿨다.

고 변호사는 "북한이 '인민민주주의' 용어를 '민주주의' 용어로 대체한 근거는 자유민주주의는 가짜 민주주의이고, 인민민주주의(프롤레타리아 민주주의=공산주의)가 진짜 민주주의라는 전제 아래, 그냥 '민주주의'라고만 써 놓으면, 그것이 바로 '인민민주주의'를 지칭하는 것이라는 취지이다. 이렇게, 공산주의는 '나도 민주주의다'라고 시작했다가, 이제 와서는 '내가 진짜 민주주의다'라고 하는 지경까지 왔다."고 한탄했다.

또 "2018년 초에 현행 헌법을 개정하려 한 의도는, 대한민국의 체제를 현행 자유민주주의 체제로부터 인민민주주의 내지는 공산주의 체제로 바꾸려 한 것이었음을 알 수 있으며, 지금까지 우리 국민들은 '민주주의'는 당연히 '자유민주주의'를 뜻하는 것으로 알고 있었다. 그러나 좌익들은 그동안 집요한 노력 끝에 이제는 그냥 '민주주의'는 '인민민주주의'를 뜻하는 것으로 되었다."라고 주장했다.

주사파(종북세력)의 지도 사상 '주체사상'

유동열 자유민주원 원장은 "주사파(主思派)란 북한 통치이념 주체사상(북한식 공산혁명 사상)을 수용, 맹종하는 세력으로 주체사상파의 약어이다. 주사파의 사상 배경인 주체사상(북한식 공산혁명 사상)을 알아야 국내 주사파의 실체와 행동양식을 알 수 있다. 주체사상은 철학이 아니라 혁명 운동론이다. 이 사실을 분명히 알아야 한다."고 말한다.

주체사상의 역사관은 인류역사를 '계급투쟁'의 역사로 보고 있다. 주체사상을 처음 만들고 망명한 황장엽 씨도 "수령절대주의 폭압사상, 계급폭력혁명사상, 김 씨 집단을 위한 봉건사상이다."라고 주체사상을 비판한다. 김 씨 3대 폭압정치를 정당화하기 위한 사상적 이데올로기가 바로 주체사상이다.

주체사상은 북한 헌법 제3조에 명시돼 있다.

북한은 사람과 인간을 구분한다

유동열 원장은 "북한이 말하는 주체사상의 핵심적인 내용은, 주체사상은 북한식 혁명운동론이다. 철학적 원리는 '사람' 중심, '인민대중' 중심의 사상이다. 북한에서는 사람과 인간을 구분한다. 북한에서 사용하는 '사람'과 '인간'은 전혀 다른 개념이다. 사람은 계급혁명의식으로 자각된 인간, 즉 계급적 개념이다. 우리가 북한에 가면 사람이 아니라는 것이다. 인간은 맞는데 계급혁명의식으로 자각된 인간이 아니기 때문이다."라고 말한다.

북한에서는 "남한에서 주한 미군과 미 제국주의를 축출함으로써 민족해방민주주의 혁명 과업을 완수하여 북한과 공산화 통일을 이룰 때 진정한 평화가 온다."고 주장한다. 북한이 주장하는 평화는 '남조선 혁명', 즉 전쟁이다. 남조선 혁명을 위한 공산화 적화통일로 공산주의 사회를 건설하는 것이다. 숨겨진 거짓 평화와 용어전술에 속아서는 안 된다.

평화를 외치면서 8·15 광복절 저격사건, 아웅산 테러, 대한항공 피격사건, 천안함 폭침, 연평도 포격 도발을 일으켜 왔다. 북한이야말로 한반도의 전쟁위험세력, 평화파괴집단이다.

선거 때가 되면 전쟁과 평화를 말하면서 특정 세력을 비난하는 북한의 전략 전술에 속아서는 안 된다.

미군 철수를 주장하는 세력은 북한뿐만 아니라 북한을 동조하는 세력임을 알 수 있다. 1949년 6월 30일 주한 미군이 철수한 지 1년도 지나지 않아 김일성은 1950년 6월 25일 새벽에 남한을 침략해서 수많은 사람들을 희생시켰다. 베트남은 미군이 철수하자 평화를 외치다 패망의 길로 갔다. 북한이 말하는 평화란 전쟁을 의미한다는 사실을 잊어서는 안 된다.

문제는 북한 헌법에도 '사람 중심'이 들어 있다는 점

북한 헌법 제3조는 "조선민주주의인민공화국은 사람 중심의 세계관이며 인민대중의 자주성을 실현하기 위한 혁명사상인 주체사상, 선군사상을 자기 활동의 지도적 지침으로 삼는다"고 하였다. 제4조는 "조선민주주의인민공화국의 주권은 로동자, 농민, 군인, 근로인테리를 비롯한 근로인민에게 있다. 근로인민은 자기의 대표기관인 최고인민회의와 지방 각급 인민회의를 통하여 주권을 행사한다"고 했다. 3·4조를 합쳐보면 북한 정권은 '근로인민'에게만 주권이 있다고 한다. 언어 분석을 해보면 계급투쟁론자들의 입장에서 본다면, '민중'에게만 주권이 있다면서 그들만 '사람'으로 대우하고 다른 국민은 이적(利敵)세력이나 적폐로 몰려는 의도를 읽을 수 있다.

"선생님, 인민(人民)은 북한말 아닌가요?"

2019년 새로 배포된 일부 고등학교 '윤리와 사상' 교과서에 민주주의의 주체가 '국민' 대신 '인민'이라는 표현이 등장한다.

'국민'이나 '인민'은 영어로 쓰면 '피플'(People)이지만 '인민'은 북한에서 주로 쓰는 말이고 남한에선 잘 쓰지 않는다. '동무'도 무척 좋은 말이지만 '친구'로 쓴다. '인민'이나 동무를 사용하면 북한을 생각하게 된다. 이런 점에서 교과서에 실린 '인민'이라는 표현은 국민적 공감보다 거부감을 일으킨다. 꼭 북한에서 사용하는 말을 써야 하는 이유가 무엇인가.

대한민국을 무너뜨리기 위해 쓰는 공산주의자들의 용어

그 의미와 뜻을 알고 제대로 대처해야 한다. 우리를 심한 혼란에 빠지도록 만드는 다른 뜻이 내포되어 있음을 알아야 한다. 그들이 몰라서 그런 것이 아니다. 오히려 그런 사실을 잘 알고 있기 때문에 동일한 용어를 사용하고 있는 것이다. 우리의 판단을 흐리게 하려는 목적으로 계획적, 지속적 속임수를 쓰고 있는 것이다.

용어혼란전술은 우리 삶 곳곳에 스며들어 판단을 흐리게 한다

공산주의에 대한 경계심을 풀면 그들의 주장에 동조하게 될 것이다. 공산주의자들이 용어의 혼란으로 노리는 것이 바로 이것이다. 바로 일종의 사기행위인 것이다.

공산주의 이론 전문가 한국학중앙연구원 양동안 명예교수는 "'진보세력'은 반미·친북·좌파세력이며 이들의 운동은 '진보운동'"이라고 정의했다.

또 "민주화 세력도 '진보세력'과 같은 범주에 속하며 반미·친북·좌파들이 실제로는 수구·공산주의를 지향하면서도 '진보'와 '민주' 용어를 선점해 선전·선동 용어혼란전술을 쓰고 있으며, 언론 매체, 방송들은 알게 모르게 이런 용어들을 내보내며 사상과 이념 및 헌법 정신과 국가 정체성에 엄청난 피해를 주고 있다"고 지적했다.

한국의 우익세력은 이론을 중요시하지 않으며, 따라서 용어도 중요시하지 않는다. 반면에 좌익세력은 이론과 용어를 매우 중요시한다. 게다가 좌익세력은 학생운동에서부터 축적해 온 연대 네트워크를 가지고 있어서 용어전쟁과 관련된 집단적 노력을 잘 수행할 수 있다. 그에 반해 우익세력은 공통된 투쟁 경험과 기억을 가지고 있지 못하며 개별적 자유와 다양성을 중시하는 경향이 강하기 때문에 용어전쟁과 관련된 집단적 노력을 전개하기 어렵다.

《지식인들》이란 명저(名著)에서 영국의 저술가 폴 존슨은 이렇게 썼다.

거짓과 싸움이다

"1975년 4월 이후 캄보디아에서 자행된 끔찍한 범죄로 인구의 4분의 1에서 5분의 1이 죽었다. 이 범죄는 '더 높은 조직'이라 불리는, 프랑스어를 할 줄 아는 중산층 지식인 그룹에 의하여 자행되었다. 여덟 명의 지도자 중 다섯 명은 교사, 한 명은 대학교수, 한 명은 공무원, 한 명은 경제학자였다. 모두가 1950년대에 프랑스에서 공부하였다. 거기서 공산당에 들어갔고, 사르트르의 철학적 행동주의와 '폭력의 필요성'이란 교리(敎理)를 흡수하였다. 이 집단 살인자들은 사르트르의 이념적 아들들이었다."

20세기에 가장 많은 사람을 죽인 자들은 군인이 아니라 계급투쟁론과 종족주의나 인종주의로 무장한 지식인들이었다. 이들이 바로 사상의 폭군이다.

"역사를 잊은 민족에게 미래는 없다. 거짓에 약한 민족에게 희망은 없다."

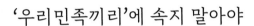

'우리민족끼리'에 속지 말아야

한국 사회에서 정치인들이 선동하는 무기 중 가장 안전한 것은 무엇일까?

민족주의다. 민족주의는 그만큼 힘이 세다. '친일파, 토착왜구다' 한마디면 웬만한 반대의견을 무력화시킬 수 있다. 문제는 국내용이라는 것이다. 일본 대사관 앞에서 깃발 들고 반일구호를 외치면 정치인들은 좋을지 몰라도 그 문제가 해결되는 것은 아니다.

민족주의가 너무 안전하고 손쉬운 선동 구호라고 마구 휘두르면 후유증이 크다.

현재 한국 사회에서는 '친미'와 '민족공조'를 대립시키는 이데올로기 싸움이 벌어지고 있다.

민족주의는 세계 여러 나라에서 이미 용도 폐기된 용어다. 미국은 여러 인종과 민족이 어울려 살지만 그 정체성은 자유와 시장경제이다.

민족이란 개념은 19세기의 것으로 21세기에는 역사의 뒤안길로 사라진 상태다. 이 같은 민족 내지 민족주의는 오직 한국과 중국에서만 존속되고 있다.

특히 해방 후 대한민국이 분단되자 민족주의는 자유민주주의와 3대 세습 전체주의라는 현저한 체제 차이에도 불구하고, 같은 민족인 남북의 통일을 우선시해야 한다는 이데올로기의 강력한 도구로 이용되고 있다. 특히 북한에 대한 경계감까지 느슨하게 하는 '우리민족끼리'라는 단어가 요즘도 기승을 부리고 있다.

민족이란 단어는 근대 민족국가 형성 과정에서 일본에서 만들어진 것으로 한국과 중국에는 없었다. 억압과 피억압 투쟁과 해방이 포함된 민족의 개념, 그리고 그것이 이데올로기의 형태로 강화된 민족주의 유령은 여전히 한국과 중국을 배회하고 있다.

한국 사람들은 한반도 안에서만 살아온 특이한 역사적 전통 때문에 상호 간 친화도는 높으나 반대로 타민족에 대한 적대감과 경계심이 아주 높다. 국민들에게 강한 집단주의, 전체주의 정서가 담겨 있고, 남을 구분하고 우리끼리의 관계와 남과의 관계를 다르게 관리하는 감정이 있다.

박지향 서울대 교수는 한국민족주의를 "본질적으로 외부로부터 주입되고 습득된 이념"이라고 규정했다.

또 "우리는 교육이나 개천절 같은 기념일을 통해 민족과 민족주의에 대해 부단히 훈련받고 자란다. 우리 교육에서 민족은 원초적 개념으로, 민족주의는 태어날 때부터 인간이 본능적으로 갖게 되는 충동으로 둔갑한다. 그러나 사실은 다르다. 민족은 한 인간이 태어나 접하게 되는 범위를 한참 넘어선 거대 개념이다. 그래서 베네딕트 앤더슨은 민족을 '상상된 공동체'라고 표현했다. 민족주의도 내 가족과 고향에 대한 자연스런 애정의 테두리를 크게 벗어나기에, 본질적으로 외부로부터 주입되고 습득되어야 하는 이념일 뿐이다."라고 설명했다.

너무나 손쉬운 민족주의

한국민족주의는 태생적으로 저항민족주의여서 공통의 적을 필요로 한다. 특히 압제자로 등장하는 다른 민족, 다른 국가, 다른 집단을 필요로 한다. 이러한 점을 이용하여 북한 공산주의자들은 미국을 압제자로 각색하여 등장시켜 한국 국민들의 마음속에 깔려 있는 저항민족주의를 혁명의 열정으로 연결시키려 애쓰고 있다. "민족은 하나다"라는 구호를 앞세워 북한은 집요하게 한국 국민들의 민족주의 정서를 자극하려 하고 있다. 현재 북한이 내세우는 "우리민족끼리"라는 구호는 일부 정치 지도자들과 정치화된 지성인들이 대중의 지지를 이끌어내기 위해 이용함으로써 한국 사회 내에서도 상당한 호응도를 가지는 이념적 구호가 되어가고 있다.

민족주의는 강한 집단주의 정서를 내포하고 있어 김일성 주체사상이라고 하는 북한 전체주의를 수용하게 하는 도구로 사용할 수 있다는 점에 착안하여 반자유주의자들이 의도적으로 민족주의를 자기들의 이념 선동 도구로 강조하고 있다. 최근에 와서 북한은 한민족의 반일감정도 같은 목적으로 사용하고 있다.

한국민의 마음속에 자리 잡혀가는 자유민주주의 이념을 뒤덮어 버리는 대항 이데올로기로 한국민족주의를 악용하려는 세력이 있는 한 한국민족주의는 상당 기간 한국 사회를 이념의 혼란 속에 빠뜨리는 요소로 잔존할 것이다.

인간은 집단을 이루면 강해진다. 인간을 하나의 집단으로 묶는 응집력이 강할수록 집단의 통합도는 강해진다. 민족주의는 동일 민족에 속하는 개인을 집단으로 묶는 강한 구심력으로 작용한다. 히틀러는 사회주의 혁명을 하면서 독일민족주의를 결부시켜 악명 높은 나치즘, 즉 국가사회주의를 창안해 냈다. 북한 공산주의자들도 남한에서의 혁명 추진을 위하여 마르크스-레닌주의의 보편 이념에 한국민족주의를 붙여 '김일성 주체사상'으로 만들어 냈는데 그 내용의 허구성은 차치하고 한국 내의 반체제세력, 사회주의 세력을 북한 정권과 연계시키는 데 성공하고 있다. 한국민족주의 구심력을 이용한 것이다.

민족주의는 지성(知性)을 마비시키는 독약

반일민족주의 행사에서 주대환 죽산조봉암기념사업회 부회장은 이런 발언을 했다.

"저는 항상 말하고 있습니다. 민족주의는 지성을 마비시키는 독약이다! 민족주의는 알코올 이런 것과 아주 비슷해서 마시는 그 순간에는 상당히 기분이 좋습니다. 그런데 자꾸 하다 보면 중독이 되죠. 그다음에 자꾸 하다 보면 지성이 마비됩니다. 우리 국민들이 예전에 비해 훨씬 많은 지식과 정보를 가지고 있으면서도 왜 이렇게 바보가 되어 가느냐? 이게 다 민족주의라는 독약에 중독돼서 그런 것 같습니다. 민주화 운동, 노동운동, 진보운동 등이 왜 이렇게 타락했습니까? 민족주의에 오염돼서 그런 겁니다!"

세계화가 진행될수록 다른 사회의 기술과 문명을 흡수하고 발전시키는 것이 능력이다. 한국이 이만큼 성장하고 발전한 것도 좋은 이웃에게 좋은 것을 배웠기 때문이다.

이우연 반일민족주의반대모임 대표는 한 언론과 인터뷰에서 이런 말을 했다.

"왜 조선이 망했나, 왜 6·25가 일어났나 등. 과거의 역사를 제대로 봐야 우리가 교훈을 얻을 수 있는 것 아니겠습니까. 민족주의 이데올로기 때문에 우리가 역사를 제대로 보지 못하고 교훈을 얻을 수 있는 우리의 경험을 스스로 왜곡한다면, 우리에게 무슨 미래가 있겠습니까."

우리 사회에서 민족주의가 맹위를 떨쳐온 이유는 두 가지일 것이다. 하나는 식민지 경험이고 다른 하나는 분단이다. 첫 번째는 이제 대체로 극복된 것 같다. 일본은 여전히 꼭 막힌 답답한 이웃이지만, 우리 젊은 이들은 일본에 꿀릴 것이 없다고 느끼며 그들에 대한 적대감도 그리 크지 않다. 문제는 아직도 한을 풀지 못한 구세대와 정치권이 그 정서를 끄집어내 악용하는 것이다. 하지만 두 번째 원인인 분단은 민족통일을 지고(至高)의 목표로 바라보는 국민정서가 퍼져 있는 한, 풀기가 어려운 문제다. 도대체 인권과 자유 같은 인류 보편적 가치들이 민족보다 낮게 평가되어야 하는 이유는 무엇이란 말인가? 일단 민족통일이 중요하니까 다른 것은 덮어두자는 현 정부의 대북정책은 허구적 이념에 매몰되어 진실된 가치를 외면하는 비극적 현실일 뿐이다.

거짓과 싸움이다

민족이 보유하고 있는 문화가 본질적이며 원형 그대로 유지되어야 한다는 주장도 시대착오적이다. 민족도, 문화도 항상 변화하며 새롭게 만들어지는 것이다. 21세기 우리의 전략은 다양성과 포용이어야 한다. 지켜내야 할 인간의 가치까지 부정하는 배타적 민족주의보다는 '서로 다른 우리'를 포용하고 사랑하는 애국주의가 올바른 길일 것이다.

'우리민족끼리' = '사회주의 통일'

'우리민족끼리'는 북한의 주체사상에 기초한 민족주의와 대남전략이다. 유동열 자유민주연구원 원장은 다음과 같이 설명했다.

"대다수 국민은 남북한 6·15공동선언(2000), 10·4선언(2007), 판문점선언(2018.04), 평양공동선언(2018.09)에 나타난 '우리민족끼리'란 용어에 환호하고 있으나 이는 사상과 이념을 초월한 '남북한 민족끼리'가 아님을 알아야 한다. 기본적으로 북한이 말하는 민족이란 남북한과 해외 동포가 아니라, 엄밀히 말해서 북한의 대남적화노선에 동의하는 프롤레타리아 계급(무산자 계급)만을 의미한다. '우리민족끼리'가 북한식 공산혁명 사상인 주체사상에 기초하고 있음을 확인할 수 있다.

민족주의는 '타 민족과의 반목을 조성하는 반동사상'에서 '민족의 이익을 옹호하는 진보적인 사상'으로 둔갑해서 대남(對南)적화혁명을 위해 통일전선 차원에서 활용되고 있다.

북한이 '우리민족끼리'를 강조하는 이유는 첫째, 북한의 핵 개발 문제로 조성된 미국 및 국제사회의 비핵화(非核化) 압력과 대북 경제제재 및 전쟁위기를 남북한의 공조로 벗어나려고 함이며, 둘째, 북한 정권의 목적인 '전 한반도의 주체사상화와 공산주의 사회 건설'이라는 대남전략에 활용하기 위함이다.

　김일성은 민족대단결을 통해 장애물인 국가보안법을 철폐하고 미군과 핵무기를 철거하여 연방제 통일과 사회주의 혁명을 완수해야 한다고 역설하고 있다."

'우리민족끼리'에 속지 말아야

　'우리민족끼리'라는 북한의 구호가 그래도 잘 먹혀들어 가고 있는 상황이다. 문화 중에서도 중요한 것이 정치이념 체제인데 남북한은 과거에는 한민족이었지만, 지금은 사실상 다른 민족이 된 상태이다.

　이상우 전 한림대 총장은 "'우리민족끼리'에 속아 '반미·반일 민족주의' 수용하면 대한민국은 자멸(自滅)"이라고 말한다. 중국은 한반도를 '수복해야 할 영토'로 간주하고 북한은 외성(外省)으로 편입, 한국은 반(半)속 국화(핀란드화)하는 게 목표이다. 그는 정치이념 체제와 관련해 "북한 체제의 본질은 나치즘"이라고 규정했다.

　"우리는 북한을 자꾸 공산주의 국가로 생각하기 때문에 북한을 제대로 이해하지 못하고 있습니다. 북한은 마르크스－레닌주의를 국가 이념으로 하는 공산주의 국가로 시작했지만, 점차 변질되었습니다. 유물론(唯物論)을 버리고 유심론(唯心論)의 극치인 주체사상(主體思想)을 국가 이념으로 내세운 배타적 민족주의와 1당 지배의 전제적(專制的) 사회주의를 배합한 새로운 형태의 나치즘 국가로 변질된 것입니다. 민족주의와 사회주의를 합친 것이 민족사회주의(Nationalsozialismus), 즉 나치즘입니다. 나치즘이라는 틀로 이해해야 북한 정권의 실체를 알 수 있습니다."

"냉정하게 말하자면, 문화 동질성을 공유한 인간의 집단을 민족이라고 할 때, 남북한은 이미 한민족이라고 할 수 없어요. 70년 이상 떨어져서 다른 가치관(價値觀)을 갖고 살아오면서 생활양식이 달라지고 문화가 달라졌기 때문입니다.

한국민이 북한의 '우리민족끼리'라는 전략적인 정감적(情感的) 호소에 속아 '반미·반일 종족주의적 민족주의'를 수용하게 되면 대한민국은 자멸(自滅)의 길로 들어서게 됩니다. 21세기 시대 주류(主流)를 이루는 자유민주주의 이념을 추구하는 국가들로부터 소외당하는 고립무원(孤立無援)의 처지에 놓이게 되기 때문입니다. 우리는 '통일'을 반드시 이루어야 할 국가 목표로 흔들림 없이 지켜나가야 하지만, 자유민주주의 국가 정체성에 저촉(抵觸)되는 통일정책을 택해서는 안 됩니다. 민주국가들과의 연대(連帶) 속에서만 대한민국의 생존이 가능하기 때문입니다."

미국의 젊은 전략가 피터 자이한은 미국이 민족주의로 되돌아간 이후, 한국이 처할 국제상황을 적나라하게 표현한 적이 있다.

"한국은 한국이 그토록 두려워하는 과거로 돌아가고 있다. 그리고 두려워하는 게 당연하다. 미국이 손을 떼게 되면 한국의 끔찍한 지리적 여건(미국의 보호하에서는 그다지 문제가 되지 않았던 지리적 여건)은 다시 진가를 발휘하게 된다. 한국은 뭍(땅)에서는 한 번도 이겨본 적이 없는 상대인 중국과 바다에서 한국보다 월등히 뛰어난 상대인 일본 사이에 끼어 있다."

이춘근 국제정치아카데미 대표는 "우리나라 주변에는 유난히 강대국들이 많다. 중국, 일본, 러시아가 모두 민족주의적인 나라가 될 때, 그리고 미국조차 세계적 개입 정책을 포기하고 고립주의·민족주의로 돌아갈

거짓은 거짓을 낳고

때, 한국이 처할 안보 환경이 무엇인지를 잘 생각해 보고 시급히 대책을 강구해야 한다."라고 말했다.

거짓과 싸움이다

한국영화는 이제 이념의 전쟁터다

"아버지, 전 이게 범죄라고 생각하지 않아요. 내년엔 꼭 이 학교에 들어갈 거니까."

영화 〈기생충〉에서 송강호가 연기한 기택의 아들딸은 과외 일자리를 따내려 가짜 재학 증명서를 만든다. 기택의 딸이 포토샵으로 직인을 따서 붙인다. 기택의 자녀들은 위조 증명서로 언덕 위 박 사장 집에 진입하면서 자기 합리화의 최면으로 '기생충'들의 죄의식을 없애 버린다.

영화 〈기생충〉이 아카데미 작품상 각본상을 수상한 데는 영화가 던지는 사회적, 경제적 불평등 메시지가 큰 영향을 미쳤다는 게 평론가들의 공통된 지적이다.

먼저 불평등에 대한 '인식'이 어떤가를 보자. 아카데미상을 선정하는 미국의 분위기부터 보자. 올해 초 갤럽 여론조사에 따르면 미국인의 43%가 '이런저런 형태의 사회주의가 좋은 것'이라고 응답했다. 작년

카토연구소 조사도 비슷하다. 사회주의에 대한 호감이 39%, 비호감이 59%였다. 18~29세 청년층은 사회주의에 대한 호감이 50%로 자본주의에 대한 호감 49%보다 높았다. 현대 자본주의 대표주자 격인 미국의 여론이라는 점에서 놀라운 수치가 아닐 수 없다.

주관적 '인식'과는 별도로 불평등에 대한 객관적인 '사실'은 어떨까. 〈기생충〉이 골든글로브에서 수상한 직후인 올해 1월 블룸버그통신은 '기생충이 놓친 한국의 현실'이란 기사를 실었다. "〈기생충〉은 한국의 불평등을 브라질이나 남아프리카공화국의 아시아판으로 묘사했지만 그 정도는 아니다."라며 몇 가지 근거를 들었다.

대표적인 경제적 불평등 관련 지표인 지니계수는 한국이 0.32로 아시아에서 동티모르를 제외하면 가장 낮은 수치, 즉 가장 평등한 수준이다. 미국, 일본, 독일, 프랑스보다 낮다. 최하위 20%의 소득 대비 최상위 20%의 소득은 5.3배다. 남아프리카공화국 28배, 미국 9.4배보다 낮다. 일본, 호주, 이탈리아보다 양호하고 프랑스나 독일과 비슷하다. 상위 1%가 전체 소득에서 차지하는 비율은 한국이 12.2%로 미국 20%, 브라질 28%보다 많이 낮다.

실제 상황보다 더 부풀려 어려운 처지의 사람들을 심리적으로 더 불행하게 만들고 사회적 분열을 부추겨 반사이득을 취하려는 '인간 기생충'의 준동도 함께 경계하지 않으면 안 된다.

〈기생충〉의 작품성은 논하지 않더라도 그 영화가 사회를 바라보는 시각은 감독이 의도했든 안 했든 명백히 사회주의적, 좌파적 시각에 바탕

거짓과 싸움이다

을 두고 있다.

가진 자와 못 가진 자가 사회에 존재한다는 사실을 선택과 경쟁의 시각이 아니라 착취와 억압의 관점으로 접근하는 사회주의의 논리는 자연히 그 착취와 억압으로 인해 못 가진 자의 도덕과 인간성이 파괴되는 것에 초점을 맞춘다.

〈기생충〉, 비정상적이고 괴이한 이야기

아들, 딸, 부인이 있는 4인 가족의 가장으로 기택이 나온다. 기택은 가난을 상징하는 반지하에서 살고 있다. 아들이 학력 위조로 모 대학 총장 직인을 날조해서 학력 위조로 박 사장의 딸 과외 교사로 들어가고 그것을 기회로 아빠를 운전기사로 취직시키고 엄마는 가정부로 들어간다. 그리고 자기 여동생을 미술교사로 취직시킨다. 물론 사기 취업에 성공한다. 그 전에 일하던 사람들을 다 쫓아낸다. 기택의 가족 네 명과 가정부 부부 둘은 주인이 없는 틈을 타서 죽고 사는 밥그릇 싸움을 벌인다. 상대방을 죽여야 내가 산다는 치열한 싸움이 벌어진다. 거대한 돌을 가지고 상대방의 머리를 내리치고 상대방을 묶고 입을 막는 막장 드라마가 펼쳐진다. 그런 스토리를 알지 못한 박 사장이 파티를 벌이는 장면이 영화 막바지에 나온다. 백주 대낮에 그 파티를 벌이는 틈에 두 가족이 얽힌 거대한 싸움이 벌어진다. 네 명이 차례로 죽는 연쇄 살인극이 일어난다. 이때 기택의 딸이 죽는다. 전 가정부와 남편이 차례로 죽어 나간다. 흥분한 기택은 박 사장의 가슴에 칼을 꽂는다.

기택이 자기가 모시던 박 사장에게 식칼을 꽂는 이유는 무엇인가. 별거 아니다. 박 사장이 혼잣말로 반지하에 사는 기택의 몸에서 지하층에 사는 사람 특유의 냄새가 난다고 했던 것이다. 협박을 한 것도 아닌데 이에 분노한 나머지 칼을 꽂는다. 자기 식구 네 사람을 고용해 준 부자 박 사장을 죽이는 것으로 이 영화는 마무리된다.

이 영화를 통해 부자 가슴에 칼을 꽂아도 된다는 메시지를 던져 준다. 이 장면이야말로 계급투쟁의 완성이다. 생지옥도 이런 생지옥이 없다. 주말 낮 시간에 도대체 이게 뭐란 말인가. 네 사람이 죽는 연쇄 살인사건이 일어난다. 아무리 영화라 할지라도 있을 수 없는 일이다.

부자가 사는 세상을 갈아엎자는 좌익선동 영화

조우석 평론가는 영화 〈기생충〉을 한마디로 "부자가 사는 세상을 갈아엎자는 좌익 혁명화"로 규정하면서 이렇게 평가한다. "좌익혁명을 꿈꾸는 영화라고 할 수 있다. 〈기생충〉의 이야기는 이게 전부다. 영화 초반부에 엽기적인 사기 취업이 일어난다. 연쇄살인으로 영화가 마무리된다. 자본주의 부자 세상을 갈아엎자. 선전·선동으로 막을 내리는 영화다. 이게 과연 사회 풍자인가. 〈화려한 휴가〉, 〈택시 운전자〉, 〈암살〉, 〈공동경비구역 JSA〉 등은 쓸데없이 남북 간의 긴장 완화를 부추긴다. 〈기생충〉의 성공은 한국영화의 거대한 재앙으로 돌아올 것이다. 표면적으로 성공으로 보이나 속으로는 완전히 썩어있다. 〈기생충〉이 사회 양극화를 근사하게 포장했다고 말하는 이도 있으나 영화로 포장된 독극물이다. 고질적인 암 덩어리다.

부자와 기업 하는 사람들을 죽여 마땅하다는 메시지를 교묘하게 전달하는 데 성공한 작품이다. 악마적 선동·선전 영화라고 본다. 〈기생충〉의 스토리가 단지 짧은 막장드라마라고 깜빡 속아 넘어가고 있다. 많은 사

거짓과 싸움이다

람들이 제대로 알지 못하기에 무슨 대단한 영화라고 착각하고 있어 안타깝다. 이 영화는 대한민국에 도움이 되는 영화가 아니고 수치를 알리는 부끄러운 영화다. 특히 대중들이 이러한 사실들을 전혀 모르고 있다."

기생충, 공산주의자들처럼 내부로 침투하는 자

기생충의 사전적 의미를 보면, ①다른 동물체에 붙어서 양분을 빨아먹고 사는 벌레, ②스스로 노력하지 않고 남에게 의지해 살아가는 사람을 낮잡아 이르는 말이다.

전혀 일하지 않고 일하는 사람의 몸에 붙어서 무상복지, 무상교육 등의 영양분을 빨아 먹으려고 하는 자들, 바로 이런 사회주의자들이 사회주의, 전체주의 기생충이다. 사회주의 국가가 되면 사회의 절반은 아무리 열심히 일해도 다른 사람들이 내 것을 나누기 때문에 열심히 일하지 않고, 나머지 반은 다른 사람들이 일한 것을 나눠 먹으려 할 것이다. 이런 기생충 같은 생각을 하기 때문에 사회는 잘될 수가 없다. 지난 100년 동안 세계 각국에서 사회주의 국가를 실현하려고 했던 나라들에서 공통적으로 나타난 현상이다. 그 대표적인 사회가 바로 북한이다.

2019년 말 뉴욕타임스는 〈기생충〉을 올해의 영화로 선정했다. "반지하와 고급 저택은 현대 사회를 은유적으로 표현한 장소로, 어디서든 벌어지고 있는 계급투쟁에 대한 교훈을 전하고 있다"는 평을 달았다. 쉽게 넘을 수 없는 계급의 장벽 앞에서 기택 가족은 부자에 기생하는 삶을 선택한다. 사실 그대로는 아니지만 현실 세계에서 또 다른 형태의 '이념형 기생충'들이 존재한다.

한국 역시 사회주의에 대한 통념이 과거와는 확연히 달라지고 있음을 느낄 수 있다. 법무부 장관 인사청문회에서 "나는 자유주의자이면서 사회주의자"라고 할 정도이니 말이다.

자유 대한민국에 기생충 같은 인생이 아니라, 자기의 인생은 자기가 열심히 일을 해서 지키고 유지하겠다고 생각하는 올바른 정신의 사람들이 이 땅에 많아져야 한다.

장신대 김철홍 교수는 우리나라 한국문화 분석을 《교과서를 배회하는 마르크스의 유령들》에서 자세히 설명하고 있다.

영화는 혁명의 도구

영화는 이미지를 다루고 미술, 문학, 음악 등과 함께 다른 예술 분야와 쉽게 결합할 수 있는 종합예술이다. 짧은 시간에 메시지를 다수의 관중들에게 반복적으로 주입할 수 있는 가장 강력한 수단이다. 현상의 이면에 있는 본질(예를 들면 노동 속에 숨겨진 자본가들의 착취)을 상징적으로 보여주어 청중이 이것을 역사 속에서 해석하여 주체적인 행동으로 나아가게 하는 효과적 선전(Propaganda)수단이다.

좌파들은 이탈리아 공산당 창시자 안토니오 그람시의 주장대로 문화의 각종 영역에 들어가 부르주아 계급이 갖고 있는 문화적 헤게모니(지배권)를 빼앗고, 그 문화의 영역 속에 진지(陣地)를 구축하고 자신이 획득한 문화적 헤게모니를 프롤레타리아 혁명을 위해 사용하는 선전·선동의 전문가가 되기로 결심한 사람들이었다.

거짓과 싸움이다

문화·예술 분야에 등장한 좌파 예술가

1986년은 학생 운동권에 결정적 변화가 일어난 해이기도 하다.

86년 이전의 투쟁의 주적(主敵)은 독재정권이었다. 하지만 86년부터 운동권의 주적은 미 제국주의(美帝國主義)로 바뀌었다. 남한은 미국의 식민지며, 미국과 싸워 이기지 못하면 인민 해방은 불가능하다고 주장했다. 86년이 되자 반제국주의 그룹은 그 가면을 벗었다. 그 가면 뒤에는 북한의 주체사상이 있었다. 주체사상은 빠른 속도로 퍼져나갔고, 결국 학생, 노동, 문화 운동의 다수파가 되었다. 86년 이후부터 문화·예술 분야에는 미국을 주적(主敵)으로 이해하는 좌파 예술가들이 등장하기 시작했다.

급격하게 좌측으로 돌기 시작한 영화계

김대중 정부 시절인 1999년에 영화진흥공사를 해산하고 새로운 영화 정책 담당 기구로서 영화진흥위원회를 설치하면서 진흥위원으로 좌파들이 들어가 기존 노배우들을 다 쫓아내는 영화계의 쿠데타가 성공함으로 그들은 충무로에 영화 헤게모니를 잡기 위한 진지를 확보하였다.

영화진흥위원회 홈페이지에 있는 박스오피스 기준으로 1999~2015년 기간의 역대 흥행작 1위부터 100위까지의 영화 리스트를 검토해 보았다. 역시 예상대로 문제 있는 영화들이 상위권에 다수 포진되어 있다는 것을 쉽게 발견할 수 있었다.

역대 대통령 중 노무현 대통령을 미화한 〈변호인(12위)〉이나, 전두환 대통령 암살 계획을 다루는 유치한 내용의 〈26년(100위)〉 1980년 광주사태를 다룬 〈화려한 휴가(24위)〉 같은 노골적인 선동 영화나, 폭력적인 내용으로 반기업적 정서를 만들어 내는 '강남 좌파' 수준의 〈베테랑(3위)〉 좌파 무정부주의 테러리스트들의 독립운동을 그린 〈암살(7위)〉 역시 검인정 교과서의 역사 해석 프레임인 좌파 무장 독립운동만이 올바른 독립운동이었다는 것을 선전하는 것이 너무 뚜렷이 보이므로 별도의 분석이 불필요하다. 이런 영화들보다 더 심각한 영화는 관객들의 머리에서 남북 간의 이념적 차이를 지워버리고 공산주의 이념에 무방비 상태로 만드는 영화들이다.

그러나 이런 모든 작품들을 능가하는, 한국 좌파 영화 역사에 빛나는 수작(秀作)은 역시 뭐니 뭐니 해도 〈괴물(4위)〉이다.

영화 〈괴물〉(2006)에서 악의 근원으로 묘사되는 미국

미군부대에서 방류한 독극물이 한강에 들어가 돌연변이가 일어난 괴물 물고기가 등장해 무차별적으로 사람을 죽이기 시작한다. 한국 사회에서 '괴물'이란 상징은 미국과 한 번도 연결시킨 적이 없었다. 그러나 괴물은 곧 미국이라는 공식이 이때 등장한다.

괴물이 주인공의 어린 딸, 여자 중학생을 납치하고 괴물의 은신처에 교복 입은 여중생이 공포에 떠는 순간 관객들은 2002년 두 여중생 '효순, 미선' 양이 미군 장갑차에 깔려 죽은 사건을 자연스럽게 연상하게 된다.

미 제국주의 군대가 어린 여학생을 잔인하게 죽였고, 지금 그 미국이란 괴물은 우리의 딸, 여동생을 포로로 잡고 있다. 영화에서 정부, 군대,

　　　　　　　　　　　　　　　거짓과 싸움이다

경찰 등 국가의 공권력은 사건을 숨기고 문제 해결에는 전혀 관심이 없다. 무능한 정부 대신 젊은 남녀 주인공이 뛰어다니며 결국 괴물을 죽이고 여중생을 구해낸다.

민족의 젖줄인 한강에서 괴물을 죽여 제거하는 것은 한반도에서 제국주의 군대인 미군을 쫓아내는 것이며, 우리의 여동생은 미 제국주의의 포로 상태에서 해방된다.

영화의 마지막 장면인 온 가족이 식탁에 둘러앉아 밥을 먹는 장면은 이제 미국이 떠난 한반도에서 그동안 헤어져 있던 남과 북이 이루는 한 가족의 재결합이며, 진정한 평화의 밥상 공동체의 회복이다.

이 영화에서 미국을 괴물로 형상화한 것은 미국을 우리가 싸워 물리쳐야 할 주적(主敵)이라는 것을 설명하지 않아도 사람들이 자연스럽게 느끼게 한다. 반미는 곧 반제국주의로 연결되고, 반제국주의 투쟁은 대외적으로 미국과의 싸움이고 대내적으로는 재벌로 상징되는 부르주아 계급과 노동자 계급 사이의 싸움이다.

이제 영화는 이념의 전쟁터

좌파 영화감독들은 남녀 간의 사랑을 저속하게 묘사하는 19금(禁) 영화를 잘 만들지 않는다. 왜냐하면 이들은 어린 학생들이 그들의 영화를 보고 공산주의에 대해 경계심을 풀게 하고, 예술의 이름으로 공산주의에 친화적인 사람으로 만들기를 원하기 때문이다.

영화도 이제 이념전쟁의 싸움터가 되었다. 좌파는 이것이 전쟁이라고 생각하고 영화를 만들고, 우파는 이것이 전쟁이라고 생각하지 않고 영화를 만들지만, 결과는 똑같다. 공산주의 이념이라는 괴물의 포로로 사로잡혀 있는 우리의 자녀들과 가족들을 구출해 내지 못한다면 얼마 지나지 않아 공산주의 이념으로 잘 무장된 모습으로 우리 앞에 나타날 것이다. 아직 한반도에서 이념, 체제전쟁은 끝나지 않았다. '마르크스 - 레닌주의 광기'는 지금 한반도의 문화와 역사를 장악하고 있기 때문이다.

서울도 빼앗겼고 교과서도 이미 빼앗겼다

낙동강 전선에 서 있는 자유 대한민국은 이제 더 이상 후퇴할 곳이 없다. 역사 교과서 왜곡문제는 목숨을 걸고 지켜야 할 전선이다. 소설, 연극, 영화 등 거의 모든 예술과 언론을 포함한 다양한 문화적 매체의 영역에서도 같은 일이 일어났다. 여기서 밀리면 자유 대한민국은 없어질지도 모른다.

'헬조선', '태어나서는 안 될 나라'로 선동하고 정의로 포장하는 것은, 6·25 때 공산주의자들이 죽창으로 자신의 주인을 찌른 잔인함을 모양과 형태만 바꿔 계속 되풀이하는 것이다. 집요하게 지배, 피지배 계급으로 나누고 분열과 투쟁만을 외치는 무리와 함께 살아가고 있다. 분노와 불평등을 조장하고 부추기는 공산주의 사상을 몰아내고 진실이라는 무기로 거짓을 쳐부숴야 한다.

거짓과 싸움이다

공산주의 본질은 거짓말이다

"공산주의자는 법률 위반, 거짓말, 속임수, 사실 은폐 따위를 예사로 해치우지 않으면 안 된다."

– 레닌

공산주의의 본질

어느 날, 창기 두 명이 솔로몬 왕을 찾아온다. 그중 한 여자가 말했다.

"내 주여, 이 여자와 나는 한집에서 살고 있는데, 내가 아이를 낳았습니다. 내가 아이를 낳은 지 삼 일 만에 이 여자도 아이를 낳았습니다. 우리는 함께 있었고, 우리 두 사람 말고는 아무도 집에 없었습니다. 그런데 어느 날 밤, 이 여자가 자기 아이를 깔고 자는 바람에 아이가 죽어 버렸습니다. 이 여자는 내가 잠자는 사이에 내 곁에 있던 내 아들을 데려가서 자기 품에 안고는 자기의 죽은 아이를 내 품에 뉘어 놓았습니다. 이튿날 아침, 내 아들에게 젖을 먹이려고 보니, 아이는 이미 죽어 있었습니다. 그런데 자세히 봤더니 그 아이는 내 아이가 아니었습니다."

아이는 하나인데 두 여인이 서로 자기 아이라고 주장한다. 요즘 같으면 DNA 검사하면 쉽게 알 수 있지만 당시에는 방법이 없었다.

솔로몬은 칼을 가져오라고 명령한다.
"살아 있는 아이를 둘로 나누어라. 그래서 두 여자에게 반쪽씩 나누어 주어라."

살아 있는 아이의 진짜 어머니는 자기 아들을 위하는 마음이 불붙듯 일어났다. 그래서 왕에게 말했다. "내 주여, 제발 그 아이를 죽이지 말고 저 여자에게 주십시오."
그러나 다른 여자는 "우리 둘 가운데서 아무도 그 아이를 가지지 못하게 그냥 공평하게 나누어 주십시오."라고 말한다.
"아이를 죽이지 마라. 그 아이를 첫 번째 여자에게 주어라. 저 여자가 진짜 어머니다."

공산주의의 모습이 바로 이 죽은 아이의 엄마와 비슷하다. 아들을 죽여 놓고 그러지 않았다고 거짓말을 한다. 남의 아이를 빼앗아 내 것으로 만들려 하고, 아이의 생명과는 상관없이 아이를 죽여서라도 평등하게 나누자고 말한다. 사람을 사랑하고 상대방을 배려하는 마음이 없기 때문이다. 정말로 아이를 사랑하는 엄마는 절대로 그럴 수가 없다. 불공평해도 좋고 내 권리를 못 찾아도 좋으니 제발 아이 만은 살려 달라고 말한다.
공산주의자들이 대중의 분노와 증오를 이용해서 빼앗자고 하는 이유

거짓과 싸움이다

는 가난한 사람들을 사랑하기 때문이 아니다. 오히려 그들은 가난한 자들에게 거짓 선전·선동으로 증오심을 일으켜 자신들의 권력 유지의 수단으로 사용한다는 점이다. 공산주의는 속임수와 거짓말로 빼앗고 죽이는 강도의 사상임을 깨달아야 한다. 살아있는 아기를 반으로 잘라서 죽여서라도 나누자고 하는 창기의 사상이고 죽음의 이데올로기라고 할 수 있다.

나라와 국민들의 삶이 어떻게 되든 상관없이 자신들의 권력 유지를 위해서는 무엇이든 한다는 것이다. 증오와 죽음을 부추기는 공산주의 유령이 강해질수록 세상은 점점 폭력과 무질서로 고통스러워질 것이다.

공산주의자의 신조 10항 "어떠한 행위도, 예컨대 살인이나 부모를 은밀히 일러바치는 행위도 공산주의의 목적에 도움이 되면 정당화된다."

이것이 공산주의의 본질이며 공산주의자들의 정체인 것이다. 전 세계 공산화를 노리는 공산주의의 위험은 그 본질과 정체에 대한 우리의 무지에서 온다. 끊임없는 공산주의의 침략으로부터 이 나라와 가족을 지키는 길은 공산주의의 본질을 꿰뚫어 보고 거짓 속임수에 절대로 넘어가지 않는 것이다.

지금 위기는 코로나바이러스가 아니라 공산주의

공산주의는 속임수 체계 또는 체계적 속임수이며 더구나 계획적이고 의도적인 속임수이지, 결코 단순한 모순이나 오류가 아니다. 공산주의의 이중적 구조의 원인이 바로 여기에 있다. 즉, 혁명에 이기기 위해서는 대중을 공산당 편으로 끌어들여야 되겠는데, 사실을 있는 그대로 말해서는 안 되니까 거짓말을 하게 되고, 거짓말을 하자니까 저들의 주장이 이중적 구조로 나타나기 마련이다.

북한 체제의 근간을 이루고 있는 공산주의 이념의 본질을 정확히 알고 있어야 한다. 대한민국과 같이 서로 다른 이념에 의해 분단된 나라에서 국가를 지키기 위해서는 이념의 정확한 이해는 필수적이다. 공산주의란 결국 이론 자체가 선전과 실천의 이중적 구조로 되어 있으며, 전투(혁명)의 승리만을 지상의 목표로 삼고 있다. 특히 북한은 지금까지 남한에 대한 무력 적화를 단 한 번도 포기해 본 적이 없음을 알아야 한다.

공산주의는 선전·선동의 이중적 구조이며, 끊임없는 거짓말을 하는 속임수 체계

공산주의자들의 주장을 깊이 검토해 보면 체계적인 이중적 구조인데, 그중 하나는 사실대로 하는 말이고, 다른 하나는 이 사실과 관계없는 선전용 주장이다. 공산주의를 해석할 때, 가장 일반적인 과오는 선전 슬로건을 공산주의의 진실한 본질로 착각하는 것이다.

공산주의자들이 '진리'의 이름 아래 우리의 보통 상식이나 양심으로는 도저히 이해할 수 없을 정도의 엄청난 거짓을 끊임없이 주장하고 또 '과학'의 이름 아래 명백한 사실을 완강히 부인, 왜곡, 날조할 수 있는 근거가 바로 여기에 있다. 그러고도 저들이 조금도 양심의 가책이나 죄의식을 느끼지 않고 있는 까닭 또한 바로 여기에 있는 것이다.

거짓과 싸움이다

공산주의는 목적이 수단을 정당화한다

공산주의는 필연적으로 폭력과 피의 제단 위에 서 있는 파괴적인 이데 올로기다. 모든 사람이 재산을 똑같이 나누어 갖게 하려면 가진 자들의 재산을 뺏어야 한다. 남의 것을 빼앗기 위해서는 폭력이 필수이고, 폭력 을 행사하는 곳에서는 반드시 피가 흐른다.

레닌은 "부르주아 국가는 폭력 없이는 혁명이 불가능하다"고 주장했 다. 공산주의자들은 자신들의 목적이 기존의 모든 사회 질서를 폭력적 으로 타도함으로써만 이루어질 수 있다고 밝힌다.

공산주의자들이 성경처럼 소중히 여기는 공산당 선언의 첫 문장이 공 산주의 유령이고, 마지막은 폭력이다.

"지배계급이 되는 공산주의 혁명 앞에서 전율하게 만들어라. 프롤레타 리아는 이 혁명에 의해서 쇠사슬 이외에는 잃는 것이 없다. 그들이 획득 하는 것은 전 세계이다. 만국의 프롤레타리아여 단결하라."

공산주의 혁명을 이루기 위해서는 폭력적인 수단을 사용해 거짓말, 약 탈, 강도, 테러, 방화를 저질러도 된다. 공산주의라는 목표를 이루기 위 해서 어떤 수단을 사용해도 된다고 말한다.

목적이 수단을 정당화한다. 이와 관련된 유사한 문학작품이 있다. 러 시아의 대문호 도스토옙스키가 쓴 《죄와 벌》이라고 하는 소설이다.

주인공인 라스콜리니코프는 가난한 청년이다. 그는 가난한 사람들을 돕기 위해 부자를 죽이는 것은 악이 아니라 선이라고 생각한다. 라스콜 리니코프 자신의 생각을 이제 실천에 옮기기 위해서 가난한 사람들의 피를 빨아서 돈을 모은 전당포 주인이자 고리대금업자인 늙은 노파를 선택한다. 라스콜리니코프가 전당포 노파를 죽이는 과정에서 예상치 못한 일이 일어난다. 바로 악한 노파의 여동생이 살인의 현장을 목격한 것이다. 그 여동생은 신앙심이 아주 깊고 착했고 지적으로나 경제적으로나 사회적으로 최하층에 속한 사람이었다. 공산주의자들 논리에 따르면 가진 자 노파는 죽여야 하고, 불쌍한 여동생은 살려야 한다.

그러나 살인 현장 목격자를 그냥 둘 순 없어 라스콜리니코프는 악한 노파와 선한 여동생을 죽이고 만다. 이 대목이 공산주의 사상이 주는 비극이다.

모두가 살기 좋은 세상을 만든다고 폭력도 살인도 좋다는 것이다. 공산주의는 분노, 증오심과 거짓말로 양심을 마비시켜 버린다. 지구상 많은 나라가 공산화되었지만 동시에 많은 나라가 공산주의의 유령에서 벗어날 수 있었다. 양심이 살아있는 사람들이 목숨 걸고 끝까지 싸웠기 때문이다.

공산주의는 평등을 외치면서 불평등한 세상을 만들고 있다

공산주의는 재산을 공유하여 모든 사람들이 모든 재산을 평등하게 나누어서 평등한 세상을 만들자는 것이다. 불평등이 생기는 이유가 바로 사유재산이기 때문에 공산주의자들은 자본가들의 재산과 생산수단을 뺏어서 모든 생산과 생산수단을 국유화시킨 다음에 모든 사람이 공동으로 사용하자고 말한다. 공동으로 일해서 얻은 이익도 공동으로 나누면 이 불평등이 없어진다고 하는 것이 공산주의 사상인 것이다.

거짓과 싸움이다

모두가 잘사는 평등한 세상을 만들자는 이야기는 듣기는 좋다. 듣기 좋은 소리가 실현 가능한가? 인간은 누구나 태어나면서부터 내 것을 갖고 싶어하는 소유욕이 있다. 땀 흘려 일하는 이유가 여기에 있다. 그런데 사유재산을 인정하지 않으면 아무리 노력해도 그 열매가 내 것이 되지 않고, 열심히 일하지 않은 다른 사람이 똑같이 나누어야 한다면 누가 열심히 일하겠는가. 공산주의는 이런 노동 의욕과 개인의 창의력을 무너뜨리고 경제의 몰락을 초래한다.

공산주의자들은 지상 천국인 유토피아를 만들겠다고 말한다

그러나 실제로 공산주의 국가들은 많은 사람들이 굶어 죽는 비참한 나라가 되고 만다. 계급과 차별을 없애자고 하면서 공산당 간부들은 온갖 특권을 다 누리는 귀족이 되었다. 자본가들의 착취를 없애자고 했던 공산주의자들이 오히려 귀족이 돼서 사람들을 착취하고 있다. 현재 세계에서 가장 불평등한 나라는 바로 북한이다, 독재자의 별장은 7천 개가 넘는다고 한다. 하지만 지금 북한 주민의 절반 이상이 영양실조 상태에다 수백만 명이 굶어 죽어 가고 있다.

중국도 예외가 아니다. 집이 없어 굴을 파놓고 사는 가난한 사람들이 5천만 명에 이르나, 공산당 특권층 평균 재산은 1조 원이 넘는다고 한다.

평등을 외치는 공산주의자들이 세계에서 가장 불평등한 나라를 만들고 있다. 우리나라도 마찬가지다 공산주의, 사회주의가 좋다고 말하는 정치인들이 많다. 그들의 재산도 결코 적지 않다. 반미, 미군 철수를 외치고 공산주의를 찬양하면서 정작 자녀들은 미국으로 유학을 보내고 있다.

공산주의가 평등을 외치고 지상 낙원을 외치면서 가장 불평등한 지옥을 만들어낸 것, 이게 이상한 일이 아니다. 거짓과 속임수로 정권을 잡고 끝까지 국민들을 짐승 같은 노예로 만드는 것이 그들의 목적이기 때문이다. 평등, 공정, 분배, 정의. 들어보면 내용은 좋은 것이다. 이런 사회를 사람의 힘으로는 구현하는 건 불가능하다. 사람을 홀리는 것이다.

우리가 이 땅에서 사람답게 살아가려면 공산주의의 거짓말에 속지 않고 진리를 분별하는 지혜를 갖추어야 한다.

최근까지도 전 세계의 공산화를 노리는 국제공산주의자들이 인민의 피땀을 빨면서 그 붉은 마수를 뻗쳐 나올 수 있었던 것 역시 공산주의에 대한 우리의 무지가 원인이었다. 미국의 후페도 이점을 안타깝게 지적하여 다음과 같이 말했다.

"공산주의자들의 적이 마르크스주의자들이 내거는 혁명과 신화에 현혹되어 전략의 현실에 눈이 어두웠기 때문에 공산주의는 그 허점을 이용할 수 있었다."

"민주주의가 망할 때까지 민주주의를 외쳐라"

러시아 공산당 창설자 레닌(1870~1924)의 목소리다. 그의 전략이 대한민국에서 사용되고 있다. '민주주의'라는 이름으로 거짓을 퍼뜨리고 내란을 선동하여 혁명을 성공시켰다. 수많은 민주국가를 타도한 공산주의자들의 전략은 바로 '민주주의'였다.

우리의 가장 큰 문제는 공산주의자들을 모른다는 것이다

공산주의자들은 자신들의 전술을 운용해 나가는 데 다음 세 가지 원칙

거짓과 싸움이다

을 가지고 있다.

첫째, 임기응변의 원칙이다. 즉 정세가 바뀌면 저들은 재빨리 전술도 바꾸어 버린다.

둘째, 다양성의 원칙이다. 언제 어떻게 정세가 바뀌더라도 거기에 맞게 전술을 바꿀 수 있기 위해서는 되도록 많은 종류의 전술을 미리 준비해 가지고 있어야 한다는 것이다.

셋째, 포기하지 않는다는 원칙이다. 이 원칙에 대해 레닌은 "마르크스주의자는 어떠한 투쟁 형태도 포기한다는 따위의 약속은 절대로 안 한다."라고 말했다.

공산주의자들이 알아듣는 논리는 오로지 힘

6·25전쟁 당시 중국·북한과의 정전협상을 이끌었던 미 해군의 터너 조이(1895~1956) 제독은 저서 『공산주의자들은 어떻게 협상하는가(How Communists negotiate·1956년 맥밀란)』에서 공산주의자를 다루는 노하우를 소개한 것으로 유명하다. 조이 제독은 '공산주의자들이 알아듣는 논리는 오로지 힘뿐이다', '공산주의자들이 요구하는 대로 하지 말고 모든 사안에서 똑같은 양보를 요구하라', '서두르지 말라', '정치적인 목표를 구체적으로 정하고 협상에 들어가라', '적이 원한다고 협상하지 말라' 등을 조언했다. 이 충고들은 6·25전쟁 발발 70년을 맞는 오늘날에도 여전히 유효해 보인다. 공산주의자들은 그동안 바뀐 게 없어 보이니까 말이다.

3장

노예의 길

내로남불의 원조

한국 땅에는 마르크스가 실재한다. 유령으로서가 아니라 진짜 살아 움직이고 있다.

젊은 날 마르크스의 공산당 선언에 인생을 바쳤던 수많은 사람들이 핵심 제도권에 진입했다. 공산주의는 공평, 정의, 평등을 말하지만 사실은 자신들의 이익만을 추구한다. 평등을 말하지만 독재를 원한다. 소련 붕괴와 함께 공산주의가 사라진 것이 아니라 세계 곳곳에서 떠돌고 있다.

엥겔스

카를 마르크스의 경제적 후원자로서 《자본론》 탄생에 큰 공로를 세운 엥겔스는 두 개의 인생을 동시에 살았다. 엥겔스는 영국에서 낮에는 자본가로 일하면서 밤에는 자본가들의 노동 착취를 비판하는 혁명가로 모순되고 이중적인 생활을 했다. 한편으로 대형 공장주의 아들로 부친 사업을 도우며 고소득을 챙기는 자본가였고 다른 한편으론 헤겔 연구에 심취한 공산주의자였다. 가슴속에는 혁명을 향한 열정이 활활 타오르면

거짓과 싸움이다

서도 부르주아답게 상류층의 스포츠인 여우 사냥을 다니고 최고급 포도주를 즐겨 마시며 여성들과 유흥을 즐겼다. 1840년대 영국에서 몇 년간 방직공장을 운영할 때에도 현지 빈민층의 생활상을 책으로 정리할 정도로 계급 갈등에 관심이 많았다. 하지만 자신은 최고급 샴페인을 즐기며 여색에 탐닉하는 낭만적 생활을 즐겼다.

엥겔스는 이런 이중생활이 싫었으나 당장 돈이 필요했기 때문에 공장주를 포기하고 싶지는 않았다. 엥겔스는 공산주의, 사회주의 조직을 강하게 하고 전략과 전술을 연구하고 뒤에서 후원하면서 마르크스가 초고 상태로 남기고 간 《자본론》의 원고들을 정리해 출간했다. 1895년 8월 5일 식도암으로 세상을 마쳤으며 그의 유해는 마르크스 옆에 눕는 대신 화장해 바다에 뿌려지도록 했다. 마르크스의 권위와 영광을 가리고 싶지 않았던 것이다.

마르크스

카를 마르크스(1818~1883)는 1818년 5월 5일, 독일에서 유대인 기독교 가정의 7남매 중 셋째로 태어났다. 마르크스 역시 독일 부르주아 집안에서 태어나 자유분방한 생애를 살았다. 청소년 시절 마르크스는 총명한 두뇌로 학교 친구들에게 인기도 많았지만 자신의 마음에 들지 않는 상대에겐 맹렬한 비난과 욕설을 퍼붓는 재능이 뛰어나 두려움의 대상이기도 했다. 무차별적으로 "이 부르주아야!" 비난했다고 한다. 우리 사회도 반대편을 향해 "너 친일파지" 비난하는 것과 닮았다.

대학생 때 시작된 술버릇과 방탕한 생활습관은 세상을 향한 분노에 가득 찬 《자본론》을 집필하던 기간에도 계속됐다. 마르크스는 엥겔스에게 끊임없이 생활비를 달라고 손을 내밀었다. 엥겔스는 공장을 운영하며 벌어들인 수입으로 마르크스 일가의 생계를 책임졌다.

엥겔스의 지원 덕분에 부르주아 계급의 정서와 취미를 즐겼고, 술, 담배와 싸움 등을 즐기는 무계획적인 생활을 했으며, 경제 활동은 담을 쌓고 친구 엥겔스와 부모의 유산과 친구의 도움을 받으며 생계를 유지했다. 낭비벽 때문에 처자식은 굶주렸고 아내를 배신하고 하녀와 정을 통해 사생아를 낳은 일까지 벌어졌다.

마르크스는 평생 남을 비판하는 글을 쓰는 것을 즐겼다. 비판과 증오의 천재였다. 신문을 발간해서 비판하고 혁명을 선동하는 글을 많이 썼다. 모든 불행의 원인은 열심히 살지 않은 자신이 아니라 항상 부르주아들 탓이었다.

그는 권력을 잡으려고 항상 기회를 엿보았다. 마음은 노동자 계급을 향한 정의감과 동정심으로 충만했을지라도 육체는 자본주의 욕망의 굴레를 벗어나지 못했다. 자신이 처한 상황에서 권력을 잡을 수 있는 방법은 노동자들을 선동해서 혁명을 일으키는 것이라고 생각했다. 마르크스-엥겔스를 추종하는 세력들은 숭고한 이념뿐 아니라 생활 방식이나 수법까지 그대로 따르는 성향이 많다. 지구 전체를 이념과 갈등, 내 편, 네 편으로 갈라놓을 만큼 지대한 영향을 미친 두 사상가는 말하자면 '이중생활의 선구자'인 셈이다. 마르크스는 자신의 속마음을 감추고 가난한 노동자들을 앞세운 악마적인 공산주의 이론을 만들었다.

마르크스는 스스로 땀 흘려 노동해서 정식으로 돈을 벌어본 적이 없으며 평생 돈 많은 친척들의 도움으로 살았으며 주된 수입원은 친구이자 동지인 엥겔스였다. 엥겔스는 자본가 계급에 속한 부자였다. 마르크스는 자본가인 엥겔스가 보내준 돈으로 먹고살았다.

《마르크스 평전》을 쓴 프랜시스 윈은 말한다.

"사실 마르크스는 어른이 된 이후로 남에게 손을 벌리지 않아도 되었던 순간이 한 번도 없었다. 엥겔스는 현금 상자에서 훔치거나 자기 아버지 회사 계좌에서 교활하게 빼돌린 돈을 정기적으로 보내 주었다."

마르크스는 말로는 노동자를 외쳤지만, 본인은 노동을 하지 않았기 때문에 일생 동안 남에게 손을 벌리고 남의 것을 뜯어먹고 살았다는 증거다. 마르크스는 사유재산제 폐지와 생산수단의 국가 소유를 주장했으며, 그것을 '과학적 사회주의'라고 불렀다.

좌익은 윤리 기준 자체가 다르다

"우리의 윤리는 전적으로 프롤레타리아의 계급투쟁의 이익에 속해 있는 것이다. 계급투쟁이란 무엇인가, 그것은 자본주의를 타도하는 것이며 자본가 계급을 없애버리는 것이다."

– 레닌

좌익의 특성을 딱 한마디로 표현하면 '거짓말'이다. 많은 예를 들 것도 없이 북한의 '조선민주주의인민공화국'이라는 명칭 자체가 거짓말의 나열이다. 좌익은 이데올로기 자체가 거짓의 체계이며 그 행위도 거짓과 기만으로 점철된다. 그렇게 하라고 배웠기 때문이다.

사람들은 현실 정치에 파렴치(破廉恥)에 놀라지만 그들로서는 전혀 부끄러운 일이 아니다. 내로남불의 행각뿐 아니라 끝없이 이어지는 거짓말과 궤변(詭辯)으로 사람들을 거듭 놀라게 했다. 그러나 좌익적 본성의 그들 자신의 입장에선 전혀 놀라운 일이 아니며 오히려 당연한 것이 된다. 레닌이 그렇게 말했다. "공산주의자는 법률 위반, 거짓말, 속임수, 사실 은폐 따위를 예사로 해치우지 않으면 안 된다"고. 몰염치(沒廉恥)라는 말로도 부족하다. 좌익의 '정치적 당파성의 원칙'이란 결국 '안면몰수'다.

공통점은 내로남불이다

기업가나 부자들을 혐오, 비판하면서 정작 자신은 재산 불리기에 열심이다. 이들의 공통점이 내로남불이다. 미국산 쇠고기 수입과 한미 FTA 체결을 그토록 반대하면서도 자녀를 미국에 유학 보낸다. 평등 교육을 외치는 전교조 교사들의 자녀들도 마찬가지다.

중국도 예외가 아니다. 등소평·장쩌민·원자바오·시진핑·리커창 등의 자녀가 모두 미국 명문 대학을 나왔다. 언론 앞에서 미국 비판하고 뒤에선 비싼 돈 들여 미국으로 자녀들을 유학 보낸다.

모 대학 K 교수는 6·25 남침을 '통일전쟁'이라 말할 정도로 친북 활동 인사다. 6·25 때 미군 참전도 맹비난했다. 하지만 두 아들을 미국 고등학교, 대학에 보냈다.

거짓과 싸움이다

시민단체 활동가는 Y 씨는 자신의 페이스북에 한일관계를 두고 "언제쯤 식민지에서 해방될까?"라는 글을 남기고, 활동가들과 함께 술을 마시는 사진을 올렸다. 온라인에 이들의 '안주'가 화제가 됐다. 일본 과자들이 안주로 상에 올랐기 때문이다. Y 씨는 미국의 국내 사드 배치를 반대하는 등 여러 차례 반미 활동을 해왔지만 자녀가 현재 미국 유학 중인 것으로 밝혀졌다.

공산주의자들은 혁명을 위해서 자본가를 타도하는 데 도움이 되는 모든 행위를 윤리적인 것으로 인정한다. 계급투쟁을 위해서 저지른 모든 일은 윤리적인 일이기 때문이다. 바로 이것이 공산주의 사상의 악마성이다. 남에게 가혹하고 나에게 관대하고, 거짓이 진실을 뒤엎는 힘든 시대를 살아가고 있다. 오직 나 자신만을 위해 잘 먹고 잘 사는 것이 아니라 나라를 살리고 진리를 위해 싸우는 일은 용기 있고 가치 있는 일이다.

1990년 베를린 장벽 붕괴 이후 소련 해체와 동구권 몰락이 진행됐을 때 그 지배계층의 탐욕이 사악한 자본가를 무색하게 하는 수준이었다는 사실은 여러 곳에서 드러났다. 지금도 북한 체제가 노동자의 천국인지, 지배계급의 천국인지는 굳이 따지기도 민망하다.

공산주의자들은 권력을 빼앗기 위해 수단과 방법을 가리지 않는다. 공산주의는 한마디로 '권력 장악을 위한' 투쟁의 기술이라고 말할 수 있다.

마르크스는 노동자만이 진정한 혁명계급이고 나머지는 반동적이라고 비판했다.

최초의 공산주의 혁명이 러시아에서 일어난다. 노동자가 많으려면 공장이 많아야 하는데 당시 러시아는 농업국가였다. 러시아 혁명의 주체는 농민이었다. 농업국가에서 적은 숫자의 노동자만 데리고 혁명을 하기에는 힘들었다. 레닌은 농민들을 선동하기 시작한다. "우리가 혁명을 일으키면 땅을 나누어 주겠다." 토지라는 달콤한 미끼를 던져서 농민들을 자기편으로 만든다. 노동자 농민 연합부대를 결성해서 러시아 혁명을 성공시킨다.

그다음은 어떻게 했을까? 농민들을 숙청하고 학살한다. 농민들의 협력을 얻어 혁명을 일으킨 다음에는 '농민은 반동'이라는 마르크스 이론에 따라 농민들을 제거한다.

거짓과 싸움이다

저 사람은 누구 편일까

"사회를 분열시켜라"

"사소한 것이라도 지속적으로 반복하여 전방위적 논쟁거리를 만들어 서로 적대시하고 반목하여 사람들이 분열되도록 하라"

– 사회주의 혁명을 위한 행동 준칙

계급투쟁론자는 사회를 분열시킨다. 정권에 대항하지 못하게 검찰·경찰을 분열시키고, 군(軍)도 분열시킨다. 공산당 체제 유지, 수단 방법을 묻지도 따지지도 않고 권력을 유지하는 게 목적이기 때문이다.

"공산주의의 허구성을 파악하기 힘든 주요 원인은 거짓말이 지나치게 심할 뿐만 아니라 끊임없이 이러한 방법에 호소하고 있기 때문이다. 공산주의자가 아닌 사람으로서는 누구라도 그렇게 엄청난 거짓말을 끊임없이 할 수 있으리라고는 믿기 어려워서이다." – 보헨스키

"국민이 보고 있다" vs "저희 국민도 보고 있다"

국회 인사청문회장에서 야당 의원이 "국민이 보고 있다"고 말하자, 후보자가 "저희 국민도 보고 있다"고 한 대목은 인상적인 장면이었다.

선거를 앞두고 편 가르기를 하는 것은 정치공학적으로 선택할 수 있는 하나의 전략이다. 분열정치로 실제 선거에서 승리한 사례는 많다. 그러나 이는 국민 상당수를 적으로 돌리는 일이며, 나라의 지도자가 국민 편 가르기에 몰두하는 것은 큰 불행이다. 정부가 내놓은 부동산 정책은 임대인 대 임차인, 유주택자 대 무주택자의 갈등, 세대·계층 간 분열을 낳고 있다.

요란한 평등, 치우친 이념에서 비롯된 공약

"어른들의 갈등에 아이들이 희생되는 것 같아 마음 아프다"

베스트셀러 교재인 『수학의 정석』 저자로 유명한 홍성대 전 상산학원 이사장은 전북 정읍에서 태어나 서울대 수학과를 졸업하고, 1966년 『수학의 정석』을 출간했다. 기성세대에게 『수학의 정석』은 교과서나 다름없는 참고서다.

홍 이사장은 평생 번 돈을 투자해 1981년 상산고를 개교했다. 상산고는 그동안 학생들이 선호하는 전국적인 명문고로 성장했다. 7만㎡에 달하는 넓은 부지에 당시엔 흔치 않은 최신식 시설을 갖췄다. 그동안 학교에 투자한 돈만 439억 원에 달한다. 김대중 정부는 홍 이사장의 교육 의지를 높이 사 2002년 상산고를 첫 자립형사립고(자율형사립고의 전신)로 지정했다.

거짓과 싸움이다

홍성대 이사장은 "자사고는 김영삼 정부와 김대중 정부를 거치며 오랜 숙의 과정 끝에 도입된 학교다. 하루아침에 정책을 뒤엎어 학교를 폐지하는 게 말이 되느냐"고 분통을 터트렸다.

상산고가 이번 자사고 재지정 평가에서 받은 점수는 79.61점이다. 전북교육청이 설정한 커트라인 80점에서 불과 0.39점 모자란다. 다른 시·도 교육청들은 교육부 권고대로 탈락 기준 점수가 70점이다. 그럼에도 전국에서 유일하게 전북만 10점 높인 것부터가 형평성 논란을 불렀다. 같은 나라 안에서 70점을 받은 학교는 자사고로 유지되고 79.61점을 받은 학교는 일반고로 전환된다니 코미디 아닌가. 상산고는 총 31개 평가지표 중 15개에서 만점을 받았지만 올해 초 갑자기 집어넣은 사회통합전형 대상자 선발 지표 등에서 낮은 점수를 받았다고 한다. 이러니 상산고가 "형평성과 공정성, 적법성에서 크게 벗어난 불공정 평가"라며 강력히 반발하는 것은 당연하다. 시민단체들도 "결론을 내놓고 한 짜맞추기 평가"라고 지적한다.

홍 이사장은 "정부 지원금을 받지 않고 개인 출연금으로 좋은 학교를 운영하겠다는데 이를 정부가 가로막고 있는 것"이라며 "왜 사학을 했는지 후회스럽다"고 했다. 이어 "이런 여건에서 사학을 운영한다는 게 어떤 의미가 있나 싶다"고 억울함을 토로했다. 지금 사회 분위기는 홍 이사장 같은 사람을 죄인으로 몰아가고 있다.

교육부는 2019년 11월 초·중등교육법 시행령을 고쳐 2025년 모든 외국어고·국제고·자사고를 일반고로 바꾸기로 했다. 수도권 자사고와 국제고 24개 학교의 학교법인은 정부의 자사고 일괄 폐지 방침에 반발해 헌법소원을 냈다.

서울자사고교장연합회 회장은 "(자사고가) 사교육을 유발시키고, 입시 위주 학교로 간다는 것을 폐지 근거로 들고 있다"며 "대한민국은 법치국 가인데 법적인 근거 없이 이념적으로 자사고를 없애고 평등교육으로 가자, 국정과제 실행이라는 명목으로 (자사고를) 없앤다는 것은 말이 안 된다"고 말했다. 전국의 외고 교장과 학부모 수백 명은 기자회견을 통해 교육부의 결정을 시대착오적이고 반(反)교육적인 포퓰리즘이라면서 일반고 전환(자사고 폐지) 방침의 철회를 촉구했다.

이번 기회에 자사고 폐지라는 억지스러운 공약도 폐기해야 한다. 자사고는 국민 세금은 지원받지 않으면서 우수 교원과 시설을 확보해 질 좋은 교육을 제공하고 있다. 자사고를 폐지한다고 입시경쟁이 사라지고, 고교 서열화가 없어지지 않는다. 자기 자녀들은 외고 보낸 사람들이 남의 자식은 자사고도 못 가게 막는다. 애초부터 이념에 치우친 현실 진단에서 비롯된 공약이다. 정당한 법적 절차에 따라 세운 학교를 학생선발 권을 빼앗거나 평가 잣대를 바꾸는 등 불이익을 줘서 문을 닫게 하겠다는 발상 자체도 초법적이다.

상산고등학교는 2019년 7월 교육부장관이 전북교육청의 상산고 자사고 취소를 최종 부동의하여 자사고 지위가 유지되었다. 홍성대 상산학원 이사장은 2021년 4월 사임했다.

　　　　　　　　　　　　　　거짓과 싸움이다

현 정부는 자사고와 외고를 집요하게 공략해 왔다. 특정 교원단체의 제안이었다는 추측을 하기 어렵지 않다. 1974년부터 도입한 고교 평준화가 확대됐을 때 나타난 신조어가 '강남8학군'이었다는 사실을 벌써 잊었는가? 어느 사회나 엘리트 교육이 필요하고 그것이 민간 부분에 기여한 것도 우리 사회가 인정하고 긍정적으로 평가해야 한다.

나는 침묵했다

'나치가 그들을 덮쳤을 때' 독일 마르틴 니뮐러(1892~1984) 목사의 시(詩)는 지금 이 순간에도 여전히 유효하게 적용된다. 변형해 보면 이렇다.

의사 간호사를 갈라 칠 때 나는 침묵했다. 나는 의사 간호사가 아니었기 때문이다.

자사고 외고를 폐지하려 할 때 나는 침묵했다. 나는 자사고 외고와 관련이 없었기 때문이다.

코로나 전염병 실명을 공개할 때 나는 침묵했다. 나는 코로나에 걸리지 않았기 때문이다.

정부가 나에게 닥쳤을 때, 나를 위해 말해줄 사람은 아무도 남아 있지 않았다.

> "역사는 이렇게 기록할 것이다. 이 사회적 전환기의 최대 비극은 악한 사람들의 거친 아우성이 아니라 선한 사람들의 소름 끼치는 침묵이 었다고."
> — 마틴 루터 킹

국가가 신음하고 있다

6·25전쟁에 참전한 에티오피아 용사 6,037명의 헌신에 보답하고자 한 지자체가 코로나 진단키트와 마스크를 주한에티오피아 대사관에 전달한 행사가 있었다.

에티오피아는 아프리카의 유일한 6·25 참전국으로 한때 우리보다 잘 사는 나라였다. 그러나 분열의 정치로 나라가 혼란의 연속이었다. 에티오피아는 종족마다 언어가 다르므로 종교·부족 갈등이 심각한 분열국가다.

이런 지독한 분열 정치를 끝장낸 게 지금의 아비 아머드 알리 총리다. 그 비결은 다름 아닌 내 편, 네 편 구별 없는 엄격한 법 집행과 협력정치다. 집권하자마자 전임 정권의 정치범을 모두 석방했으며, 언론 조작과 통제를 멈추고 내각의 절반에 여성 정치인을 임명해 사회 갈등과 대립을 줄였다. 아비 아머드 알리는 2019년에 노벨평화상을 수상했다.

2008년 노벨경제학상을 받은 폴 크루그먼 교수는 "경제적 양극화 때문에 정치적 대립이 격화되는 게 아니라 정치적 대립 때문에 경제적 양극화가 커진다"고 말했다.

우리 사회는 분열과 대립, 불신이 갈수록 깊어지고 있다. 많은 사람이 자신과 생각이 다른 사람과 함께 살아가기를 거부하고 있다. 한 인간이 당연히 가져야 할 다양한 사고와 독립적 판단을 인정하려 하지 않는다. 마음속에 어떤 생각이 떠오를 때마다 다른 사람 눈치를 봐야 하는 세상이 돼버렸다. 상대방과 대화하기도 쉽지 않다. "저 사람은 누구 편일까"

거짓과 싸움이다

를 조심스럽게 살펴야 할 지경이다. 지금 대한민국은 점점 품격 낮은 이상한 사회가 돼 가고 있다. 국민들의 눈과 귀는 미래가 아니라 과거로, 밖이 아니라 자꾸 안으로 향하고 있다. 이런 나라에 어떤 미래가 기다리고 있을까?

너 친일파지!

"그들의 이 무렵의 그 욱일승천지세 밑에서
나는 그 가까운 1945년 8월의 그들의 패망은
상상도 못했고
다만 그들의 100년 200년의 장기 지배만이
우리가 오래 두고 당할 운명이라고만 생각했던 것이니…"

미당 서정주는 '종천순일파(從天順日派)'란 시에서 그 시절의 심정을 썼다.

그들의 선택, 공짜가 아니었다

"조선 청년들이여. 그대들의 피 값으로 조선인에게 일본 상원 7석, 하원 23석을 제공하겠으니 일본을 위해 싸워 달라."

독립의 희망이 사라져 가는 암울한 조선 땅, 조선 지식인들은 깊은 고

뇌 끝에 방향을 수정한다. 일본에 납세와 병역 의무를 제공하는 대신 참 정권을 얻고자 노력한다. '조선인들도 완전한 일본 시민처럼 동등한 대우를 받자.', '정치적 발언권을 획득하여 조선인들의 권리를 향상시키자.' 이런 결론에 도달한 조선 지식인의 대표가 최남선과 이광수였다.

1943년 11월 교토에서 이광수의 학도병 권유 연설을 직접 들었던 인물이 김우전 전(前) 광복회장이다. 그는 2014년 조선일보와의 인터뷰에서 이광수의 연설은 "당신들이 희생해야 우리 민족이 차별을 안 받고 편하게 살 수 있다. 조선 민족을 위해 전쟁에 나가라"는 내용이었다고 증언했다.

조선 사람들에게 정치적 자유, 즉 제헌국회 의석을 주는 조건으로 "일본을 위해 싸워 달라"는 거래가 성사되었다. 불행하게도 관련법이 시행되기 전에 일본이 항복함으로써 그들의 노력은 허무한 일장춘몽으로 끝나버렸다. 조선 지식인들이 고뇌 끝에 내린 결단은 어리석은 판단이 되었고, 그들이 조선의 앞날을 구상하며 행했던 일들은 친일 매국의 증거물로 남고 말았다.

이 역사적 사실(Historical fact)에서 앞부분을 지우고 뒷부분만 강조하면, 그런 주장을 한 사람들은 천하의 친일 매국노가 되고 만다. 이광수·최남선이 그런 경우다. 거의 모든 한국인들이 지금 이러한 외눈박이 역사관에 젖어 의도적으로 친일파를 양산해 내고 있다.

친일 프레임은 해방 후 소련공산당의 작품

1945년 8월, 소련군이 북한에 진주하고 보니 북에 있는 공산당 세력은 너무나 미약했다. 엘리트 공산주의자들은 대부분 서울로 이동했고, 38선 이북 지역에는 오합지졸의 공산주의자들만 남아 있었다.

공산정권 창출에 반대하는 지주·자본가·기독교인·반공 민족주의자들을 '친일파'로 몰아 공격하라고 지령한 것은 소련공산당이었다. 이 사실을 자료를 통해 밝혀낸 책이 김국후가 쓴 《평양의 소련군정》이다.

1945년 9월 10일, 평양 주둔 소련군정사령부는 38선 이북의 각 지역 위수사령부에 '독립 조선의 인민정부 수립 요강' 6개 항을 지령한다. 그중 네 번째 항목이 "친일 분자는 철저히 소탕하고 각 분야의 불순분자를 엄정하게 숙청"하라는 내용이었다. 즉, 공산정권 창출에 협조하는 자들은 일제하에서 무슨 짓을 했든 관계없이 우군으로 수용하여 요직을 맡긴다. 반대로 공산정권 창출에 저항하는 자들은 "친일파, 민족반역자" 낙인을 찍어 철저히 모조리 없애 버리라고 했다.

이때부터 남한 사회에서도 '친일 프레임' 소용돌이가 회오리치기 시작했고, 좌익·공산주의 추종세력에 의해 한국 사회에서 반일 선동이 수시로 튀어나오고 있다. 반일 선동의 약발이 확실하고 정확하게, 광풍처럼 먹혀들기 때문이다.

한국 사회에서 '반일 카드'만큼 확실한 정치적 만병통치약은 찾아보기 힘들다. 선거 승리에 목숨을 건 정치인들은 자신들의 지지도가 하락하거나 정치적 불리한 상황에 처하면 곧바로 반일선동하는 구호로 상대방을 몰아붙인다.

거짓과 싸움이다

1948년 건국 후 제헌국회가 추진한 건 반민족행위 처벌

제헌헌법 부칙에 "1948년 8월 15일 이전의 악질적인 반민족행위를 처벌하는 특별법을 제정할 수 있다"고 했고 그에 따라 반민족행위처벌법이 제정됐다.

반민족행위자 처벌과 친일파 처벌은 같은 것인가, 반민족행위자가 무언가 악랄하게 민족에 해를 끼친 자라고 한다. 친일인물은 단지 일제에 협력한 자, 일제와 친하게 지낸 자라고 할 수 있다.

반민족행위자 처벌이 제대로 안 된 것은 친일파가 득세했기 때문이 아니라 더 시급한 국가적 과제가 있었기 때문이다. 당시 제주도에선 남로당 무장봉기가 진압되지 않았고 여수와 순천에선 주둔 국군의 반란까지 일어났다. 신생 대한민국이 공산세력의 준동으로 전복 위기에 몰렸는데 반공투쟁의 최전선에 있는 경찰 핵심요원들을 반민족행위자로 처벌할 수는 없었다. 반민족행위자 처벌보다는 공산세력과의 싸움이 더 화급했기에 이승만 대통령은 반민족행위자 처벌을 막았다. 반민족행위자 처벌은 이걸로 끝났다. 그리고 한동안 잠잠했다.

친일파 청산론으로 탈바꿈해 되살아나다

1945~1965년 한일회담 반대운동 때 반민족행위자처벌론이 친일청산론으로 탈바꿈해 등장한다. 그때 당리당략밖에 모르는 야당 정치인들은 박정희 정권에 타격을 주기 위해 반일 감정을 적극 조장했다. 1966년 일제 말 어떤 친일행위를 했나를 다룬 책《친일문학론》, 1979년《해방전후사의 인식》에 실린 일제 말 친일상의 실태는 지식층과 대학생에게 널리 읽혔다.

반민족행위자 처벌을 친일파 청산으로 바꿔치기

반민족행위자와 친일인물은 다른데도 노무현 정부와 민족문제연구소 등은 제2의 반민특위 운운하면서 마치 건국 직후 실패한 반민특위를 되살리는 것처럼 국민에게 선전·선동했고 그게 먹혔다. 《친일인명사전》 발간에 성금이 몰리고, 친일반민족행위진상규명법 국회 통과에 보수정당이라는 당시 한나라당이 동의했다. 여론에 밀려 동조했던 한나라당의 행태는 완전히 정신 나간 행위였다.

이제 과거 반민특위 대상이 아니었던 이들이 대거 친일반민족행위자나 친일인물로 등재된다.

왜 노무현 정부의 집권여당과 민족문제연구소는 각기 이 친일반민족행위자의 친일인물 범주를 새로 만들어 냈을까? 왜 그들은 반민족행위자를 친일행위자로 바꿔치기했을까?

김성수, 박정희, 백선엽, 서정주… 등은 모두 대한민국의 정치와 문화, 종교, 교육의 기틀을 잡은 인물들, 한마디로 건국의 원훈, 공로자들이다. 좌익은 이른바 대한민국 건국의 원훈, 공로자들을 친일파로 격하시킴으로써 대한민국을 흠결 많은 나라로 만들려 한 것이다. 김성수, 박정희, 백선엽, 서정주 이런 사람들이 친일행위자라면, 대한민국은 친일행위자가 세우고 득세한 나라, 태어나서는 안 될 나라가 된다.

대한민국 건국과 호국, 부국의 영웅들을 친일반민족행위자 또는 친일인물로 내몰았다. 실제로 피해를 입었던 당대 사람들이 전혀 문제 삼지 않았던 이들을 후대의 인물들이 단죄한 것이다. '늦게 태어나 행운을 누리는 자의 폭거'라 할 수밖에 없다. 대한민국의 명예를 떨어뜨리는 사기

거짓과 싸움이다

극에 많은 국민이 넘어갔다.

너라면 어떤 선택을 했을까?

암흑의 시대였다. 대부분의 사람들이 창씨개명을 했고 소시민으로서 면 서기로 근무하기도 하고 경위로 근무하기도 했다. 독립투사들은 길 이길이 숭상받아도 마땅하다. 당장 자신에게 물어보자. "먹고사는 문제 만으로도 하루하루가 충분히 전쟁이었던 그 시대에 너라면 어떤 선택을 했을까?"

그런 시대 한복판에 태어나 청년지식인으로서 역할을 고민하고 원수 가 성공한 방식을 배우기 위해 원수가 세운 나라의 장교로 들어갔으며, 그리고 그 원수를 극복할 힘을 기르기 위해 원수에게 돈을 빌려야 했던 박정희, 나아가 대한민국이라는 역사적 주체의 피 끓는 심정을 생각해 보자.

일제치하에서 살아남기 위해서 '친일'과 '반일'은 선택사항이 아니었다

19세기 말과 20세기 초 동북아에 대한 열강들의 세력 각축의 소용돌 이 속에서 우국지사들의 노력으로도 나라를 구할 길이 없었다. 국가라 는 테두리는 깨어져도 민족만은 살려 훗날을 기약할 것인지, 일본에 저 항한 인물들은 자결을 하거나 세상을 등지고 초야에 묻히거나 감옥에 갇히고 극히 소수는 망명길에 오르는 세 가지 길밖에 없었다.

한반도의 백성들 절대다수는 일본인들이 만들어 놓은 식민지 경영체 제의 굴욕을 참으며 적응하여 살길을 찾을 수밖에 없었다. 민족지도자 로서 다소나마 이름이 알려졌던 사람들은 공개적으로 일본 군국주의 정책에 대한 지지와 협조를 드러내지 않고는 살아남을 수가 없었다.

절대다수의 '조선'의 얼을 가진 사람들에게 일제치하에서 '친일'과 '반일'은 선택사항이 아니었다. 살아남기 위해서는 번갈아 가며 갈아입거나, 혹은 한꺼번에 껴입어야 하는, 안과 밖이 색이 다른 두 벌의 옷과도 같은 것이었다. 물론 사리사욕에 어두웠던 악질 친일분자들이 더러는 있었다. 하지만 지금 친일파로 낙인찍힌 우리 민족 구성원 절대다수는 정신적으로나 육신으로나 고통스러운 삶을 산 세대로서 연민의 대상은 될망정 같은 민족 사이에서 증오나 경멸의 대상이 될 이유는 없었다.

그들보다 도덕적으로 월등하여 강건한 항일 자세를 지키다가 심한 수난을 당했던 사람들을 그렇지 않고 일제에 적응하며 평범하게 살았던 사람들이 특별히 기리고 감사하기 위해서 만들어 놓은 것이 '보훈' 제도이다.

친일 행적, 그의 평생에 걸친 공과(功過)를 종합적으로 고려해 판단해야

충무공 이순신 영정을 그린 한국화의 대가 월전(月田) 장우성(張遇聖, 1912~2005) 화백이 일제강점기 조선총독부의 공모전인 '조선미술전람회(조선미전)' 등에 출품했기 때문에 친일(親日) 인사가 아니냐는 논란이 있었다. 하지만 일제강점기 공모전에 작품을 냈다고 친일파로 분류한다면 당시 활동했던 화가 중 이를 피해갈 수 있는 화가는 거의 없을 것이다.

조선미전은 일제강점기 일본·한국 작가 가릴 것 없이 거의 모든 미술학도가 참가해 자유 경쟁한 유일한 응모전으로, 미술계 활동의 총본산 역할을 했기 때문에 화가 지망생이라면 누구나 도전해 인정받으려고 했

거짓과 싸움이다

다. 단지 조선미전에 출품했다는 이유로 친일파로 매도해서는 안 된다. 일제강점기 역사 인물에 대한 친일 행적 여부는 전문가들의 연구를 바탕으로 그의 평생에 걸친 공과(功過)를 종합적으로 고려해 판단해야 한다.

박정희 대통령과 백선엽 장군은 일제강점기에 태어나 자랐고 교육을 받았다

미국 초대 대통령 조지 워싱턴은 영국 식민지 군대에 들어가 프랑스, 인디언들과 싸우면서 군사작전 능력을 배우고 익혔다. 영국 군대에서 제대한 워싱턴은 독립전쟁이 발생하자 총사령관으로 미국 독립전쟁에 기여하고 초대 대통령에 올랐다. 이런 워싱턴을 '친영파'라고 비난하고 '파묘(破墓)'해야 한다는 미국인은 없다. 영국 군대에서 보고 배운 전투 능력을 미국 독립을 위해 활용했기 때문이다. 오늘날 자유 대한민국에서 살면서, 과거에 잘못한 점이 어느 정도 있더라도 대한민국을 지키기 위해 싸운 사람들을 평가할 때 미국인들과 같은 기준을 적용할 순 없는가. 박정희, 백선엽은 해방 이후 북한이 남침하자 최전선에서 대한민국을 지키기 위해 목숨 걸고 싸웠다.

예컨대 핀란드의 영웅 칼 구스타프 에밀 만네르헤임 대통령은 핀란드가 러시아의 공국(公國)으로 전락할 당시 태어난 인물이다. 그는 러시아 제국 육군에 입대하여 중장 계급까지 달았다. 그러나 러시아 제국 패망 후 고국인 핀란드가 친볼셰비키파(러시아 혁명파)와 반볼셰비키파로 나뉘어 내전할 당시 반볼셰비키 편에 서서 전쟁을 이끌고 핀란드를 지켜냈다. 그런 구스타프 대통령을 핀란드 국민들은 조국의 영웅으로 존경하지, 민족 반역자로 매도하지 않는다.

인도의 독립영웅 간디의 경우도 마찬가지다. 그는 영국군에 자원한 경력이 있다.

친일파 기준이 좌익이냐, 우익이냐에 따라 들쭉날쭉 달라지는 건 문제다

우익 인사들에게 과도한 친일 기준을, 좌익 인사들에겐 엄격하지 않은 기준을 적용하는 등 이중잣대를 들이댄 게 문제다. 민족문제연구소가 2008년 4월 펴낸 《친일인명사전》이 그러하다. 연구소는 일제 말기 징병을 권유한 글을 쓴 좌익 계열의 여운형을 명단에서 빼버렸다. 반면 1905년 '시일야방성대곡'이란 명문을 남긴 우파 계열의 민족주의자 장지연은 친일파로 분류했다. 1916년 일본총독 부임을 환영하는 넉 줄짜리 한시를 썼다는 게 그 이유다. 이쯤 되면 친일인사 명단을 만든 저의가 의심되는 건 당연하다.

시대가 변해도 여전히 친일 프레임 잘 먹혀드는 나라

선거철이나 정권은 정책 실패로 인해 지지율이 급락할 때 가장 효과적으로 상황을 뒤집는 가장 좋은 무기가 있다. "너 칠일파지", "너 토착왜구지" 이 한마디에 정치인이든 일반인이든 입을 닫는다. 반일선동에 반응이 뜨겁다 보니 정치인들은 계속 그 약을 사용한다.

그러는 동안 한국인의 이성은 마비되고 감정만 살아남는다. 미래를 향한 준비가 아니라 과거사와 적폐 청산에 모든 에너지를 쏟아붓는다. 정보화 시대에 최첨단 기술로 무장하고 가장 앞서간 한국이 퇴행적 광기와 함께 '항일의 나라'로 추락하고 있다.

'개·돼지' 취급받아도 침묵하는 이 나라 보편적 국민들의 수준과 인식

정도라면, 무슨 일이 벌어져도 결코 놀랄 일이 아니다.

친일 몰이 하는 진짜 이유는 반미·친북(反美·親北)

일제강점기 때, 서양의 문물이 일본을 통해서 식민지 조선으로 들어왔다. 해방 후 서양 문물수입 창구는 미국이고, 일제강점기에는 그 창구가 일본이었다. 서양 문물을 받아들여 새로운 사상과 제도를 배워 국민을 계몽, 교육해서 제대로 된 자유 대한민국을 건설해야 한다는 생각을 가진 일제강점기 선각자들은 친일을 한 것이 아니라 건국을 준비했던 것이다. 서양 사상과 문물을 받아들이기 시작한 전파 과정을 이해하지 못한 결과이다.

친일 몰이에 반드시 반미(反美) 선동이 등장한다. 미국에 남북 분단의 원인이 있다는 거짓 주장을 한다. 북한은 정권 수립 후 한국보다 더 많이 일본 교육을 받은 엘리트들을 요직에 기용했다. 그런 김일성에 대해선 한마디 비판도 하지 않는다.

친일파가 문제라면 친중파는 더 문제다. 중국은 과거 수백 년간 우리나라를 속국 취급하면서 수차례 침략하고 괴롭혔다. '친일 몰이 정치'를 이용해서 정치를 하는 자들은 김일성과 중국의 만행에 대해서는 한마디도 말 못하고 있다.

공산주의자들은 남한의 반공세력을 분열시키기 위해서는 그들을 '반공'이라고 공격할 수는 없고 '친일'이라는 굴레를 씌워 반일감정이 남아 있던 대중을 선동하는 게 편리함을 이미 해방 직후부터 깨닫고 정치적으로 이용했다.

북한을 비롯하여 그들과 이념이 비슷한 대한민국 내의 좌익세력들은 민족정기 회복을 위해 친일파 청산을 외치는 것이 아니다. 그들은 대한민국 건국세력을 공격하고, 그들의 도덕성을 흠집 내어 매국 집단으로 몰고 가기 위해 친일 청산을 도깨비 방망이처럼 휘두른다. 말하자면 해방 공간에서의 북한에서처럼 적폐 세력 청산을 위한 투쟁 도구로 사용하는 것이다.

이 땅에서 친일 몰이를 계속해서 일제강점기를 힘겹게 살았던 조상들에 대해서 무차별적으로 '친일 프레임'을 씌워 정치적 이익을 챙기려는 잘못된 '친일 몰이 정치'는 중단돼야 한다.

이인호 서울대 명예교수는 반일감정을 극대화한 문제점을 이렇게 말한다.

"일제에서 해방된 지 70년이 넘어 전 세계적으로 너무도 많은 변화가 일어난 지금까지도 일본에게 과거의 죄를 묻고 친일파 문제를 거론하는 것이 우리에게 어떤 명분과 실익을 가져다주는가? 남들은 앞을 보고 거침없이 나아가는데 우리는 뒤돌아보기에만 바쁘다가 오히려 따라 잡기 어려우리 만치 남에게 뒤처진다면 새로운 형태로 다시 망국의 설움을 맛보게 될 위험은 없는가?

과거에 우리에게 아픔을 주었던 일본을 계속 배척하여 세계 주요 국가이며 이제는 이념상 우호국인 이웃 일본과의 관계를 계속 적대적으로 방치하는 것이 옳은가 아니면 상호이익을 가져오는 적극적 교류와 협력을 통해 우리가 얻을 수 있는 것을 극대화하는 것이 우리 민족의 이익에 더 도움이 되는가? 망국의 상황까지 치달았던 구한말의 국제관계의 난

거짓과 싸움이다

맥상이 다시 우리 한반도를 둘러싸고 빚어지고 있는 것이 아닌지 눈을 똑바로 떠야 할 때이다."

도대체 이 나라가 누구 나라요?

큰 산봉우리 중국 앞의 작은 나라 한국

"한국은 중국의 일부였다"고 시진핑은 미국 대통령에게 말했다.

이상우 전 한림대 총장은 "중국의 목표는 북한을 중국의 1개 성(省)으로 만들고, 한국을 한·미 동맹에서 떼어내 핀란드화하는 것이다."라고 말했다. '핀란드화'는 인접한 강대국 눈치를 보며 주권이 불구가 된 나라를 말한다.

중국 방문 시 한국 대통령에 대한 고의적인 홀대, 대통령 특사를 시진핑이 일부러 홍콩 행정장관 자리에 앉히는 것은 사드 보복이지만 한국을 보는 시각 자체가 그렇기 때문이기도 하다. 한국 특사는 중국에 이 의전을 변경할 것을 정식 요청했어야 했다. 중국이 한국을 어떻게 보고 있는가를 단적으로 알 수 있다. 이런 태도는 모두 한국의 핀란드화에 초점이 맞춰져 있다. 중국의 폭력적 대외정책을 겁낸 것도 있겠지만 중국 공산당에 대한 '열등의식'과 '작은집 의식'이 바닥에 깔려 있다고 볼 수 있다.

한국인이 비자 없이 갈 수 있는 나라는 189개국

세계에서 세 번째로 많은 것으로 나타났다. 여권지수는 특정 국가의
여권을 가진 사람이 무비자로 방문할 수 있는 나라가 몇 개국인지를 나
타내며 국제항공운송협회(IATA) 자료를 바탕으로 산출된다. 국제교류
전문업체 헨리앤드파트너스가 2020년 발표한 '여권지수'에서 한국은
189점으로 독일과 함께 공동 3위였다.

1위는 일본 191점이었고, 2위는 싱가포르 190점이었다. 한국, 독일에
이어 4위는 이탈리아·핀란드·스페인·룩셈부르크 188점, 5위는 덴마크·
오스트리아가 187점으로 뒤를 이었다. 북한은 무비자로 방문할 수 있는
나라가 39개국으로, 전체 중 103위였다.(2020년 기준)

세계 국가가 코로나19 감염 차단을 명분으로 한국인의 입국을 금지하
거나 제한하고 있다. 유엔 회원국 193개국 중 187개국을 무비자로 입국
할 수 있는 '여권(Passport) 파워' 3위인 한국이 코로나 사태로 인해 북한
같은 불량국가 취급을 받게 됐다.

2019년 12월 중국 후베이성 우한시에서 원인불명의 폐렴이 집단 발병
하면서 시작된 우한 코로나 감염증이 본격적으로 번지기 이전에 질병관
리본부가 감염 원천 차단을 위해 '중국 전역에 대한 입국 제한' 요청을
했지만 외교부·복지부·행정안전부 등 관련 부처 회의에서 거부한 것으
로 드러났다.

질병관리본부는 국내 최고 방역 전문가들이 모인 곳이다. 감염병이 확산하는 위기 상황에서 질병관리본부 의견이 최우선적으로 방역 정책에 반영돼야 하는 건 기본이다. 방역 선진국에서는 모두 그렇게 한다. 미국은 방역 실무 책임자가 결정하면 대통령도 그 결정에 함부로 개입하지 않는다고 한다.

'중국 전역 입국 제한'을 요청한 것은 질병관리본부가 상황이 그만큼 다급했기 때문이다. 대한의사협회도 정부에 7차례 같은 권고를 했다. 그런데 정부는 방역 전문가, 의사 단체 의견을 번번이 묵살했다. 그 결과 대한민국은 우한 코로나바이러스로 일상생활이 힘든 수준에 이르렀다. 정치적 고려 때문에 국민의 안전이 철저히 무시당해서는 안 된다.

중국공산당의 근본적 목표는 명실상부한 세계 패권국을 차지하는 것

패권국가 지위에 오르기 위해서는 미국과 맞서야 한다. 19세기의 러시아, 20세기의 소련이 걸었던 길을 중국공산당이 그대로 하고 있다. 중국공산당은 주변국마저 자기들과 동일한 정치체제로 끌어들이기 위해 도광양회(韜光養晦, 빛을 감추고 어둠 속에서 실력을 키움)에서 대국굴기(大國崛起, 대국이 일어서다)로 방향을 전환했다.

북한은 중국의 1개 성(省)으로 만들고, 한국은 한·미·일 삼각동맹에서 분리시켜 중국화하는 것이 중국의 궁극적 목표이자 전략적 행보이다. 한국과 중국 수교 이후부터 집요한 공작을 해왔다. 30여 년을 끊임없이 정치, 경제, 외교적 시간과 노력을 아낌없이 투자한 결과가 지금 한국에 나타나고 있다.

거짓과 싸움이다

'중국몽(中國夢)', '한중 운명공동체론'과 '안보는 미국, 경제는 중국', '동북아 균형자론' 등을 외치는 친중반미 정치인, 학자, 기업인, 관료, 언론인들이 넘쳐나고 있다.

중국은 9,000만 공산당원이 13억 인민을 뜯어먹고 사는 사회

이 말이 과장이 아니다. 공산당이 평등을 지향한다는 것은 선전일 뿐이다. 국제탐사보도협회가 조세 회피처 버진 아일랜드에 유령 회사를 세워 1,000조~4,000조 원을 빼돌린 중국 공산당 간부들을 폭로했다. 시진핑 주석의 매형, 후진타오 사촌, 덩샤오핑 사위, 리펑과 원자바오 딸과 아들이 그 명단에 들어있었다.

중국 공산당 간부들의 비리는 상상을 넘는다. 공산당에서 황제 대접을 받는 상무위원(저우융캉)의 축재 규모는 15조 원이었다. 통일전선부장은 14조 원, 군 간부는 3조 원이었고 공산당 중앙군사위 부주석 집에서 나온 돈은 세기가 힘들어 무게를 달았더니 1톤이었다. 이 공산당이 겉으로는 검소하고 인민을 위하는 척한다. 원자바오 총리는 늘 낡은 구두에 점퍼 차림이었는데 알고 보니 가족 재산이 수천억 원이었다. 그 부인이 한 전시회에 걸치고 나온 보석 총액이 3억 원이었다고 한다.

역병 신고하면 허위사실 유포죄

중국에서는 '진실' 혹은 '사실'을 말하는 것이 허위사실 유포죄에 해당한다.

중국 공산당은 우한에서 코로나바이러스가 퍼지고 있다는 사실을 최초로 알린 만주족 출신 안과의사 리원량을 유언비어 유포 혐의로 체포했다. 공산주의의 대응 방식이다. 그때 제대로 대처했다면 우리나라를 포함 세계 모든 국가들이 이 엄청난 죽음과 고통을 당하지 않고 역병이 전 세계를 위협하지도 않았을 것이다.

중국 공산당은 영구 집권하며, 어떤 잘못에도 책임지지 않는다. 앞으로 코로나 통제 명목하에 공산당은 공포 분위기로 인민의 분노와 자유를 억누를 것이다. 중국과 무역액이 크다고 약점을 잡고 협박 카드로 휘두르며 언론, 표현의 자유를 억압하고 이웃 나라를 폭력적으로 대하는 중국과 운명 공동체가 될 수 없다.

세계적 석학으로 꼽히는 프랜시스 후쿠야마는 "첨단 정보통신기술까지 동원해 코로나를 극복하면서 시진핑은 권위주의 통치에서 마오쩌둥 시절의 전체주의로 돌아갔다"며 1930년대 같은 파시즘 부활을 이끌 수도 있다고 했다. 덩샤오핑이 흑묘백묘론으로 개혁했던 중국은 지금 없다. 중국공산당은 소련처럼 인민의 생각을 지배하는 것은 물론 중국에 대한 세계인의 생각까지 좌우할 의도로 자유민주주의 기본 가치를 공격한다.

운동권은 기득권이면서도 기득권이 아닌 척하는 '양복 입은 사대부'

성리학 이상향을 꿈꾸는 19세기 위정척사(衛正斥邪)파에서 한국 좌파의 뿌리를 찾는 시도가 있다. 함재봉 아산정책연구원장은 《한국 사람 만들기》 책에서 흥미로운 이론을 폈다. 물론 학문적으로 검증된 이론은 아닐지라도 좌파와 위정척사는 150여 년의 사이를 두고 있지만 놀라운 유사

거짓과 싸움이다

성이 존재한다.

이념 지향이다. 19세기 위정척사파는 정신력만 단단하면 외세를 무력으로 이길 수 있다고 했다. 정신 우위 관념론이었다. 21세기 좌파는 이상주의적이다. 현실적인 논리보다는 이념적 가치에 대한 집착이 강하다. 위정척사파는 나라를 부유하게 하고 군대를 강하게 하는 것을 거부한다. 가난해도 임금이 마땅히 지켜야 할 도리, 정치만 하면 된다는 것이다. 좌파는 분배를 중시한다. 덜 성장해도 다 함께 잘 사는 게 먼저다. 위정척사파는 농업을 산업의 근본으로 삼는 사회를, 좌파는 노동 중심 세상을 꿈꾼다. 인간적이긴 하나 국가의 힘을 키우는 데는 관심이 없다.

위정척사 사상은 쇄국정책으로 이어지고 좌파는 세계를 보기보다는 국내 논리를 우선시한다. 위정척사파는 국제 정치의 힘의 원리를 부정했으며, 좌파는 미국 주도 국제질서에 거부감을 보였다. 국가 간 동맹보다는 민족 공동체가 더 중요하며, 위정척사는 반서구·친중론이었다. 좌파 역시 친중·반미에 가깝다.

동양철학자 임건순은 문재인 정부의 중추(中樞)인 86세대 운동권을 '진보좌파라는 이름으로 부활한 조선의 사대부'라고 규정한다.

"86세대 운동권은 자신들이 도덕적으로 우월하므로 국가를 이끌어야 한다고 생각한다. 그것은 위선과 허위의식이다. 우리는 정(正)이고, 상대는 사(邪)다. 정적(政敵)은 사문난적(斯文亂賊, 유교 근본을 어지럽힌 도적)으로 타도해야 할 대상이다."

과거를 겨냥한 '적폐 청산' 작업이 지금껏 이어진다. 구속되거나 재판

받는 이전 정권 인사가 100명이 넘는다. 임건순은 '적폐(積弊) 청산' 정국에서 '조선왕조 사화(士禍)의 살육극'을 본다.

"자신들은 절대 선(善), 상대는 절대 악(惡)으로 규정하고 '도덕 투쟁'을 벌인다. 자신들과 다르게 부도덕한 '적폐 세력'은 정치적으로 매장돼야 할 존재다. 반대파의 씨를 말리는 행위는 조선의 사화를 닮았다. 운동권은 기득권이면서도 기득권이 아닌 척한다. 서민의 삶에 관심이 없으면서 기득권 수호에만 관심 있는 '양복 입은 사대부'다."

갑자기 이 짧은 시기에 대한민국이 왜 이렇게 되었을까

1919년 소비에트의 출현 연장선에서 이탈리아 공산당운동을 전개했던 안토니오 그람시는 체제전복을 위한 무장투쟁보다는 합법적인 체제전복을 강조하면서, 공산주의 세포들의 '진지전(War of Positioning)', '기동전(War of Maneuvering)' 그리고 '시민사회를 통한 체제전복(Subversion Through Civil Society)'이란 기상천외한 혁명 매뉴얼을 제공했다.

즉 이는 공산주의 세포들이 노동자와 농민단체에만 잠입하지 말고 사법, 교육, 언론, 관료, 노동, 시민단체 등 사회 각 분야에 진출해서, 총궐기의 때가 되면 일시에 전광석화같이 달려들어 합법적인 절차를 통해 기존 체제를 전복해야 한다는 논리이다. 1987년 6·10체제 이후 좌파들은 소위 민주화라는 가면을 쓰고 지난 30년 동안 한국 사회 각 분야로 진출해서 자신들의 진지를 완성했고, 자신들에게 부여된 개인의 자유권을 교묘하게 이용해서 대한민국의 자유민주주의체제를 타락시켰다.

각 분야에서의 주도면밀한 기획으로 대한민국 제도권을 좌경화시키는 데 성공한 좌파세력들의 동력으로 탄생한 현 정부는 대한민국의 헌법적 가치를 지속적으로 훼손하면서, 급기야 남북 간 국가연합이나 낮은 단계의 연방제를 꿈꿀 수 있는 예비단계에까지 도달했고, 대한민국 국민을 기만하고 줄기차게 한반도의 종전협정을 강조하면서, 외세를 배제한 채, 남북한 간의 정치적 결정을 앞당기려고 끊임없이 노력하고 있다.

이는 그람시가 전해준 매뉴얼대로 대한민국의 자유민주주의체제를 전복하기 위한 실행단계의 최종단계가 대한민국사회 내부에서 자연스럽게 완숙되어 가고 있음을 엿볼 수 있는 사건들의 연속이라고 하지 않을 수 없다.

돌이켜 보건대, 촛불의 효시가 되었던 '효순이, 미선이 사건'은 훈련 중인 미군 장갑차로 인한 불행했던 교통사고였고, '광우병 파동'은 미국산 수입 쇠고기와 연관된 수입 식재료와 관련된 사건이었으며, 꽃다운 어린 목숨과 많은 승객들이 숨졌던 '세월호 사건'은 부패와 연관된 해상 교통사고였다. 이 모든 사건, 사고에서 시위를 이끌었던 좌파들의 최종 주장은 "미군 철수"와 "정권 타도"였고, 이제는 이 모든 사건들이 사회 규범화되어, 그 누구도 이 문제에 대해 새로운 의견을 제시하거나 도전하지 못하게 되었다. 만약 좌파들이 주장하는 논리를 그대로 따르지 않으면 곧바로 반사회적이며, 불법적인 대상으로 전락하게 되는 당혹스러운 상황이 되어버렸다.

도대체 이 나라가 누구 나라요?

중국 세력권에 억압받는 모욕과 굴종의 역사였을 때 한국은 세계 최빈국을 면치 못했다. 중국에서 벗어난 후부터 우리 역사상 최고의 번영기가 찾아왔다.

국민 대다수가 이런 역사적 사실에 대해 무관심하다. 무력감과 먹고 사는 문제에 매달리면서 일상의 편리함과 경제적 이익에 만족하는 것이다. 국가와 사회에서 일어나는 모든 문제들은 정치권과 정부 관료들이 이때까지 그랬듯이 잘 알아서 해줄 것이라는 믿음으로 깊은 관심을 두지도, 사회에 미치는 영향 등에 깊이 알려고 고민하지도 않는다. 국가의 운명이 자신의 운명과 밀접한 관계가 있음을 잊고 사는 것이다.

건국 대통령 이승만은 '독립정신'에서 "국민은 스스로 생각하고 판단하며, 권력에 의존하는 습성을 버리고, 자신만을 위하는 사사로운 생각에서 벗어나며, 낡은 습관을 버리고 나라의 뿌리가 돼야 한다. 이와 함께 타인에 대한 배려와 존중으로 하나의 가치에 뜻을 모을 수 있어야 한다."고 주장했다.

한국은 선진국가 모임 G7(미국·영국·프랑스·독일·이탈리아·캐나다·일본 등 주요 7개국) 추가 멤버로 거론될 만큼 국제사회에서 인정을 받는 나라다. 일반 상식을 무시한 집단인 중국이나 북한에 '서로 사이좋게 지내자'고 구걸할 약체 국가가 아니다. 냉전시대 '깡패국가' 소련에 약점을 잡혀 지낸 인근 국가 핀란드와 같을 이유가 없다.

국가의 가장 큰 책무는 국민의 생명과 재산의 보호다. 이것을 보장하지 못하는 국가는 존재할 수 없다. 중국과 북한의 압박과 위협을 막아내야 자유민주주의와 시장경제가 살고 대한민국이 살 수 있다.

거짓과 싸움이다

영화, 〈광해〉에서 정승, 판서들이 말한다.

"오랑캐와 싸우다 짓밟히는 한이 있더라도 사대(事大, 약자가 강자를 섬김)의 예를 다해야 합니다."

이때, 광해군은 정승, 판서들의 사대 굴종을 참지 못하고 마침내 고함친다.

"적당히들 하시오! 적당히들! 대체 이 나라가 누구 나라요? 뭐라? 이 땅이 오랑캐에게 짓밟혀도 상관없다고? 명(明)이 그리도 좋으시면 나라를 통째 갖다 바치시든지. 부끄러운 줄 아시오."

위원회는 공산화로 이끄는 도구다

"교회는 조선에서 가장 힘 있는 세력이다. 조선 정복을 위해 일본은 조선 기독교인들에 대한 특별한 제재를 해야 한다".

– 데라우치(초대 조선 총독)

일제치하 35년 동안 교회는 온갖 핍박을 이겨냈다. 그런데 일제치하를 견뎌낸 북한교회가 공산당에 의해 2~3년 만에 완전히 멸망하고 만다. 북한의 공산화 과정이 대한민국에 보여주는 경고의 메시지를 바로 알아야 한다. 이 과정을 정확히 알고 대처해야 나라를 지킬 수 있다. 어떻게 공산당이 많은 교회를 짧은 시간에 파괴하고 멸망시킬 수 있었을까?

바로 공산주의의 위원회 전략이다. 북한에서 가장 많이 사용하는 단어가 위원회이다.

북한교회가 쉽게 멸망한 이유 –코민테른의 핵심전략

"인민위원회를 만들어 인민공화국을 수립하는 것이다."

북한 공산주의는 국가 위에 인민이 있고 인민 위에 공산당이 있다. 당 위에 수령이 있다. 그래서 공산주의 체제하에서는 독재자가 나온다. 공산주의에서 말하는 인민은 농민과 노동자이다. 깃발에 낫과 망치로 되어있다. 우리가 생각하는 국민이 아니다.

코민테른(Comintern)

공산주의 인터내셔널(Communist International)의 약칭. 제3인터내셔널이라고도 한다. 제1차 세계대전으로 제2인터내셔널이 와해된 후, 레닌의 지도하에 1919년 모스크바에서 창립되었다. 마르크스–레닌주의에 기초하여 각국의 공산당에 그 지부를 두고 각국 혁명운동을 지도·지원했다. 1943년 해산되었으며, 한국 공산주의 운동도 이와 밀접한 관계를 맺으며 전개되었다.

소련이 각 나라의 공산화를 위해 나라별로 공산주의 지도자들을 양성하고 지원하는 공산주의 국제연합기구이다. 공산화를 위해 혁명자금과 무기 등을 지원하는 단체가 바로 코민테른이다. 중국의 모택동, 베트남의 호치민, 우리나라 박헌영 등 모두 코민테른 출신이다. 여기서 교육을 받고 각 국가로 파송돼서 소련의 지원을 받아 공산주의 혁명을 일으켰다.

코민테른의 핵심전략은 인민위원회를 만들어 인민공화국을 수립하는 것이다.

소련은 소비에트연방(위원회) 연합이다. 나라가 아니라 공산주의국가 연합이다. 소련은 한반도를 점령했을 때 우리나라를 소비에트연방에 포함시키길 원했다.

소련군이 북한 지역을 점령하자 북한 전 지역 행정단위를 바꾼다. 도, 시, 군, 면, 리 인민위원회로 바꾼다. 바꾸기 전에는 도지사, 시장, 군수, 면장, 이장이 대표이던 것이 위원회가 조직되면서 그 지역 노동자, 농민 몇 사람이 대표가 된다. 소련은 각 지역을 다니면서 노동자, 농민 중심의 인민위원회를 조직하기 시작한다.

6·25 때 남한이 북한군에 점령당했을 때 모습을 생각해 보면 된다

인민위원회를 구성해 가난한 농민, 노동자를 앞세웠다. 그리고 그들에게 완장을 채워줬다. 그 지역에 살고 있는 부자 지식인, 종교인 등을 다 잡아 재판하는 것이 인민재판이다. 각 지역 인민위원회에서 인민재판을 주도했다. 아무나 하는 것이 아니라 완장 찬 사람만이 할 수 있다. 인민위원회는 사법권과 재판권을 가지고 인민재판을 통해 공개처형, 학살을 했다. 소련군의 보호 아래 인민위원회가 모두 장악을 해버렸다.

해방 후 북한 지역에서 가장 영향력 있던 단체가 교회였다. 그런데 북한 전 지역 교회가 침묵하고 만다. 비극의 시작이었다. 인민들을 모아 놓고 반대하는 주민들에게 공포정치를 시작했다. 북한의 교회들이 다 멸망하게 된다. 인민위원회 전략은 남한이 북한에 점령당했을 때와 동일하다.

거짓과 싸움이다

전투부대와 점령부대

북한에 내려왔던 인민군에 전투부대와 점령부대 두 종류 부대가 있었다. 전투부대가 싸움에서 이기고 지나가면 곧바로 뒤따라 점령부대가 그 지역에 남아서 인민위원회를 설치하고 그 지역을 다스린다. 사상으로 무장한 정치장교를 통해서 북한과 똑같은 도, 시, 읍, 면, 동, 리 위원회를 조직한다. 그리고 총을 들고 인민위원회를 앞장세워 가난한 농민들에게 완장을 채워서 그 지역의 지주, 교사, 경찰가족, 군인가족, 공무원가족, 교회성도, 목사 등을 찾아내서 인민재판을 통해 학살한다. 6·25 때 민간인 학살이 많았던 이유가 인민위원회 때문이었다.

인민재판(人民裁判)

공산주의 국가 등에서 시행된 인민에게 공개 형식으로 진행된 재판을 말한다. 반공주의자, 자본가, 반동주의자 등에 대한 처벌, 그리고 헌법이나 법률, 공산당 강령을 위반한 범법자에 대한 처벌 여부를 결정한다. 인민재판은 공개된 장소에서 범죄자에게 사형 등 잔인한 형벌을 내리는 재판 형태이다. 즉심 재판으로 변론 없이 이루어지는데, 주로 공산주의 국가들에서 시행되었다.

북한에서는 1946년 12월 1일부터 시작된 이 인민재판은 6·25전쟁 발발 후 인민군이 장악한 남한 지역에서도 열려 악질 지주나 자본가, 반공주의자, 우익 경찰이나 군인들이 '반동분자'나 '인민의 적'이라는 이름으로 처형되었다. 흔히 이런 재판이 열릴 때는 누군가가 주동자가 돼서 인민을 흥분시키거나 분위기를 주도하면 인민들은 한 명 두 명 여기에 찬동하여 '죄인'들에 대한 처벌에 동참하게 된다. 만약 적극적으로 '죄인'

을 변호하면 그 역시 반동으로 몰릴 수 있기 때문에 대놓고 나서기도 쉽지 않은 상황이었다. 이러다 보니 죽을죄를 지은 자들이 죽는다면 그렇다 치더라도 억울하게 이런저런 이유로 인민의 손에 죽은 자도 부지기수였다.

지금 대한민국에서는 위원회 정치가 일어나고 있다

위원회는 행정기관의 소관 사무에 관해 자문에 응하거나 조정, 협의, 심의 또는 의결 등을 하기 위한 복수의 구성원으로 이뤄진 합의제 기관이다. 지방자치단체나 의회, 정당 등의 위원회와 구별하기 위해 '정부위원회'로 부르기도 한다.

정부 조직도에는 장관·차관·국장 행정 조직이 있다. 지금 현재는 이런 조직들이 유명무실 제 역할을 할 수가 없는 지경에 이르렀다. 김대중 정부 때 364개의 위원회를 만들었다. 노무현 정부 때는 572개로 늘어난다. 정부 조직에 민간인 전문가가 들어오는 통로가 된다. 위원회라는 이름으로 어느 조직이나 조직의 장들이 결정권이 있지만 민간인 단체의 위원장들에게 어떤 정책과 방향들을 제시하고 제안을 해 자문해서 행정부에 반영되도록 하는 것이다. 문제는 위원회 위원을 누가 뽑느냐는 것이다. 결국은 정부가 추천한 사람들이 위원회를 만든다. 객관적이고 합리적인 의사결정이 될 수가 없다. 민변, 참여연대, 민간단체들이 정부에 들어와 자기편에 유리한 정책을 제시한다.

대표적인 것이 탈원전 공론화위원회다. 탈원전 선포위원회를 만들어 전문가 의견이라고 탈원전을 선포했다. 문제는 탈원전위원회에 원전 관련 전문가는 한 명도 없다.

중요한 국가 에너지, 무기, 경제 정책 결정에 전문가가 없다. 비전문가의 의견을 듣고 국민 여론이라고 탈원전 정책을 밀어붙이고 있는 실정이다. 국가에 위원회 조직이 있으면 일하기 편하다. 위원회 몇 사람만 설득해서 정책을 밀어붙이면 되기 때문이다. 문제는 국민 투표로 뽑은 정부기관들이 있음에도 위원회를 조직할 뿐만 아니라 국민늘의 권리까지 결정하고 있다.

脫원전 열쇠 쥔 9인 위원회… 원전 전문가 한 명도 없어

신고리 5, 6호기 공사 영구 중단 문제는 현 정부 탈원전 정책의 핵심이다. 공론화위원회를 거쳐 영구 중단이 결정되면 정부의 탈원전 정책은 여론 지지라는 명분까지 얻으며 탄력을 받는 반면 공사 재개로 결론이 나면 동력을 잃을 가능성이 크다.

공론화위의 핵심 역할은 신고리 5, 6호기에 대한 여론조사 방식 설계와 시민배심원단을 구성하는 일이다. 여론조사 항목, 답변자의 연령과 지역, 시민배심원단 규모 및 이들에게 제공할 참고자료 구성 등을 결정한다. 공론화위가 어떤 방식을 선택하느냐에 따라 시민배심원단의 판단에 영향을 미칠 수밖에 없다.

신고리 5, 6호기 공론화위원회구성은 대법관 출신 위원장, 30대가 8명 중 3명, 여성이 3명을 차지한다. 현직 교수가 6명이나 되는 점도 눈에 띈다.

독일, 30년 논의 후 국회서 탈원전 결정

탈원전 선언 국가들은 길게는 수십 년간 공론화 과정을 거쳤고, 의회를 통한 입법이나 국민투표를 통해 원전 정책을 결정했다. 대표적 탈원전 국가인 독일은 1986년 체르노빌 원전 사고 이후 논의를 시작했다. 1998년 들어선 사민당·녹색당 연립 정권은 탈원전 정책에 합의했지만 2009년 독일 총선에서 보수정당이 승리한 뒤 탈원전 정책 폐지를 추진했고, 2010년 기존 원전 운영 기간을 8~14년 연장했다. 핵과 에너지를 전공한 전문가 30명도 TV 토론회 패널로 참석했다. 메르켈 정부가 이를 받아들였지만 최종적으로는 의회가 관련법을 개정, 결론을 내렸다.

스위스, 탈원전 국민투표만 다섯 번

스위스는 1984년부터 탈원전 관련 국민투표를 다섯 차례 실시한 끝에 33년 만인 지난 5월 국민투표로 원전 퇴출을 결정했다. 전기료 부담 상승과 에너지 안보 등을 이유로 원전을 유지하자는 의견이 더 많았지만, 후쿠시마 사고 이후 2016년 의회가 탈원전을 추진하는 '에너지 전략 2050'을 통과시켰고, 지난 5월 국민투표에서 58%가 찬성했다. 벨기에는 1999년 전문가 16명으로 구성된 위원회를 구성해 탈원전을 본격 논의하기 시작했다. 4년간 공론화 과정을 거쳐 2003년 신규 원전을 짓지 않고 기존 원전 운영 기간을 40년으로 제한한다는 내용의 '점진적인 탈원전에 관한 법률'을 의회에서 통과시켰다.

북한교회의 공산화 과정이 대한민국에 주는 교훈

1907년 '평양 장대현교회'에서 일어난 대부흥, 그 후 40년 동안 세계

교회사에서 유례를 찾아볼 수 없을 정도로 폭발적인 부흥을 일궈낸 북한 지역의 교회가 해방 후 2년 만에 쉽게 무너진 이유는 무엇일까?

해방 후 스탈린의 지령을 받은 김성주는 1945년 10월 14일 평양의 군중들 앞에서 자신이 항일투사 김일성(당시 33세)이라고 속인 뒤 북한을 공산화시키는 전략을 펼쳤다.

당시 북한 사회의 지도자들이 반대하고 나섰으나 역부족으로 순교했다. 그 후 북한 지역 교회는 김일성의 공산화 획책을 막을 길이 없었다. 대표적으로 김일성이 1946년 11월 3일 주일 오전 11시 예배 시간에 시·도·군 인민위원회 선거를 실시하도록 명령하자 투표율이 99.97%나 될 정도로 전 교회와 성도들이 맥없이 무너지고 말았다.

김일성의 공산화 정책을 지지하며 교회 말살책을 기획 시도한 강양욱 목사(임시 인민위원회 서기장, 나중에 부주석에 오름)가 내세운 정책은 "북한의 토지개혁, 교회 사유재산 몰수, 교회 헌금 금지" 등이었다.

1947년 2월부터는 교인 수가 적은 교회들을 일제히 폐쇄했으며, 한시적으로 주일을 노동일로 정했고, 월요일을 휴일로 바꿔서 주일예배를 강제적으로 막았다. 그러자 평양 장대현교회를 시무하던 김화식 목사는 1947년 11월 18일 기독자유당을 창당하여 공산화에 저항하려 했으나 창당일 전날 발각되어 순교하고 말았다.

그 후 김일성은 1950년 6월 25일 새벽, 아직도 생명을 유지하고 있던 북한교회 성도들을 잡아다가 일제히 총살시키고 6·25 도발을 일으켰다. 남침하는 동안 내부반란을 우려했기 때문이다. 어린 시절부터 기독교 가정에서 자란 김일성의 공산화 책략과 공산화 정책은 지금도 계속되고 있다. 공산국가는 망해도 공산주의 사상은 언제든지 한국교회뿐만 아니라 국가체제도 무너뜨릴 수 있다는 교훈을 주고 있다.

정부도 숫자 파악 못 한 우후죽순 위원회

현재 난립되어 있는 각종 행정위원회가 사실상 정부 관료들과 공무원들이 자신들의 독단적인 행정을 시민 참여라는 이름으로 책임을 우회하는 수단으로 이용되거나 또는 정치권의 정책 결정 하수인 정도로 전락하는 것이 보통이라는 지적이 제기된다.

이처럼 정부의 행정위원회가 정치권과 결탁할 경우, '위원회 정치'라는 것이 가능해진다고 할 수 있다. 대표적인 경우가 정부의 그 어떤 기관으로부터도 통제와 감사를 받지 않는 '국가인권위원회'를 들 수 있다. 그러한 국가인권위원회는 정권이 바뀔 때마다 정치권의 영향으로 민감한 정치적 아젠다들을 생산해 냈다. 그런 국가인권위원회는 행정 부처에 대해 시정 권고를 할 수 있으며 그러한 권고가 강제조항은 아니지만, 실질적으로는 정치권의 입장이라는 점에서 권고를 받은 행정 담당 관료들은 이행 부담을 느끼지 않을 수 없게 된다.

대부분의 국가에서 각종 위원회를 설치, 활용하고 있는 것은 사실이다. 하지만 우리나라처럼 이토록 모호한 규정으로 방만한 행정위원회를 시행하는 국가는 찾아보기 힘들다. 문제는 그 정체와 성격을 알 수 없는 정부의 위원회가 너무나도 방만하게 운영되고 있다는 점이다. 현 정부

거짓과 싸움이다

의 행정기관 위원회 수는 622개(2021년 6월 기준)를 기록하며 역대 정부 중 가장 많은 것으로 나타났다.

위원회가 단순한 옥상옥을 넘어 사실상의 행정 부처가 청와대 내에 탄생할 것이라는 우려가 있고 위원회를 만들어 행정부의 입지는 더욱 좁아질 전망이다. 일선 부처에서는 중요 정책에 대한 결정을 아예 위원회로 떠넘기며 책임을 회피하는 현상마저 벌어지고 있다.

민간단체인 군인권센터의 '폭로'가 출발이었다

박찬주 전 육군 대장 부부의 갑질 의혹이 일자 "이번 기회에 군내 갑질 문화를 뿌리 뽑아라.", "이적(利敵) 행위에 준하는 사건이다." 사실 여부와 관계없이 여론의 질타가 쏟아진다. 군인권센터의 폭로 직후 국방부는 박 전 육군 대장이 보직해임으로 자동 전역하는 것을 막기 위해, 법령에도 없는 '정책연수 파견'의 '보직 아닌 보직'을 부여했다. 현직 대장 신분으로 수갑을 차는 모욕을 겪게 한 것이다. 박찬주 전 육군 대장 부부의 공관병 갑질 혐의는 모두 근거 없는 것으로 법원에 의해 판명됐다.

망신 주기와 주류 청산 비주류가 해야, 머슴이 주인을 죽이듯이

"국가 권력이 비상식적으로 행사돼 폭행을 당한 기분이다. 육군 대장이 법에 정해진 보직을 받지 못하면 자동 전역된다. 그럼에도 편법과 위법을 동원해 내 전역을 막고 군사법원에 기소했다. 대법원에 신분 확인을 요청해 '2작전사령관 직에서 물러난 2017년 8월 9일부로 민간인 신분이 됐고 육사정책연수 보직은 부당하다'는 결정을 받고서야 민간법원으로 이송됐다. 나는 민간인 상태에서 압수 수색과 계좌 추적을 받았고 아무 근거 없이 100일 동안 국방부 영창에 수감됐다."

헌법 27조에 "국인 또는 군무원이 아닌 국민은 (…) 군사법원의 재판을 받지 아니한다."고 명시돼 있다.

무죄판결 받은 박찬주 대장이 울분을 토하며 한 말이다.

"강조하고 싶은 게 있다. 적폐 청산이 아니라 주류 청산이다. 대법원 장은 대법관을 거치지 않았고, 외교부 장관은 과거에 통역사였고, 민정 수석은 검찰 출신이 아니다. 모두 비주류다. 적폐 청산은 주류를 청산해 뒤집는 것과 같다."

위원회 조직이 공산화로 가는 도구로 활용된다

각종 위원회는 소련이 공산혁명으로 나라를 장악해 가는 전략이었다. 우리나라가 1945년 해방되었을 때 남한에 위원회를 만들어 공산화를 하려는 시도가 있었다. 위원회를 통해 인민공화국을 만드는 것이 소련공산당의 핵심 전략이었다.

건국준비위원회가 가장 먼저 했던 일이 남한 전국 형무소에 갇혀있던 1만여 명의 공산주의 정치범들을 석방한 것이었다. 일제 때 잡혀있던 공산주의자들이었다. 6·25 전후 나라 전체가 극도로 혼란스러웠던 이유가 강성 정치범 석방이었다.(1945.08.16.)

해방 후 우리나라 최초의 명칭은 조선인민공화국으로 선포되었다.(1945. 09.06.)

거짓과 싸움이다

어느새 우리나라가 위원회 정치로 무너져 가고 있다. 국회, 지방자치 등 대의기관이 있음에도 여러 가지 위원회를 만들어 모든 정책을 결정하고 움직여 가고 있는 것이다. 위원회, 비주류, 머슴 정치의 목적은 사법부를 비롯한 주요 행정기관을 무력화시켜 결국은 사회를 파괴하고 자유를 빼앗는 전체주의밖에 없다는 것은 역사가 주는 교훈이다.

4장

나라가 없으면 개인도 가정도 없다

지금은 6·25 때보다 더 위험하다

6·25전쟁은 북한 김일성의 발의와 스탈린의 승인, 마오쩌둥의 지원으로 시작된 침략전쟁이자 김일성과 남로당의 합작품으로 북한군과 남한 좌익세력의 대학살극이다.

좌익

좌익이란 급진주의적, 사회주의적, 무정부주의적, 공산주의적 경향의 인물 또는 단체를 가리키는 말로 급격한 사회변화를 추구하면서 그 변화의 실현을 위해 폭력사용을 불사하고 기존의 권위나 전통을 부정하는 경향을 보이는 집단이나 사상, 운동세력을 총칭하는 용어이다.

1949년 3월 5일 소련 크렘린궁

김일성, 스탈린, 박헌영이 마주 앉는다. 먼저 김일성이 남침계획을 설명한다.

거짓과 싸움이다

스탈린	남한 미군은 어느 정도인가?
김일성	2만 명 정도…
스탈린	남한에 국군도 있는가?
김일성	약 6만 명…
스탈린	(웃으며) 북과 남 어느 쪽이 센가?
박헌영	물론 북쪽이 셉니다.

1949년 3월. 김일성(수상)과 박헌영(부수상 겸 외무장관) 등 6명의 각료가 함께 모스크바를 방문했다. 이 기간 중 김일성은 3월 7일 스탈린을 찾아가 군사원조, 무기와 장비 지원을 요청하고 '남침허가'를 간청했다. 이때 스탈린은 김일성의 인민군대가 남한 군대에 비해 절대적 우위에 있지 않으며 또한 미군이 남한에 주둔하고 있다는 등의 이유를 대며 거부했다.

김일성은 1950년 3월 30일부터 4월 25일까지 소련이 제공한 특별기를 타고 두 번째로 모스크바를 방문해서 남침허가를 끈질기게 간청한다. 결국 스탈린은 4월 10일 김일성에게 남침전쟁을 승인한다. 이유는 다음과 같다.

첫째, 인민군대 군사력이 남한에 비해 절대적으로 우세하게 육성됐다. 남한의 무기와 장비가 미약하고 전투 경험이 없다. 둘째, 국제정세가 유리하게 변했다. 예를 들면 중공군이 중국대륙을 공산화하고 1949년 10월 1일 공산국가를 수립했다. 이제 중공이 북조선의 남침전쟁을 도울 수 있게 되었다. 또한 미군이 지난 1949년 6월 남한에서 철수하고 1950년

1월 12일에는 애치슨라인을 통해 남한을 극동방위권에서 제외됐다.

남침을 허가한 스탈린은 바실리에프 장군으로 하여금 남침전쟁 작전 계획을 작성토록 지시했다.

소련공산당 중앙위 국제국이 작성한 '1950년 3월 30일부터 4월 25일까지 김일성의 소련 방문 건'이라는 문서에 의하면 4월 10일 회담에서 스탈린이 김일성의 남침을 허락한 것으로 당시 정황을 기록하고 있다.

6·25전쟁 발발 원인에 대해 한때 북침을 주장하는 사람들이 있었다. 하지만 소련 붕괴 후 1994년 6월 2일 김영삼 대통령이 러시아를 방문했을 때 넘겨받은 6·25전쟁 관련 216점, 548면에 달하는 문건과 미국 공문서 보관소에 소장된 약 160만 면에 달하는 문서에서 6·25전쟁이 남침전쟁임이 드러났다.

6·25전쟁은 1950년 6월 25일 새벽 북한군의 대한민국에 대한 전격적인 남침으로 시작됐다. 6·25전쟁 발발을 두고 여러 논란이 있었다. 북한은 아직도 남쪽의 공격에 대한 북한의 반격으로 전쟁이 시작됐다고 주장한다. 1980년대 이래 한국학계와 사회에서도 이른바 '수정주의' 학자들을 중심으로 '자연발생적 내전'설이 광범위하게 퍼졌다. 그러나 미국과 소련 간의 냉전이 종식된 이후 구소련의 기밀문서와 중국의 문서 등을 통해 이런 주장이 대부분 허구임이 드러났다. 특히 1993년 1월 러시아 문서보관소에서 남침임을 증명하는 결정적 증거가 담긴 문서가 발견되면서 6·25전쟁의 전모가 드러났다.

북한의 남침은 소련 최고 지도자 스탈린의 동의 없이는 불가능한 일이

거짓과 싸움이다

었다.

거짓 평화공세와 남침 준비

북한은 계획대로 전쟁 준비를 완료한 후 기습 효과를 극대화하기 위해 대남 평화공세를 강화하였다. 대한민국 국민들의 경계심을 낮추고 군의 방어능력을 무력화시키기 위해 정치권이나 군 내부를 상대로 공작을 한 정황들이 많이 있었다.

전면전을 감추기 위해 심지어 남침 1주일 전까지도 대대적인 평화공세와 함께 대남 심리전을 전개하였다. 1950년 6월 7일 북한 조국통일민주주의전선은 "최고입법회의(우리의 '국회')를 설립하기 위한 총선거를 실시하고, 이를 위해 8월 15일 서울에서 회의를 소집하자"고 남북 통일방안을 제안했다.

동아일보 기사(1950.06.17.)에도 북한이 구금하고 있는 민족대표 조만식과 남한에 구금된 좌익대표 김삼룡과 이주하 2명을 서로 맞교환하자는 제안이 있다고 했으나 결국 거짓 평화공세로 드러났다.

북한의 전략은 전쟁에서 단시일에 승리를 거둔 후 8월 15일 광복절 행사를 서울에서 성대하게 개최한다는 계획이었다. 그들은 50일이면 전쟁을 종결할 수 있다고 판단하여 '6월 25일'을 전쟁 개시 D-day로 정했다.

남한 내 북한 동조 좌익세력의 대학살극에 대해 반드시 알아야 한다

6·25전쟁의 원인과 많은 양민 학살의 중심에는 북한군과 함께 후방에

서 동조한 남한 좌익이 있었다는 사실을 간과해서는 안 된다. 남한 내부의 적(敵)으로 인해 일어난 전쟁이다. 남한에 좌익세력이 없었다면 전쟁이 일어나지도 않았고 참혹한 학살도 없었을 것이다.

대한민국 건국 과정과 6·25전쟁 관련해서 좌익의 만행에 관한 기록이 상당히 축소되거나 거의 다루어지지 않고 있다. 북한은 남한 지역을 점령한 후 남한 좌익들을 이용하여 양민들을 학살, 납북, 강제징집병(의용군) 투입, 노력동원 등으로 내몰았다.

6·25전쟁 기간 동안 북한군과 남한 좌익들은 완장을 차고 집집마다 다니며 공무원, 경찰, 학자 등 지식 계층을 체포했다. 인민재판을 통해 처형한 양민의 수는 약 12만 명에 이른다.

그 양민 학살은 중국 남경대학살, 폴란드 바르샤바 유태인 대학살과 함께 20세기 3대 대학살 사건 중 하나로 불린다. 이렇게 불리는 이유는 희생자 수는 상대적으로 적지만 동족 간에 일어났다는 점과 그 잔혹성 때문이다.

6·25전쟁은 무력 전쟁 이전에 이념과 사상의 싸움

6·25전쟁은 국가 간 전쟁의 외형을 띠고 있지만 자세히 들여다보면 남한 내 이념과 사상을 달리하는 사람들끼리 서로 죽고 죽이는 이념전쟁이었다. 6·25전쟁이 왜 세계 전쟁사 중에서 민간인 피해가 많고 참혹한 전쟁 중의 하나가 되었는지, 왜 그 잔인함과 무자비함이 계속 은폐되고 있는지 그 이유를 알아야 한다.

남로당 총책임자 박헌영은 남로당원들에게 폭동선동을 호소하는 방송을 하였다(06.28.)

"우리 인민군은 여러분 남조선 인민을 구출하러 왔습니다. 여러분들의 원한을 씻어주고 이승만 역도들의 도발(북침했다는 주장)한 내전을 종식시키기 위해 진격해 온 것입니다. 그러함에도 이러한 엄숙한 시기에 모든 남반부 인민들이 어째서 총궐기를 안 하십니까. 무엇을 주저하십니까. (중략) 적의 후방에 있어서는 하나도 폭동, 둘도 폭동, 셋째도 폭동입니다. 전력을 다해 대중적 정치적 폭동을 일으키십시오."

박헌영 자신의 바람과 달리 남한 내에서 반란이 일어나지 않는 데 대한 안타까운 심정을 엿볼 수 있다.

좌익이 저지른 민간인 학살, 군·경에 의한 학살로 둔갑시켜 역사를 왜곡

지금까지 6·25전쟁을 주로 군사적 측면에서 봤다. 북한, 소련, 중공, 한국, 유엔 등의 주체들이 벌어진 전쟁 상황에만 주목해 왔다. 6·25전쟁에 대한 이런 접근 방법은 여러 가지 문제점을 낳고 있다.

일반적으로 국가 간의 전쟁에서 발생하는 사망자들은 항공기의 폭격과 지상군의 총·포탄 등에 의한 것이며 주로 참전 군인에게서 발생한다.

6·25전쟁을 군사적 측면에서만 바라봄으로 인해 좌익세력의 잔혹한 활동들은 자연스럽게 전쟁사에서 제외되었다. 남한 내 좌익들은 6·25전쟁 가운데 자행한 민간인 학살 책임을 면하고, 오히려 민간인 학살은 주로 군·경에 의해 이루어진 것처럼 둔갑시켜 버렸다. 가해자인 좌익이 군경에 의해 학살당한 피해자로 둔갑하는 역사 왜곡이 일어난 것이다. 좌

익들은 전쟁에 참여한 미군과 국군, 유엔군 등을 민간인 학살의 주범으로 몰기 위해 지금도 역사 왜곡을 끊임없이 시도하고 있다.

6·25 때 민간인 사망자가 많았던 이유

서울 점령 후부터 서울 수복까지 3개월 동안 대부분의 남한 지역은 공산세력에 의해 통치되었다. 북한군이 점령한 지역에서 남한 좌익이 행했던 가장 큰 악행은 민간인 학살이다. "반역자는 무자비하게 처단하라"는 김일성의 지시에 따른 고의적인 것이었다.

사망자들의 시신 발견 지역과 사망 원인도 특이했다. 치열한 접전이 벌어지는 전선이 아니라 후방 마을 곳곳에서 무더기로 시신이 발견된 것이다. 형무소, 개울가, 구덩이, 우물, 동굴 등이 많았다. 사망 원인도 폭격이나 상호 전투에 의한 것이 아니라 일방적인 총격이나 죽창, 낫, 몽둥이 등 민간 도구에 의한 경우가 많았다.

서울 수복 이후 전세가 역전되자 북한군은 북으로 후퇴하였다. 북한군과 좌익은 후퇴하기 직전 그동안 체포, 수감하고 있던 우익들을 대전형무소(5,000~7,500명), 청주형무소(970명), 목포형무소(130명) 등지에서 집단 처형했다. 납북은 국회의원은 물론 공직자, 정당 간부, 대학교수, 예술가, 종교인 등 남한의 우수 인재를 없애버리는 작전이었다. 6·25 때 납북자 수는 1952년 정부가 작성한 '6·25사변 피납치자 명부'에 따르면 8만 2,959명이다.

민간인 학살에 주도적 역할을 한 것은 북한군이었다. 북한군들은 처형

　　　　　　　　　　　　　　거짓과 싸움이다

대상을 선정했고, 실제 민간인을 죽이는 일은 그 지역 좌익들이 했다. 그들은 경찰·군인가족 등 애국지사들을 샅샅이 뒤져 학살하는 만행을 저질렀으며 그 악독함은 북한군보다 잔인했다.

공보처 통계국이 1952년 3월 31일 작성한 '6·25사변 피살자 명부'에 의하면 6·25 때 북한 공산군과 좌익들에 의해 피살된 남한 사람은 5만 9,964명이다. 1952년 10월 발간된 《대한민국통계연감》에는 피살자 수가 12만 2,799명으로 기록되어 있다.

국군들은 전방에서는 북한군과 싸우고 후방에서는 빨치산과 싸워야 했다

북한군이 남한 좌익을 이용했던 이유는 그 동네 누가 군인·경찰이고, 지주·자본가, 우익 인사인지 잘 몰랐기 때문이다. 사람들을 죽이는 일을 그 마을 좌익들에게 시킴으로써 북한군을 배반하고 다시 대한민국 국민으로 돌아가지 못하게 한 조치였다.

좌익은 국군과 유엔군이 왔을 때 자신들에게 보복할 가능성이 있는 세력들을 제거하기 위해 마을마다 경찰, 군인, 우익 인사들 가족은 물론 일가친척까지도 죽여 씨를 말리는 만행을 저질렀다.

북한군 통치기간 동안 악행을 저질렀던 좌익들은 후퇴하는 북한군을 따라 월북하기도 하고, 자신을 알아보지 못하는 다른 지역으로 도망갔으며, 도주하지 못한 북한군 잔당들과 남한 좌익들은 지리산 등지로 들어가 빨치산이 되어 무장투쟁을 전개하였다. 남한 좌익은 북한군 잔당과 한편이 되어 대한민국과 싸웠다.

가장 많은 학살이 있었던 곳은 전라도 지역이다

6·25 때 가장 많은 민간인 희생자가 발생한 곳은 전남 영광군으로 2만 1,225명이 피살되었다. 영광 지역 전체 피살자의 12%에 해당하는 2,500여 명이 10세 이하의 어린이였다. 영광군 지역에 유독 피살자가 많은 이유는 6·25 당시 북한군이 후퇴할 때 미처 지리산으로 못 들어간 빨치산들이 영광 지역에 많이 모여서 빨치산 활동을 했기 때문이다. 또 다른 이유는 해방 후 사회주의 색채를 가진 인사들이 많았기 때문이다.

전남 영광은 6·25전쟁 당시 대표적인 순교지다. 염산면 염산교회는 전체 교인의 3분의 2인 77명이 공산 좌익에 의해 순교당했다. 몽둥이를 사용하고, 죽창으로 찔러 죽이고, 설도항의 수문통에서는 교인들의 목에 큰 돌을 매달아 수장하기까지 했다.

어린 학생들의 정신을 무장해제 시킨 역사 교과서

"6·25전쟁에서 남과 북은 양쪽 모두 힘으로 상대방을 무너뜨려 통일을 이루고자 하였다."

세종시교육청이 제작한 중학교 역사 교과서 보조 교재인 《주제로 보는 역사》의 한 대목이다. 북한의 남침으로 촉발된 한국전쟁 성격을 양비론적 시각에서 서술해 편향 논란이 일고 있다.

이명희 공주대 역사교육과 교수는 "역사 왜곡 소지가 다분하다. 6·25전쟁은 북한이 한반도 공산화를 위한 남침으로 발생한 것인데 마치 남과 북의 쌍방 과실로 오해하게 할 수 있다"며 "어린 학생들의 정신을 무장 해제시킬 수 있는 표현이며, 역사는 긍정적인 면과 부정적인 면이 공

거짓과 싸움이다

존하는데 선호하는 정치 세력에 따라 긍정적인 면과 부정적인 면 가운데 한쪽만 강조하는 것은 문제가 있다"고 말했다.

지금은 6·25 때보다 더 위험하다

6·25전쟁은 공산주의가 자유민주주의를 없애기 위한 전쟁이었다. 사상과 이념의 전쟁이라고 말할 수 있나. 같은 민족끼리 싸운 전쟁이었을 뿐 아니라 한마을에 살던 이웃끼리 죽고 죽이는 처참한 전쟁이었다.

지금도 서로 마음을 터놓지 못하고 전쟁의 아픔을 말하지 못하는 후유증을 갖고 있다. 당시 좌익 활동을 하면서 많은 우익 인사들을 죽인 좌익 인사와 그 후손들이 지금도 같은 마을에 살고 있기 때문이다. 이것이 6·25전쟁 가운데 자행된 엄청난 좌익의 악행이 제대로 드러나지 않는 이유이다.

지금까지 6·25전쟁의 주체 안에 남한 좌익을 넣지 않았다. 국방부에서도 6·25를 군사작전에만 초점을 두고 기술하였고, 국방군사연구소에서 발간한 《한국전쟁 자료총서》에서도 좌익의 활동을 전혀 언급하고 있지 않다. 단지 군의 빨치산 토벌작전에 대해서만 언급하고 있을 뿐이다. 빨치산은 대한민국을 공산화하려고 했던 무장 공산세력이다.

그런데 민주화 이후 빨치산을 주인공으로 하는 소설, 영화 등의 빨치산 문화콘텐츠가 대중문화 속에 스며들고 있다. 지리산 등지에서 자신의 목숨을 버리며 오로지 혁명과 조국(북한)을 위해 헌신하는 젊은이들의 이야기로 포장한 빨치산 문화콘텐츠는 공산주의 사상에 대한 비판의식을 무디게 할 뿐 아니라 좌익 활동을 미화하기까지 한다.

지금 대한민국에서는 공산주의 창시자인 카를 마르크스의 대형 초상화가 도심 한복판 건물 외벽에 당당히 드리워져 있고, 소련공산당 깃발, 쿠바 공산주의자 체 게바라 깃발과 함께 사회주의를 상징하는 붉은 깃발들을 서울 시내에서 흔히 볼 수 있게 되었다.

이들의 공통적 특징은 기독교를 대적하고, 동성애를 합법화하고 개인의 자유를 용납하지 않는 반자유민주주의, 전체주의 세력이라는 것이다. 6·25전쟁이 심하게 왜곡되는 이유는 공산주의자의 본질적 특성인 위선과 거짓을 중요한 전술로 사용하는 이데올로기이기 때문이다.

6·25전쟁은 대한민국에서 현재 진행 중이다

6·25전쟁 당시 대한민국을 무너뜨리기 위해 무장투쟁했던 좌익들은 여전히 대한민국 안에 살면서 북한과 동조하고 권력을 차지하고 유지하기 위해 온갖 거짓 선동을 하고 있다. 6·25전쟁은 과거에 끝난 전쟁이 아니라 지금도 우리 사회에서 끊임없이 벌어지고 있다는 사실을 한시도 잊어서는 안 된다. 선조들이 피땀 흘려 세운 자유 대한민국을 다음 세대에게도 물려줘야 할 막중한 책임이 우리에게 있다.

누구보다도 북한 김일성 집단의 의도를 꿰뚫고 있었던 이승만 대통령은 1950년 7월 19일 트루먼 미국 대통령에게 이렇게 편지했다. "이 전쟁은 남과 북의 대결이 아닙니다. 이 전쟁은 우리나라의 반을 어쩌다 점거하게 된 소수의 공산주의자들과 압도적 다수의 한국 시민들 사이의 대결입니다."

거짓과 싸움이다

아무도 나를 신고하지 않았다

하염없이 6개월간 김동식을 기다렸다

부여 정각사는 태조산(해발 224m) 7부 능선에 있는 작은 사찰이다. 스님은 주지 스님 한 분뿐이고 신도 출입이 전혀 없는 일견 폐가처럼 보였다. 당시 대공 경찰관 김 모 씨는 주지 스님에게 모든 사실을 숨기고 '봉화 1호'를 복귀시킬 간첩을 기다렸다. 그의 이야기다.

"인적 끊긴 정각사에서 1995년 4월 1일부터 김동식을 검거한 10월 24일까지 저와 태권도 5단인 전 모 요원, 국정원 강 모 과장과 이 모 직원, '봉화 1호' 등 다섯 명이 그야말로 무작정 기다렸습니다. 세월이 봄과 여름을 지나 가을로 접어들 때까지 북측에서 아무런 반응이 없었어요. 그러자 배치된 요원 사이에서 불만이 터져 나왔어요. 그도 그럴 것이 무작정 기다린다는 게 어디 쉬운 일인가요? 논산 오일장에 가서 예쁜 강아지 세 마리를 사다 놓고 외로움을 달랬습니다. 매일 법당 청소를 하고 경내 허물어진 담장을 고치며 하루하루를 보냈죠."

그는 "김동식이 정각사를 찾은 10월 24일은 왠지 마음이 이상했다"고 회고했다. 오전 5시에 일어나 요사채 마당을 걸으니 간밤 비가 내려 뜰에 낙엽이 쌓이고 차가운 바람이 옷깃을 파고들더라는 것이었다.

그날 오후 1시쯤 낯선 청년이 요사채 사랑방 앞에 나타났다. 김동식이었다.

"주지 스님을 만나러 왔는데요."

열아홉 살에 남파 공작원으로 선발, 15년간 암약한 북한 간첩 이야기

"가장 큰 고통은 육체적인 것보다 심리적인 고통이었다. 아직은 어린 10대의 나이에 삶과 죽음에 관한 문제를 고민해야 했다. 당시 훈련 교관들과 선배들은 항상 '자폭'이니 '자결'이니 하는 말을 입버릇처럼 외고 다녔다."

"남한 내에 고정간첩 5만 명이 암약하고 있으며 특히 권력 핵심부에도 침투해 있다…. 그쪽(한국) 권력 깊숙한 곳에 이쪽(북한) 사람이 있다…. 우연히 김정일의 집무실 책상 위에 놓인 서류를 보았더니 그날 아침 여권 핵심기관의 회의 내용과 참석자들의 발언 내용 등이 상세히 기록돼 있었다."(황장엽 전 노동당 비서 망명 당시 서신)

용광로 나오셨죠?

금성정치군사대학(지금은 김정일정치군사대학)을 졸업하고 공작원으로 정식 임명되어 초대소에 처음 입소했을 때 초대소의 연세 많은 요리사들은 군복을 입은 내 모습을 보며 이렇게 말했다.

거짓과 싸움이다

"선생님, 용광로 나오셨죠?"

금성정치군사대학의 전투원 교육과정은 그만큼 강도 높은 훈련으로 유명하다. 어떤 쇠든 모두 녹여서 강철로 만들어 내는 '용광로'에 비유할 정도로 북한에서도 타의 추종을 불허하는 힘든 곳이라고 할 수 있다.

먹는 것은 공산주의, 한치의 자유도 없는 곳

금성정치군사대학의 또 다른 특징은 먹는 것이 완전히 자유로운 대학이라는 것이다. 북한식으로 표현하면 먹는 것에 있어서만큼은 완전한 '공산주의'이다. 북한에서 유일하게 담배를 공급해 주는 대학이기도 하다.

대학 4년 동안 방학은 물론 휴가, 면회, 외출, 외박 등 외부와의 접촉은 일절 허용되지 않는다. 사격은 권총과 자동보총(자동소총), 기관총 등 여러 종류의 무기 구조와 성능을 익히고 실탄 사격하는 방법으로 이론 교육과 훈련을 병행했다. 수영은 여름 한 달 동안 평안남도 대동군에 있는 독좌저수지에서 텐트 치고 잠을 자면서 기초 동작부터 배우고 마지막에 4㎞ 거리를 1시간 30분에 주파해야 합격할 수가 있다.

행군은 곧 구보로 통하는 대학

매일 밤 15㎏ 이상 되는 모래배낭을 지고 출발해서 도착할 때까지 뛰어야 한다. 평일에는 매일 저녁 1시간씩 8㎞를 행군하고, 매주 토요일에는 20㎞, 매월 마지막 주 토요일에는 40㎞ 거리를 4시간 이내에 주파해야 한다. 해마다 새해를 맞으며 처음으로 하는 행사도 설 연휴 마지막 날에 실시하는 100리 행군이다.

캄캄한 밤 지도와 나침반만 들고 한 번도 가 본 적 없는 노정을 따라 산속으로만 하룻밤에 20~30㎞씩 이동해야 한다.

땅속에 비트 파고 들어가기

보통 한 사람이 들어갈 만한 크기로 땅을 파면 1.5톤 트럭 한 대 분량의 흙이 나오는 것 같다. 그런데 큰 삽도 아닌 손바닥만 한 야전삽으로 짧은 시간 내에 흙을 파내고 다른 사람이 지나가면서 봐도 모를 정도로 위장을 한 다음 그 안에 들어가 새벽에 날이 밝기 전부터 저녁에 어두워질 때까지 하루 종일 시간을 보내야 하니 고역도 그런 고역은 없을 것이다. 대학기간과 그 후 공작원 생활을 하면서 내가 판 비트는 아마도 100개는 넘을 것이다.

잠수훈련은 수영훈련과 마찬가지로 저수지에서 20여 일간에 걸쳐 매일 하루에 7~8시간을 물속에서 보내야 했으며, 물속에 한번 들어간 후에는 한 번도 수면 위로 머리를 내밀지 않고 나침반만 보면서 목표물을 찾아가야 한다.

대상물 정찰 훈련

밤 10시~새벽 1시 사이에 평안남도 증산군에 소재한 광산 사무실 청사의 내부 구조와 종업원 수, 당 비서, 지배인, 기사장 등 광산 책임 간부들의 인적사항과 하루 평균 광물 생산량, 국가계획 등 광산의 내부 자료를 파악해 오라는 것이다. 남한에 침투해서 국가기관에서 기밀을 빼내 북한으로 신속히 보내야 하는 훈련이다.

　　　　　　거짓과 싸움이다

노동 현실 체험, 6개월에서 1년

해당 노동 현장에 가서 그곳 노동자들과 똑같이 먹고 자고 일하고 월급도 받는다. 이 과정에서 노동 과정을 익힐 뿐만 아니라 건전하고 강인한 정신력을 배양하고 수양을 쌓으며 사회 현실과 군중의 심리를 파악하고 그들을 움직이는 방법을 체득하는 데 기본을 두고 진행한다.

한국의 모든 것을 배워라(적화 교육, 18개월)

우선 정치와 관련해서는 입법, 사법, 행정에 대한 일반적 이해부터 장관, 국회의원 등의 신상을 파악한다. 한국에서 고등학교를 졸업한 사람처럼(교육과 관련해서는 초·중·고교 등에서 배우는 교과 내용을 모두 숙지하도록 했다) 알고 있어야 한다. 백화점, 시장 등에서 흥정하는 법도 알아야 하고 숙박업소, 음식점 등 이용 절차에 대해 공부했다. 유명 관광지, 국립공원, 사찰, 지방 특산물 등과 교통수단 이용 절차 등을 반드시 알고 있어야 한다.

고스톱도 칠 줄 알아야 하고, 한국노래 100곡 정도 불러야 공작원이라 할 수 있다.

자본주의 세상 마카오를 가다

해외실습 15일 동안 마카오를 방문하여 자본주의 실습을 한다.

용광로 출신 북한 간첩들이 얼마나 체계적으로 훈련을 받고 남한 땅에 침투하는지, 이런 공작원들이 70년 동안 쉬지 않고 남한을 공격해 왔다. 지금 우리 사회가 왜 이렇게 혼란스러운지를 짐작해 볼 수 있다.

첫 번째 임무, '이선실'을 호위하여 무사히 월북하라

1990년 5월 말 제주도 서귀포 해안을 통해 침투, 공작 임무는 남한에서 자생적으로 활동하고 있던 운동권 인사들을 포섭하여 지하당 조직을 구축하는 것이었다. 1980년에 일본을 거쳐 서울에 잠입해 활동하던 노동당 정치국 후보위원 겸 최고인민회의대의원 이선실(본명 이화선, 권력서열 19위)을 접선해 안전하게 대동하고 복귀한 것이었다. 당시 나이 75세 할머니로 제주 출신으로서 10년째 서울 한복판에서 간첩 활동 중이었다.

1990년 10월 북한으로 돌아간 김동식은 공작업무를 성공적으로 수행한 공로로 북한 사람이라면 누구라도 받고 싶어 하고, 죽어서도 받기 힘든 '공화국 영웅 칭호'를 20대에 받게 된다.

간첩을 만난 운동권 인사들

B   "나는 이선실과 과거 빨치산 활동을 하신 분으로만 알았지 북한에서 파견된 사람인 줄은 전혀 몰랐다"며 접촉 자체를 완강하게 거절했다.

H   북한에서 온 것을 확인하고 "북한과 손을 잡고 협력해서 투쟁하겠다."라고 반응했다. 반잠수정 타고 북한에 들어갔다가 1주일 후 같은 루트를 따라 남한으로 돌아온다.

S   민중당 창당준비위원회 대외협력위원장으로 활동, 북한과 협력해서 투쟁하겠다.

K   간곡히 사양, 포섭 시도 중지한다.

두 번째, 1995년 9월 남파

1980년 4월 남파되어 활동 중인 '봉화 1호(남한 출신의 북한 공작원)'를 접선하여 안전하게 대동 복귀하는 것이었다. 동시에 그가 포섭한 '고봉산'을 접촉하여 유명 정치인과의 핫라인을 구축하는 것이었다. 말하자면 공작조는 김정일이 유명 정치인에게 파견한 밀사나 다름없다. 이와 함께 1980년대에 청년학생운동을 이끌었던 주요 인사들을 포섭하여 지하당 조직을 구축하는 것이었다. 한마디로 이들은 386세대의 대표주자들이었다.

간첩을 만난 386 대표주자들

J   정부의 기관원으로 몰아붙이면서 신고하겠다고 완강히 거부한다.

I   친절을 베풀어 주었다. 북한과 협력해서 투쟁하자는 제의는 거절.

L   "정부의 기관원이다"고 소란을 피워 대화 자체를 포기한다.

V   호의적이었지만, 북한과의 협력 투쟁에 거부 의사를 나타낸다.

공작 대상인 J, I, H, L, U, E 씨 등을 만나 포섭을 시도했으나 응하지 않아 실패한다.

운명의 1995년 10월 24일

자운스님(봉화 1호 공작 대호를 가진 공작원)은 이미 남한 정부에 자수한 다음이다. 자운스님은 이중간첩을 하고 있었다.

"꼼짝 말고 손들어!"

김동식 씨는 1995년 10월 24일 '봉화 1호'를 접선하기 위해 충남 부여 소재 사찰 '정각사'에 갔다가 잠복 경찰과 국정원 수사관들과의 총격전 끝에 다리에 관통상을 입고 순간 정신을 잃고 쓰러져 검거됐다. 그는 이렇게 말한다.

"목숨을 걸고 총에 맞으면서도 조국과의 약속을 지킨 대가는 너무도 참혹했다. 바로 나의 가족들이 정치범 수용소로 보내진 것이었다. 오직 내가 죽지 않고 잡혔다는 결과 하나 때문에… 이처럼 북한은 철저히 결과만을 따지는 체제이다. 아마도 그런 것을 아는 사람은 많지 않을 것이다."

간첩 잡으면 상금이 1억 5천만 원, 그러나 아무도 나를 신고하지 않았다

대남공작원 김동식이 95년 체포된 후, 운동권 인사들 여럿을 접촉하였는데 아무도 신고하지 않았다고 해서 당시 상당한 충격을 주었다. 당시 남한의 운동권들이 얼마나 좌경화되고 친북화 되었는지 알려주는 좋은 사례라고 할 수 있다. 현재 장관, 국회의원으로 활동 중이다.

"돌이켜 보면 지난 15년이라는 시간은 나에게 자유가 무엇이고 민주주의가 무엇인지를 절실하게 깨닫게 한 시간이었다고 할 수 있다. 억압을 겪어보지 않은 사람은 자유의 소중함을 알 수 없고 독재를 체험해 보지 않은 사람은 민주주의의 가치를 느낄 수 없다. 북한에서 진정한 의미의 자유를 누릴 수 있는 사람은 당시 김정일과 그 가족뿐이었다. 김정일에 대해 한마디라도 비판을 하면 정치범으로 몰려 처형되는 곳이 바로 북한이다. 단언컨대 한국에서 군사독재가 아무리 심했던들 지금의 북한과는 비교할 수가 없다."

거짓과 싸움이다

김동식 씨는 자유경제원 초청 '좌파사상을 버린 이유와 이 시대 청년들에게 주는 고언' 주제 강연회에서 자신이 사회주의 사상에서 벗어나게 된 세 가지 이유를 설명했다.

첫 번째 이유는 자신의 가족에 대한 숙청과 북한 정권에 대한 배신감 때문이라고 밝혔다. 북한은 남파 공작원들에게 최악의 경우 자폭하거나 자살하도록 교육하는데, 김 씨는 총격전 과정에서 순간적으로 정신을 잃는 바람에 소지하고 있던 독약 앰플을 먹을 여유가 없어 살았다는 이유로 30여 년을 노동당에 몸담으며 충성했던 부친을 포함한 가족들이 숙청됐다는 것이다.

두 번째 이유는 아이러니하게도 1993년 가을 노동당 간부로 현장체험을 하면서 북한은 인민의 지상낙원도, 사회주의 나라도 아니라는 것을 절실히 느꼈기 때문이라고 말했다.

마지막으로 북한 당국이 사회주의 이론에도 없는 세습을 정당화하는 억지 논리에 대한 반감이 작용했다고 말했다. 그에 따르면 1990년대 초반까지만 해도 북한 내에선 사회주의와 관련한 책이나 원서를 구경하기 힘들어 대학 졸업자도 주체사상을 몰랐다고 한다.

그런데 당시 남한 운동권 내에선 주체사상파(주사파)에 의해 주체사상에 대한 연구가 활발히 이루어지면서 북한에 대학원 과정이 설립됐는데, 이는 남한 운동권 인사들을 직접 포섭해야 하는 남파공작원들이 주체사상과 혁명이론을 잘 알아야 한다는 김정일의 지시에 따른 것이었다.

좌파사상에 빠져 있는 한국 청년들에게 주는 메시지

김 씨는 "북한이 사회주의 국가라는 환상을 버리라"고 경고한다. 사회주의의 기초는 '평등'인데 북한에서 평등은 존재하지 않는다.

실제로, 북한은 직급별로 가는 병원이 다르다. 장관급 이상은 김 씨 일가의 전용 병원인 봉화진료소에 가고, 차관급은 남산병원에서 치료를, 그 밑의 간부들은 직급별로 의과대학병원과 같은 대학병원의 특별과에서 진료를 받지만 일반 주민들은 봉화진료소나 남산병원 정문을 통과할 수도 없는 사회가 어떻게 평등한 사회냐는 것이 그의 주장이다.

김 씨는 북한에서는 '자유'란 단어가 부정적인 의미로 사용된다며, 한국에서 누리는 자유가 얼마나 소중한지 알았으면 좋겠다고 당부했다. 우리가 지금 누리는 자유와 민주주의는 누가 선사하거나 그저 주어지는 것이 아니라 우리 스스로 지켜야 한다고 강조했다.

한편 김 씨는 자신이 말한 '종북 규명 다섯 가지'에 대한 설명을 덧붙였다. 그는 북한이 한국에 만든 간첩망에 소속된 학자, 정치인, 종교인들이 1990년대 초 자신들이 공개된 장소에서 발표할 때 북한에 대한 비난 수위에 대해 북한 공작부서가 가이드라인을 제시해 줄 것을 요청하자, 북한은 "가급적 북한에 대한 비판을 하지 마라, 어쩔 수 없이 비판을 해야 한다면 양비론적 입장을 견지하라"고 지시했다.

양비론 입장을 보이는 중에서도 절대 비판해서는 안 될 다섯 가지로 ①수령을 비판해서는 안 된다. ②북한 체제를 비판해서는 안 된다. ③주체사상을 비판해서는 안 된다. ④후계(세습)문제를 비판해서는 안 된다. ⑤인권문제를 비판해서는 안 된다는 지침을 내렸다고 말했다. 이 다섯 가지는 북한 공작지도부가 한국의 간첩 조직에 내린 지침인데, 현재 모든 종북 세력들이 이를 적용하고 있다고 말했다.

전 세계 어디에나 간첩은 있다

미국, 일본, 독일, 세계 어느 나라나 간첩이 고위 관료가 돼 나라를 멸망시키기도 한다. 이것이 인류의 역사이다. 문제는 우리가 이 시점에서 생각해 볼 점은 '간첩이 있다, 없다'가 아니라 어디에나 있기 때문에 중요한 것은 간첩을 얼마나 효과적으로 막아 내느냐 거기에 관심을 가져야 더 현실적이다. 미국도 '엘저 히스'나 '해리 덱스터 화이터'에게 당한 적도 있다. 피해도 컸다. 그러나 결국 간첩을 잡아 심판해서 강대국으로 살아남은 것이다. 미국은 패권 국가이기 때문에 전 세계 스파이들이 활동하고 있다. 독일은 '조르게'를 막지 못해 망했다. 나라도 망한다. 언제라도 위태롭고 망할 수도 있다.

UN, IMF 창립에서 미국의 실무 책임자는 소련 간첩이었다

미국 루스벨트 대통령이 제2차 세계대전이 끝난 후 세계 질서를 관리하기 위하여 만든 기구가 IMF와 UN이다. IMF와 UN이 소련에 포섭된 미국 엘리트 간첩 주도로 만들어졌다는 사실을 아는 사람은 별로 없을 것이다. UN 창립에서 미국의 실무 책임자였던 앨저 히스는 소련 간첩이었다. 해리 덱스터 화이트는 미국 재무부 고위직으로 근무한 소련 간첩이었다. 그는 국제 통화 기금과 세계은행의 주요 설계자로 소련에 수많은 기밀을 건넸다. 당시 미국 관료 및 지식인 사회에서 얼마나 소련 간첩이 활발하게 활동하고 있었는지를 짐작할 수 있다. 소련 정보기관이

제2차 세계대전 때 미국과 동맹 관계있는 국가의 정보를 수집 활용하였
다는 이야기이다.

역사를 바꾼 '전설의 스파이' 조르게가 소련 구했다

정보가 세상을 장악한다. 리하르트 조르게(1895~1944)는 독일 국적의
전설적인 스파이다. 그는 공산주의 소련의 간첩이었다. 조르게의 임무
는 일본 군부의 동향·전략 파악이었다. 그 당시 중국을 침략했던 일본군
의 움직임이 초미의 관심사였다.

1941년 9월 14일 역사를 바꾼 극비 정보를 보낸다

1941년 6월 나치 독일이 소련을 침공했다. 9월 들어 수도 모스크바가
함락당할 위기였다. 조르게의 특급 정보가 타전됐다.

"일본군은 북진(소련 침공) 않고 석유자원 확보를 위해 남진한다." 스탈
린은 일본을 두려워했다. 그것은 1905년 러일전쟁 패배의 트라우마였
다. 스탈린은 극동, 시베리아 부대를 모스크바로 이동시켜 독일군 침략
에 대비했다. 그 규모는 18개 사단, 전차 1,700대, 전투기 1,500대였다.
겨울이 빨리 왔으며 독일군의 기세가 꺾이면서 퇴각했다.

스탈린은 조르게의 정보를 바탕으로 일본의 공격에 대비해 극동 지역
에 배치했던 병력을 모스크바로 이동시켜 독일과의 전쟁에 투입해 승리
할 수 있었다. 조르게의 결정적 정보가 세계사의 흐름을 바꾸는 순간이
었다. 전설적인 간첩 리하르트 조르게는 자기 조국 독일이 아니라 사상
과 이념의 조국 소련이 먼저였던 것이다.

거짓과 싸움이다

아직도 망하지 않은 것에 감사해야 한다

"수많은 간첩들이 대한민국에서 활개 치고 다녔는데 20년 동안 아무도 나를 신고하지 않았다. 북한은 70년 전부터 계속해서 간첩을 남파했지만, 국민들이 반공정신으로 무장하고 신고를 잘해서 간첩도 많이 잡았다. 간첩 안 잡기 시작한 지가 20년이 넘었다. 20년 동안 간첩이 마음껏 휘젓고 다녔다. 이 나라가 왜 이렇게 한심스러운가도 맞는 생각인데, 20년 동안 간첩을 안 잡았는데 아직 망하지 않았다. 이게 대단하다. 거기에 감사해야 한다."

이제 우리는 어떻게 살아야 하는가?

한반도에 사는 한국인의 생존 조건 "싸우면서 일하고 일하면서 싸우자"

이것은 내가 일하고 싶으면 하고 일하기 싫으면 안 해도 되는 선택사항이 아니다. 북한은 우리 동족 수백만 명을 굶겨 죽이고, 정치범 수용소에서 짐승처럼 노예생활을 시키고 있다. 핵무기로 무장 위협하는 일당독재 체제와 싸워야 한다. 살기 위해서는 북한 정권과 싸워서 이겨야 한다.

일해야 한다. 자원 없는 나라에서 열심히 일해야 한다. 햇볕정책은 펼치지 않아도 된다. 자금을 지원하고, 컴퓨터 기술도 가르쳐 주고, 북한을 무조건 지원하면 평화가 온다는 거짓에 속아서는 안 된다. 그 결과 북한 핵 문제가 해결되었는가? 북한이 더 이상 남한을 위협하지 않는가? 북한이 핵을 폐기하였는가? 많은 고위 탈북자들은 북한은 핵을 포기하지도 않을 것이고 포기할 수도 없다고 말한다.

어느 국가도 개인의 인생을 책임져 주지 않는다. 공짜 복지 포퓰리즘을 단호히 거부해야 한다. 정치인들은 정권 유지를 위해서는 무엇이든지 약속한다. 자기 인생은 자기가 책임져야 한다. 일하기 싫으면 먹지도 말라.

간첩이 접근했을 때 진짜로 민주주의 운동을 했다면, 단호하게 맞서고 신고를 해야 했다. 내가 대한민국의 민주화를 위해 운동을 한 것이지, 공산주의를 위해 한 것이 아니라고 단호하게 맞서야 했다. 진짜로 민주화를 원했다면 그 자리에서 싸웠어야 했다. 그러나 책 제목처럼 아무도 신고하지 않았다.

신고했어야 한다. 민주화 투사들이 잠수함 타고 가서 어버이 수령을 만나고 북조선의 노동당에 입당까지 한다. 무늬는 민주화인데 속으로는 공산화 작업을 한 것은 아닌지…. 한국 현대사의 왜곡된 진실이다. 이것이 대한민국이 겪고 있는 수많은 위기의 근원이다. 특히 젊은 학생들이, 이승만, 박정희, 전두환 독재와 싸웠던 민주 투사들이 감옥에 갔다.

진짜 대한민국의 민주화를 위해 투쟁하신 분들도 있다. 민주화 투쟁을 했더니 공산주의자들이 열매를 다 따 먹었다는 것이다. 투쟁 속에 민주화가 됐더니 민주화 투사들은 다 물러나고 공산주의 운동을 했던 주체사상파가 대한민국의 요직을 장악했다. 이게 대한민국의 현실이다. 진짜 대한민국의 민주화를 원했는지, 아니면 겉으로만 민주화를 했는지….

통일 한반도 북한 보위부 문서 개방된다면…

이 땅에 간첩은 왜 존재하는 걸까? 그것은 내란, 선동에 필요한 지하당을 만들기 위해서다. '결정적 시기'에 북한 정규군과 함께 봉기하는 비정규 게릴라 조직이 지하당이다. 종북 집단을 의미한다. 우리의 체제를 전복하려는 북한의 대남공작기관은 지금도 고도의 침투교육, 제3국 우회, 신분세탁, 가장, 사이버 침투 등을 통해 우리를 위협하고 있다.

인권, 정의, 평등을 외치면서 탈북자와 북한 인권에 대해서는 침묵하는 자들, 과연 그들의 정체는 무엇일까? 남북통일이 되는 날, 숨겨졌던 간첩들은 모조리 법의 심판대 앞에 세워야 할 것이다. 독일처럼….

김동식 씨는 주체사상, 지도자, 인권 탄압, 세습, 사회주의 체제 등 북이 지령한 5대 성역을 절대로 건드리지 않는 자들이 종북좌파라고 규정했다.

1946년 10월, 주목해야 할 이유
_폭동의 패턴을 눈여겨보라

"뼈아픈 과거를 기억할 줄 모르는 사람은 과거를 되풀이하게 된다. 슬기로운 사람은 경험 속에서 지혜를 배우고, 지혜로운 민족은 역사 속에서 교훈을 얻는다."
— 산티아나(철학자)

지금 대한민국에 가장 시급한 것은 무엇일까? 올바른 역사를 인식하고 후대에 전하는 것이다. 거짓 선동에 속아 역사를 잘못 알고 있다면 이것만큼 불행한 일도 없을 것이다. 역사에 대한 정확하고 올바른 인식이 나라를 살리는 길이다.

왜, 1946년 10월 1일 대구 폭동을 주목해야 하는가?

대구 10월 폭동은 과거에 끝난 사건이 아니라 지금도 진행 중에 있기 때문이다. 지금까지 발생한 수많은 국가적인 혼란과 위기를 자세히 들여다보면 그 배후에는 대한민국의 체제를 무너뜨리고 이 나라를 전복시키려는 반국가 세력들의 거짓과 선동이 작동하고 있었다. 대구 10월 폭동의 역사를 제대로 알아야 할 이유가 여기에 있다.

모든 폭동과 반란의 원조라 할 수 있는 대구 10월 폭동의 실체를 알아야 반국가 세력들에 의한 거짓과 선동에 넘어가지 않는다. 국론분열과 갈등과 폭동을 막을 수 있다.

피 흘려 지켜낸 조국 대한민국을 다시 거짓 선동 세력들에게 빼앗길 수는 없다. 선조들이 피 흘려 지킨 대한민국을 거짓 선동으로부터 우리가 지켜야 할 때이다.

한국인들이 최초로 공산주의를 받아들인 것은 1918년 1월 22일

이날 시베리아 바이칼 호수 근처에 위치한 러시아의 이르쿠츠크에서 김일훈 등이 주동이 되어 이르쿠츠크 공산당 한인 지부를 조직했다. 6월 26일에는 이동휘 등이 주동이 되어 하바롭스크에서 한인 사회당을 창립했다. 이것이 한국 공산주의 운동의 효시다.

1848년 2월 발표된 '공산당 선언'에는 "노동자에게는 조국이 없다"고 명시되어 있다.

한국이 해방됨과 동시에 공산주의자들은 민족주의자들을 거세하고 한반도 전체를 소련을 추종하는 공산국가로 만들기 위해 대구, 제주, 그리고 여수에서 폭동반란을 일으킨다. 말하자면 한민족을 공산화하기 위해 그들을 억압하는 일본의 손아귀로부터 빼낸 셈이다. 이처럼 집요한 공산주의 흑심을 깨닫지 못한 다수의 한인 독립투쟁가들은 소련 공산주의와 손을 잡았다. 일제하에서는 조국 독립을 갈구하던 다수의 민족주의자들도 비슷한 길을 걸었다. 오늘날 이 땅의 좌익들이 사회주의 내지는 공산주의에 열광하는 이유는 일제 식민지하에서 한민족 해방을 도와주고 투쟁에 협력한 존재가 공산주의자들이라는 동지감도 한 가지 이유일 것이다.

"토지 없는 사람에게 땅을 나눠주고 가진 자 못 가진 자 차별 없이 다 같이 잘 살고 평등하게 사는 세상이 온다." 레닌의 영향을 받은 한국 공산주의자들은 유토피아 환상으로 일제 식민지하에서 고통받으며 희망 잃고 살아가는 사람들을 설득했다. 공산주의를 독립운동의 한 방편으로 받아들인 결과 공산주의는 독립운동가, 애국지사뿐만 아니라 일반인에게도 호감으로 다가왔다. 이 일을 선두에서 지휘한 자가 남로당 총책 박헌영이었다.

소수가 다수를 쳐부수는 선전·선동기술

선동이란 공산주의와 독재적인 전체주의 등이 대중을 군중심리로 몰아가면서 어리석게 만들어 자신들의 정책이나 생각, 방법이나 주장을 교묘히 현실화하고 거짓을 사실로 받아들이도록 만드는 기술이다. 한 가지 진실에 수많은 거짓말을 보태서 자신들이 원하는 방향으로 몰아가는 사악한 전술이다.

비슷한 패턴을 주목하여 보라. 3대 폭동사건 근원은 공산주의자들의 선전·선동

해방 후부터 6·25 남침전쟁이 발발하기까지 한국 사회를 뒤흔든 3대 사건은 1946년 대구 사건, 1948년 제헌의회 선거를 방해하기 위한 제주 4·3사건 그리고 대한민국을 부정하고 조선 인민공화국에 충성을 맹세

거짓과 싸움이다

한 국군 제14연대 반란을 꼽는다.

이 세 사건은 발생 과정부터 확산되는 과정과 진행 방법, 결과가 거의 비슷한 패턴을 보인다. 즉 좌익 및 공산주의자들이 사건을 촉발시키고 이들의 선전·선동에 속아 넘어간 다수 주민들이 가세하여 군경과 우익 인사들을 학살하는 등 사태가 악화되는 양태를 보였다. 당시 좌익 및 남로당의 선전·선동의 전 과정을 파악하려면 레닌과 스탈린, 히틀러와 괴벨스의 주장과 어록을 이해하는 것이 지름길이다.

사악하고 지능적인 군중심리를 이용한 정치, 민중주의 포퓰리즘의 악마성을 꿰뚫어 본 집단이 공산주의자, 전체주의자, 나치 히틀러 일당이고 이를 전수받은 이들이 북한과 북한을 추종하는 남한 내의 좌익과 남로당 세력이었다. 거짓에 의한 선전·선동 전략은 어지러운 해방 공간에서 좌우익 싸우는 과정에서 강력한 위력을 발휘했다.

스탈린의 지령

1945년 9월 20일 스탈린은 극비 지령을 내려 소련군이 점령하고 있는 한반도의 38선 이북 지역에 단독 공산정권 수립을 지시한다. 한반도에 '소련을 추종하는 통일된 공산국가' 수립을 위해 스탈린은 토착 공산주의자들을 동원하여 노동자 파업, 학생들의 동맹 휴학, 폭동, 암살, 군부 적화공작 등 수단, 방법을 가리지 않는 파괴 행위를 자행할 것을 지령했다.

위조지폐를 만들어 유통시킨 공산당

당시 미군정은 미국식 민주주의인 언론·출판과 결사의 자유를 좌우익을 막론하고 정치활동에서 허용하여 왔다. 조선공산당은 공산 조직 확대와 활동을 위해 자금이 필요했다. 조선호텔 건너편 '조선정판사'란 인쇄소 간판을 내걸고 공산당 선전물과 당 기관지 '해방일보'를 인쇄하기 시작했다. 공산당 지도부는 위조지폐를 만들 것을 지령한다. 지령을 받은 공산당원들은 조선정판사에 보관 중이던 100원권 원판으로 수차례 조선은행권을 위조해 1,200만 원어치의 위조된 지폐를 조선공산당 활동 자금으로 사용했다.

1,200만 원은 당시 신문기자 월급(600원)으로 약 1,700년 치의 엄청난 액수였다. 시중에 유포된 위조지폐는 남한 경제에 인플레이션 현상을 유발하고, 나라는 극심한 경제 혼란에 빠진다. 미군정은 조선정판사가 위치한 건물을 폐쇄시키고 공산당 기관지도 폐간시켰고, 공산당의 불법 활동을 단속하기 위해 당 간부들에 대한 체포령을 내린다.

수단 방법을 가리지 않는 공산당

"위조지폐범은 모두 공산당원이었고, 조선 공산당 중앙당이 개입되었다"고 발표되자 당시 공산주의에 호감을 가졌던 많은 사람들은 충격을 받았다. 조선공산당은 '당의 목적을 위해서는 수단과 방법을 가리지 않는 것이 공산당'이라는 인식을 깊게 심어준 결정적 사건이었다.

조선공산당원들도 독립운동을 열심히 하는 애국자라 인정했으나 이 사건을 계기로 공산당의 실체가 밝혀지자, 미군정은 좌익에 대하여 본격적으로 탄압을 시작한다.

1946년 9월 6일 박헌영을 비롯한 조선공산당 간부들에게 체포영장이 발부되자 지하로 잠적한 박헌영은 9월 9일 조선노동조합전국평의회(전평)에 총파업 지령을 내려 맞선다.

영구차 타고 월북한 박헌영(1946.09~10.)

서울의 모든 정치적 관심이 사회노동당 결사에 집중되어 있을 때 한 대의 영구차가 서울을 벗어나고 있었다. 당시만 해도 영구차는 검은 기와집 모양의 장식을 얹은 인상이 괴기한 것이었지만 그나마도 서울 시내에 몇 대밖에 되지 않아 웬만큼 여유가 있는 사람이 아니면 사용할 수가 없었다.

박헌영은 체포령 전에 극비리에 서울을 탈출한다. 한 평 반 남짓한 영구차 속, 자기 키보다 조금 큰 검은 관 속에 반듯이 누워 시체를 가장해서 월북했다는 것이다. 38선 접경에 이를 때까지 혹시나 경찰의 검문을 염려해서 가족으로 분장한 남녀당원 몇몇이 흡사 경기도 일원의 어느 선산에 매장이나 하러 가는 듯한 장례 차림을 꾸민 것이다. 서울 탈출 보디가드로 뽑힌 5명의 호위원은 공산당 내에서 엄선된 일당백의 행동대원들이었다. 체포령이 내려진 상태에서 박헌영은 그야말로 머리카락만큼의 시간 차이로 아슬아슬하게 서울을 벗어났지만 바로 그 탈출이 최후의 길이 되었다는 것을 박헌영 자신도 몰랐을 것이다.

월북한 박헌영은 평양에 그 거처가 마련되어 있었으나 남로당을 지휘하기에 용이한 38도선 부근 황해도 해주에 머물면서 남한에 있는 조선공산당원들과 프락치를 조종, 요인 암살 및 대대적인 폭동을 계속 일으켰다.

철도 총파업

서울로 가는 쌀 수송로인 경부선과 호남선을 비롯한 국내 모든 철도 운행이 중단된다. 쌀 가격 폭등으로 민심이 흉흉해지고 국민 생활이 마비되는 혼란이 일어난다. 당시 남한의 유일한 운송수단인 철도 운행을 방해하고 전기 공급을 감소하거나 중단시키는 파업은 남한 경제에 심각한 타격을 줬다. 공산당은 이 파업을 통해 자신들의 영향력을 유감없이 보여주었다.

한국의 모스크바로 불렸던 대구는 공산당이 가장 중점을 둔 지역이었다

대구에는 중요한 공장 40여 개가 밀집돼 있었고 다른 지역에 비해 노동자가 많았다. 인민위원회, 대구시당 등이 맹렬한 선전·선동을 벌이고 있었다.

당시 대구는 불이 한번 붙었다 하면 걷잡을 수 없이 번져나갈 만한 요인들이 잠재되어 있었다. 첫째는 쌀값이 폭등하면서 악화된 식량 사정이었고, 둘째는 악성 전염병인 콜레라의 창궐이었다. 전국에서 1만 4,909명이 콜레라에 감염되어 그중 9,632명이 사망했다. 피해는 대구 일대가 가장 심각하여 대구, 경북에서는 2,578명이 발병하여 그중 1,718명이 사망했다.(동아일보, 1946.10.12.) 셋째는 강력한 좌익세력의 존재였다. 마지막으로 공산당은 미군정이 박헌영 등 남로당 지도부에 대한 체포령을 내린 데 대한 복수전을 벌일 곳이 필요했다.

'공산당과 좌익들의 총파업은 불법'이라고 선언한 미군정은 경찰을 동원하고 철도 총파업 본부를 급습해서 농성 중이던 노동자를 검거하며 파업은 일단락된다. 그러나 좌익들은 대구에서 격렬한 무장 폭동을 일으켜 전국 곳곳으로 확산시켰으니 이것이 대구 10·1폭동이다.

조선정판사 위조지폐 사건으로 타격을 입은 좌익과 공산당은 쌀 부족과 콜레라 창궐로 악화하는 대구 민심을 보며 분노의 화살을 미군정으로 돌릴 수 있는 절호의 기회라고 여겼다. 굶주린 사람들이 득실거리는 대구에서 좌익들이 일으킨 '쌀투쟁'은 공산당식 선전·선동 약발이 제대로 먹혀든 '신의 한 수'였다.

박갑동의 증언에 의하면 당시 조선노동당 중앙당은 각급 세포를 통해 선전·선동에 능숙한 당원을 교육시키는 등 폭동을 일으키기 위해 분주하게 움직였고, 특수공작대원들을 대구로 파견하기 위해 서울 근교에서 고도의 특수훈련을 시켰다.

쌀값 폭등으로 민중 선동

10·1폭동이 있기 전부터 우리나라는 쌀값이 60배로 뛰어오르는 등 식량 상황이 매우 어려워 수많은 국민들이 기아에 허덕이고 있었다. 당시 실시된 쌀 배급제는 미군정이 쌀을 모아 균등하게 배급하려는 정책이었다. 매점매석을 못하게 하여 어려운 사람이 없도록 하려는 의도로 실시한 것이 쌀 공급이 적어 민심만 흉흉해지고 반미 운동이 확산되는 부정적인 결과를 초래했다. 남로당은 이런 분위기를 이용, 그들의 투쟁이 사상 문제가 아니라 쌀이라는 먹고사는 문제에 대한 순수한 항의인 것처럼 포장함으로써 수많은 민중을 선동하여 반미 시위를 일으켰고 그렇게

해서 박헌영 위조지폐 사건을 덮으려 했다.

경찰 저놈들 죽여라

대구역 부근 금정로(현재 태평로) 금정운수 노조 사무실 2층에 조선노동조합대구지역평의회(노평) 산하의 시 투쟁 사무실이 있어 사무실 주위에 수천 명의 노동자가 모여 "쌀 배급, 일급제 폐지, 박헌영 선생 체포령을 취소하라!"는 구호를 외치며, '적기가'와 '해방의 노래' 등을 합창하고, 역광장에는 100여 명의 무장경찰대와 기마경관대가 경계태세를 갖추고 포진해 있어 긴박감이 흘렀다.

1946년 10월 1일 오후 6시, 시위가 소강상태를 보이자 경찰은 경계 인원을 150명 정도로 줄여 다소 긴장이 풀어진 상태에서 경계를 서고 있었다. 2층 노평 사무실에서 경찰의 약점을 노리고 있던 시위대 지휘부가 갑자기 "경찰 저놈들 죽여라"하는 고함을 지르며 돌을 던졌다. 돌에 맞은 경찰이 놀란 나머지 2층을 향해 총을 쏘았고 이 총소리에 놀라 시위에 참가했던 노동자들이 혼비백산 도망하느라 아수라장이 됐다. 이에 노동자들은 "경찰이 사람들을 죽였다"며 소문을 퍼트렸고, 이 소문은 삽시간에 대구 전역으로 퍼졌다. 당시 경찰 총에 맞아 죽은 노동자는 연탄공장에서 근무하던 황말용 한 사람뿐이었다.

당시 사망했다고 알려진 황말용(혹은 황필용)이라는 사람의 신원이 확인되지 않아 과연 그가 사망했는지조차 확실하지 않다.

좌익들의 시위에는 언제나 시체가 등장한다

시체는 국민감정에 불을 지피는 데 최고의 소재다. 따라서 앞으로 국민들은 좌익들의 시체 장사 수법에 대해 경계하고 냉정해야 할 것이며, 국민감정을 부추기는 방송도 경계해야 할 것이다. 대구폭동에서도 여지없이 시체 작전이 등장했다.

10월 2일 오전 8시 흰 마스크와 가운을 착용한 대구의대(현 경북대 의대) 학생회장 최무학과 의대생들이 시체를 떠메고 시위대의 선두에 섰다. 시체 데모가 등장한 것이다. 미리 준비한 듯한 마스크에 실습용 가운을 걸친 의료인 차림의 학생들이 들것에 시체를 싣고 앞서 나가며 "경찰이 총으로 쏴 죽인 시체"라고 구호를 외쳤다. 시체 데모 행렬과 자극적인 구호는 충격적일 만큼 호소력을 발휘했다. 지나가던 행인들까지 순식간에 흥분하여 시위대가 계속 불어났다. 대구에서의 시체 데모는 공산당식 선전·선동에 해당하는 셈인데, 문제는 경찰 총격으로 사망했다고 대구의대생들이 들고 나온 시체는 전날 사망한 황말용의 시체가 아니었다. 콜레라로 사망한 행려 환자 시체를 의과대학에서 실습용으로 보관하고 있었는데, 이것을 밤새 소독약으로 닦아낸 다음 들고 나온 것이다.

10월 2일 오전 9시 30분쯤, 최무학이 대구사범대 강의실의 단상에 올라 시체를 가리키며 전날 밤 경찰의 발포로 희생된 노동자라고 설명하기 시작했다.

"이런 만행을 보고서도 앉아서 공부만 하고 있다면 어떻게 피 끓는 조선의 젊은 지성인이라 할 수 있겠습니까? 굶주린 조선 인민들은 지금 당장 한 끼의 밥이 필요하지, 미국 놈들이 주는 밀크며 캔디가 무슨 소용이겠습니까? 오늘 우리는 단결된 힘으로 무고한 인민을 살상하는 친일 경찰의 심장부를 찾아가 발포 책임을 밝히고 문책해야 합니다."

더욱 충격적인 증언도 있다. 김계철은 대구사범학교 출신으로 10월폭동에 가담했다가 월북했으나 공산주의의 실상에 절망하여 중국으로 탈출, 1994년 한국으로 귀환했다. 그의 증언에 의하면 1946년 9월 하순 한 선배가 김계철에게 쪽지를 봉투에 넣어주면서 대구의대 학생 대표에게 갖다 주라고 했다. 김계철은 봉투를 들고 가다가 쪽지를 펴 보았다. '시체 네 구를 준비하라'로 시작된 메모였다. 쪽지를 전달받은 학생 대표는 읽어보더니 옆에 있는 학생에게 "되는가"하고 물었다. 그 학생이 김 군을 데리고 해부실로 가더니 약물에 담겨있는 시체와 붕대에 감겨있는 시체를 보여주면서 "본대로 전하라"고 했다. 바로 그 시체가 대구 시위에 등장한 것이다.

경찰 총에 맞아 사망한 것으로 둔갑한 '시체'는 공산당들에게 선전·선동의 결정적 도구가 되었고 흥분한 시위대의 군중심리는 걷잡을 수 없는 사태를 야기했다. 각 노조와 인민위원회 주동자들은 유언비어를 퍼트리며 선동하여 동조자를 규합했다.

흥분한 학생들은 "미군정이 대구 시민을 학살할 계획을 세우고 있으니 봉기하라"는 성토문을 낭독하고 학교에서 몰려나와 시가행진을 벌였다. 오전 10시경 1만 5,000여 명으로 불어난 시위대가 폭도화하여 대구경찰서 앞으로 몰려갔다. 시체 한 구가 시민과 학생 수만 명을 단숨에 폭도

거짓과 싸움이다

로 돌변시킨 것이다.

이런 점에서 볼 때 대구 10·1폭동은 좌익 및 공산당의 선동 수법의 진
면목을 여과 없이 보여주는 상징적 사건이었다. 시민들을 선동하는 데
앞장선 것은 좌익계 신문이었다. 특히 대구의 만성일보는 파업과 동맹
휴학을 선동하는 등 좌익의 전위대 역할을 했다. 대구, 경북 지역의 우
익 반공청년 60여 명은 1947년 5월 만성일보를 습격, 폭파하여 좌익들
의 입을 틀어막았다.

소련군정, 대구폭동에 자금 지원

9월 총파업과 대구의 10월 폭동은 38선 이북에 있는 소련군정의 자금
지원과 배후 조종에 의해 진행되었음이 밝혀져 충격을 줬다. 북한 정권
의 창시자인 소련 군정청 총사령관 스티코프의 일기에 의하면 1946년 6
월 9일 박헌영이 '당이 사회단체들을 어떻게 지도해야 하는지'를 문의하
자 스티코프는 "임금 인상, 체포된 좌익 활동가들의 석방, 미군정에 의
해 정간된 좌익신문들의 속간, 공산당 지도자들에 대한 체포령 철회 등
의 요구 조건들이 받아들여질 때까지 파업투쟁을 계속하라"고 주문했
다. 9월 총파업과 대구 폭동은 스티코프가 지령한 그대로 구호가 내걸렸
고 지령한 그대로 진행되었다.

총파업이 진행되고 있던 9월 28일에는 소련군정이 남한의 공산당에
자금을 지원하여 투쟁을 격화시켰다. 폭동이 계속된 약 3개월 동안 소련
군정은 남조선 투쟁기금으로 300만 원과 122만 루블을 조선 공산당에
내려보냈다. 소련군정의 지령에 의해 파업 투쟁을 진행했음을 알려주는

결정적 증거물이 바로 스티코프의 일기다.

죄수들 갇힌 곳은 항상 공격 목표였다

폭도화된 시위대는 세 시간 동안 대구경찰서 앞에서 시위농성을 하던 중 오후 1시경 청년 돌격대원이 정문에 돌을 던지는 것을 신호로 일제히 경찰서 안으로 난입하여 무기를 탈취하고 경찰관을 폭행, 살해했다. 폭도들은 유치장 문을 부수고 수감되어 있던 잡범과 좌익 사상범들을 탈옥시켰다. 수감 중이던 좌익 사상범들이 탈옥하여 폭동에 가담하면서 대구는 순식간에 아비규환의 생지옥으로 변했다. 무장 폭도들은 경찰과 우익 인사, 기업인, 유지와 그 가족들을 총검으로 살해하여 거리에 내던지거나 집에 불을 지르는 등 아수라장을 만들었다.

칼, 도끼, 낫, 죽창 등 사용, 참혹한 학살극

10월 2일 밤 미군 순찰대가 달성공원에서 7구의 경찰관 시체를 발견했는데, 두 명은 목숨을 부지하고 있었으나 사지가 제대로 붙어 있는 것이 없었고 일부 경찰관은 거세를 당했다. 폭도들은 경찰의 얼굴과 신체를 칼과 도끼로 난자하여 살해했고, 손을 등 뒤로 묶고 피를 흘려 쓰러질 때까지 날카로운 돌을 던졌으며 큰 돌을 머리에 던져 짓이기는 방법으로 살해했다.

10월 3일 새벽 3시 경찰서를 습격하여 장석한 서장과 경찰관을 체포했다. 폭도들은 서장을 살해하기 전에 눈을 파내고 혀를 잘랐으며, 도끼로 장작 패듯 머리에서부터 아래까지 절반으로 쪼개 참살했다. 수사계장 이지동 외 4명의 경찰관도 같은 방식으로 참살했다.

당시 대구 일대에서 일어난 좌익과 공산당 폭도들이 저지른 학살에 대해 브루스 커밍스는 다음과 같이 기록하고 있다.

"10월 6일까지 대구 경찰관 38명이 살해당했다. 그들은 그냥 살해된 것이 아니었다. 그들은 고문을 당하여 죽었으며, 묶여서 화형을 당하고 산 채로 껍질이 벗겨졌다. 미국인들은 눈이 빠져나갔으며 때로는 창 자국이 수백 개나 나 있는 경찰들의 시체를 발견하고 이들 한인들의 야만성 탓으로 돌렸다."

폭도들의 학살 수법

총살, 죽창과 도검으로 마구 찌르기, 집에 가두고 불을 질러 생화장, 곡괭이·쇠망치·낫·몽둥이 등 농기구 사용 타살, 새끼줄로 목을 옭아 자동차에 매단 후 거리 끌고 다니기, 생사람의 목에 큰 돌을 달아 물에 던져 수장, 부녀자들의 옷을 벗겨 사지를 찢거나 잘라 죽이기, 죽은 사람의 얼굴에 석유를 뿌린 후 불을 질러 시체를 분간할 수 없게 만들기 등 잔혹하고 끔찍한 수법은 말로 표현할 수가 없다.

폭동사건은 무엇을 남겼는가

대구 시내에서만 경찰 38명이 사망하였고, 공무원 163명, 민간인 73명이 사망하였고, 부상 1천여 명, 행방불명 30명, 시위혐의자 7,400명이었으며, 776동의 건물이 파괴되었다. 경북 도내에서 경찰 80명 사망, 행방불명 및 납치 145명, 부상 96명으로 집계되었다. 습격을 받은 관리, 우익 인사들, 민간인 사망자 수는 24명, 부상 41명, 납치 21명이다.

대구 10·1폭동은 해방 이후 1년 만에 우리나라에서 공산주의가 얼마나 급속히 파급되고 있었는지 그리고 그들의 잔인성이 어느 정도인지를 여실히 보여주었다.

공산주의 잔혹함은 혁명의 본질에서 찾을 수 있다

공산주의 혁명은 인간이 인간을 착취하는 제도를 폐지하기 위해 수단 방법을 가리지 않고 무자비하고 비타협적으로 권력을 빼앗는 것을 말한다. 맨 처음 공산당을 조직하고, 대중을 모으고, 결정적 시기에 상대를 파괴한다. 상대를 파괴하기 위해 협박·공갈·납치·살인 기타 무자비한 폭력적 수단을 동원해 공포 분위기를 조성함으로써 적과 그 동조자들의 투지를 꺾거나 약화시켜 공산주의에 대항하지 못하게 만든다.

"지배 계급들로 하여금 공산주의 혁명 앞에서 전율케 하라!" 공산당 테러 전술의 핵심이다. 테러 전술이 성과를 내기 위해서는 학살은 최대한 끔찍하고, 충격적이어야 하며, 상상하기 힘들 정도로 야만적이어야 한다. 대구 10·1폭동, 제주 4·3 사건, 여수와 순천 일대를 휩쓴 국군 14연대의 반란에서도 공산주의자들의 테러 전술이 그대로 드러났다. 마르크스의 공산당 선언대로 "공산주의 혁명 앞에 전율케" 하기 위한 계획적인 전술에서 나온 것이다.

왜 자살이 많은가?

러시아 공산당 창설자 레닌은 모스크바의 어떤 당회의의 어려운 고비에서 이렇게 말한다. "동무들, 사태가 어렵다고 걱정하지 마십시오. 상황이 어려울 때 우리는 부르주아들에게 밧줄을 던져 그들 스스로 목을 매달게 할 것이오."

거짓과 싸움이다

그때 카를 라데크라는 재치있는 친구가 레닌에게 "레닌 동지, 모든 부르주아 계급을 목맬 만큼 충분한 밧줄을 어디서 구합니까?"라고 물었다. 그러자 레닌은 "그 밧줄은 그들이 공급할 것이오."라고 대답했다.

공산주의 테러 전술, 어떻게 대처해야 하는가?

공산주의자들이 폭력을 앞세우고 나올 경우 그것을 막을 힘을 갖고 있어야 한다. 공갈, 협박, 위협 등의 방법으로 나올 때는 확고한 자세로 대처해야 한다.

소련 독재자들에게 추방당한 반체제 작가 솔제니친의 주장은 문제의 본질을 명확하게 파악하고 있다.

"공산주의자들은 내가 추호도 그리고 한 발짝도 포기하지 않을 것을 알았으며, 그들이 더 이상 어떻게 할 수 없을 때 스스로 물러나 버렸다. 나는 나 자신의 인생의 고통을 통해서 교훈을 배운 것이다."

공산주의자들의 테러 전술에 대처하는 가장 좋은 방법은 확고하고 단호한 태도를 굳게 지키는 것이다. 그 이유는 이 전술이 그것을 두려워하는 자에 대해서만 효과를 나타낼 수 있기 때문이다.

배신당한 혁명가

6·25전쟁이 끝난 후 그토록 충성했던 책임자들은 미국 간첩이라는 누명을 쓰고 김일성의 손에 처형을 당한다. 김일성은 박헌영을 간첩 죄목을 씌워 체포한다. 김일성의 목적은 자기의 라이벌을 말살하는 데 있었다. 김일성은 박헌영을 아무도 모르게 평북 철산군 내의 어느 산속 오두막집에 감금해 놓고는 자기들이 꾸민 시나리오의 조서를 승인하고 지장

을 찍으라고 강요하였다. 그러나 박헌영은 완강히 거부하였다. 박헌영은 김일성 도당에 체포되어 갖은 고문을 당하면서 실로 2년 동안 고군분투하였다. 김일성 패들은 자기들이 쓴 각본을 박헌영이 시인하지도 않으므로 갖은 고문을 하다가 드디어는 아내와 두 아이를 박헌영에게서 빼앗아 분리시키고 말았던 것이었다. 가족을 빼앗긴 박헌영은 분함을 참아가며 가족을 돌려달라고 몇 번이나 부탁하였다.

세계 최초의 셰퍼드 고문

박헌영의 태도는 여전하며 그들의 협박이나 회유에 굴복하지 않았다. 김일성 일당은 드디어 세계 인류의 역사상 전례가 없는 '셰퍼드 고문'을 하였다. 박헌영 방에 사나운 셰퍼드를 풀어 넣었다. 박헌영은 전신을 셰퍼드에 물어 뜯겨 피투성이가 되었다. 박헌영은 김일성의 개에 물려 죽느니보다 차라리 김일성의 총에 맞아 죽는 것을 택하고 "너희들이 쓴 대로 다 인정하마, 빨리 나를 총살하여라"고 고함을 질렀던 것이었다.

조선 혁명가의 최후

조선공산당 사건으로 젊은 시절 형무소 독방에서 대변을 보고는 손에 쥐어 벽에 바르고 간수가 밥을 갖다 주면 밥은 그대로 두고 변을 먹으면서 감방을 빠져나가려고 정신이상자처럼 행동했던 그는 철저한 공산주의운동가였다.

경성교보(현 경기고교)를 졸업하자마자 평생을 공산주의 운동에 앞장섰던 박헌영 자신이 끝내는 평양에서 자신의 동료이기도 한 북한 공산주

거짓과 싸움이다

의자들의 손에 처형을 당하고 말았다. 박헌영을 추종하고 그의 정치노선을 열렬히 지지했던 박갑동은 박헌영의 일대기에서 이렇게 말한다.

"박헌영이 마지막 사형대에 올라섰을 때 만일 형의 집행자가 총부리를 거두고 '마지막 소원이 무엇이냐'고 물었다면 그는 뭐라고 대답하였을까? 최후의 형장에 섰을 순간 그의 뇌리에는 어떤 상념이 떠올랐을까. 아마 그가 천진하게 자란 고향 충남 예산군의 어느 따뜻한 양지바른 산천과 부모들의 얼굴, 또는 평생 그를 따랐던 친구나 동지들의 얼굴을 그리며, 그리고 인생이 얼마나 허무한가를 절감하면서 마지막 숨을 거두었을 것이다."

"하늘의 도움으로 자유의 품에 안긴 이래 나는 공산주의란 인간의 사고로 창조할 수 있는 것 가운데 가장 비정한 정치체제라는 것을 뼈저리게 느껴왔다. 박헌영의 죽음을 통해 볼 때 더욱 그런 생각이 드는 것이다."

이 땅의 자유를 위하여 목숨 바친 사람들

"자유를 사랑하는 국민은 그 꿈을 실현할 수 있습니다. 자유란 소중하면서도 소멸되기 쉬운 것입니다. 자유를 사랑하는 국민은 그들의 '자유'를 수호할 의지를 가져야 합니다. 그들은 군대가 필요하며 그 군대는 국민의 뜻에 따라야 하고 전문성과 모범은 시민들로부터 높은 존경을 받을 수 있어야 합니다."

― 밴 플리트 장군(한국육사생도들에게 보낸 편지, 1992)

방탄소년단 덕분에 알게 된 '육군의 아버지' 밴 플리트 장군

최근 그룹 방탄소년단(BTS)이 한미 관계 발전에 기여한 공로로 '밴 플리트 상'을 수상했다.

"올해는 한국전쟁 70주년으로 양국(Our two nations, 한·미)이 함께 겪었던 고난의 역사와 많은 남성과 여성의 희생을 영원히 기억해야 한다."

BTS 멤버의 이 소감을 놓고 중국이 반발하고 있다. 관영 매체는 BTS 수상소감 중 "한국전쟁은 한·미가 겪은 고난과 희생의 역사"라는 부분

거짓과 싸움이다

을 문제 삼았다. 중국군도 한국전쟁에 참여했는데 이에 대한 희생을 무시한 발언이라는 것이다. 항의의 표시로 BTS가 나온 광고를 내리거나 일부 상품이 온라인 쇼핑몰에서 사라졌다.

뉴욕타임스(NYT)는 "중국 네티즌들이 방탄소년단의 악의 없는 (Innocuous) 한국전쟁 관련 발언을 공격했다"며 중국 내에서 한국을 비난하는 행동을 비판하는 보도를 냈다.

밴 플리트 상은 코리아 소사이어티(한·미 양국 간 이해와 협력 증진을 위한 비영리 단체)가 한국전쟁 당시 미국 제8군 사령관으로 참전했던 제임스 밴 플리트 장군을 기리며 1992년 제정한 상이다.

"6·25전쟁 때 한국과 미국이 함께 겪었던 고난과 희생을 영원히 기억해야 할 것이다."

폭격에 숨진 마오쩌둥 아들, 북·중 혈맹 상징

북한과 중국이 6·25와 관련해서 끝없이 반추하는 인물이 마오쩌둥의 아들인 마오안잉(1922~1950)이다. 마오안잉은 당시 북한에 파병돼 평안북도 동창군 대유동의 총사령부에서 러시아어 통역으로 근무했다. 마오안잉은 소련에서 유학해 프룬제 사관학교를 마쳤다.

그런데 마오안잉은 1950년 11월 25일 미군기의 정찰에 이은 남아프리카공화국 공군의 네이팜탄 폭격으로 사망했다. 당시 폭격이 시작되자 펑더화이 등은 인근 동굴로 피신했으며 마오안잉만 폭사했다. 이에 대해 마오안잉이 당시 회의차 사령부에 왔던 전방 지휘관이 선물한 신선한 달걀로 볶음밥을 만들어 먹다가 미처 피하지 못했다는 설이 오래전부터 퍼졌다. 하지만 중국의 공식 전사는 그가 영웅적으로 기밀서류를 들고 나오다 피신 시기를 놓쳤다고 기록하고 있다.

마오안잉의 유해는 북한 평안남도 회창군의 중국인민지원군 열사능원에 묻혀 있다. 북한은 중국의 도움이 필요하거나 북·중 관계가 좋으면 최고 지도자가 이곳을 찾아 헌화하는 행사를 벌여왔다. 마오안잉은 북·중을 잇는 상징이 됐다.

중국을 비롯한 공산권은 마오안잉의 사례를 정치와 사상 교육에 적극적으로 활용해 왔다. 최고 지도자의 아들도 최전선에 보내고 때로 전사하기도 한다고 강조한다.

전쟁에 참전한 美 장군 아들들

미 장군의 아들들은 부모 배경으로 전쟁을 피하지 않았다. 그들은 오히려 부모의 명예에 먹칠하지 않기 위해 힘들고 위험한 임무를 자원했다. 70년 전인 1950년 발발한 6·25전쟁에서 한국의 자유와 자신들의 명예를 함께 지킨 국군과 유엔군 장군들의 아들들은 북한군과 중공군의 공세를 목숨 걸고 막아냈다.

아이젠하워 대통령(미국 34대 대통령), 필드 해리스 중장(미 해병 제1항공사단장), 앨런 덜레스(한국전쟁 당시 미 CIA 국장), 월튼 워커 장군(한국전 초기 미8군 사령관), 조지 패튼 장군(제2차 세계대전의 영웅), 마크 웨인 클라크 장군(휴전 당시 유엔군 사령관), 제임스 밴 플리트 장군(미8군 사령관) 등 6·25전쟁 당시 미군 현역 장성(將星)의 아들 142명이 참전하여, 이 가운데 35명이 전사하거나 부상을 당했다. 그 밖의 많은 지도층 자녀들이 한국전에 참전했다.

장군의 아들

6·25전쟁 당시 미8군 사령관으로 근무하다 교통사고로 숨진 월턴 워커(1889~1950) 대장의 아들 샘 워커(1925~2015)도 참전했다. 당시 샘 워커는 보병 중대장으로 근무하다 부친의 사망 소식을 듣고 유해를 미국으로 운구하는 임무를 맡았다.

맥아더 유엔군 총사령관	아버지의 유해를 모시고 즉시 본국으로 돌아가라.
샘 워커	장군님, 저는 돌아가지 않겠습니다. 아직 전쟁 중이고 저의 부대원들은 목숨을 걸고 싸우고 있습니다. 저 혼자만 돌아갈 수 없습니다.
맥아더 유엔군 총사령관	이건 명령이다. 아버지 장례식에 아들이 있어야 한다.

장례식 후 샘 워커 대위는 한국으로 다시 돌아갈 것을 요청했을 정도로 군인 정신이 투철한 장교였다. 1946년 웨스트포인트를 마치고 임관한 그는 4보병사단의 중대장으로 6·25에서 실전을 경험했다. 6·25와 베트남전쟁에 모두 참전했으며, 1977년 당시 최연소 대장으로 진급해 부자(父子) 대장이 됐다.

아이젠하워 아들, 대대장으로 참전

1952년 미국 공화당 대선 후보로 한국을 방문했던 드와이트 아이젠하워(1890~1969)의 아들 존 아이젠하워(1922~2013)는 미3사단 대대장으로 낙동강 전투에 참전했다. 존 아이젠하워는 웨스트포인트 육군사관학교를 졸업하고 6·25와 베트남전쟁에 참전했다.

전차군단 패튼의 아들, 전차중대장으로

'전차군단'으로 제2차 세계대전 중 불굴의 의지와 추진력, 해박한 전쟁지식과 창의적인 작전으로 적군의 간담을 서늘하게 한 제2차 세계대전의 영웅 조지 패튼(1885~1945) 장군의 아들 조지 패튼 4세(1923~2004)도 1953년 6·25전쟁에 참전했다. 그는 40보병사단 140전차대 A중대장으로 근무해 은성무공훈장을 받았다. 한국에서 첫 실전 경험을 하고 나중에 베트남전에도 참전했으며 1980년 소장으로 전역했다.

'한국 육군의 아버지' 밴 플리트 8군 사령관

6·25전쟁 하면 대체로 1950년 9월 인천상륙작전에 성공해 전세를 뒤집은 더글러스 맥아더(1880~1964) 유엔군 총사령관이 떠오른다. 더불어 기억해야 할 밴 플리트 장군(1892~1992)은 제1, 2차 세계대전에 참가한 역전의 용사다. 6·25전쟁이 발발하자 미8군 사령관으로 부임했다. 중국군 개입으로 유엔군과 국군은 다시 한강 이남으로 밀렸다. 이때 중국군의 파상공세를 탁월한 전략과 전술로 막아낸다.

6·25전쟁 이후 한국군 훈련체계를 정비하고 육군사관학교 교사 신축에 각별한 애정을 쏟았다. 미 육사의 교육훈련 제도를 도입하고, 4년제

거짓과 싸움이다

개편을 추진하는 한편 도서관 건축을 위한 모금 운동을 전개하는 등 육사 발전에 크게 기여해 '한국 육군의 아버지'로 불린다. 전쟁 후 미국 최초의 한국 관련 비영리단체인 '코리아 소사이어티'를 창립해 한국 경제 성장을 지원했으며, 1992년 9월 23일 100세로 세상을 떠난다.

아들은 폭격 중 실종

1952년 4월 4일, 미8군 사령관 밴 플리트 장군의 아들 밴 플리트 주니어 대위가 B-26 폭격기를 조종하여 북쪽으로 출격하였다가 실종됐다. 아들을 수색하다 다른 사람들의 소중한 아들들을 위험에 빠뜨릴 수 없다며 밴 플리트 장군이 수색을 중단시킨 일화는 유명하다.

"아버지, 제가 북한 지역으로 출격할 겁니다."
그것이 부자간 마지막 대화가 되었다.

백선엽 장군은 회고록에서 그 당시의 상황을 이렇게 전한다.
"밴 플리트 장군은 아들의 실종을 전혀 내색하지 않고 모든 일정을 소화했다. 당시 이곳에 모인 지휘관들은 전날 벌어진 밴 플리트 장군의 아들 실종 소식을 모르고 있었다. 소식을 들은 것은 모든 행사가 끝난 뒤였다. 밴 플리트 장군은 한미 지휘관들에게 아들의 실종 소식을 전했다. 그리고 그는 뒤돌아서서 눈물을 흘렸다."

아버지 밴 플리트 장군은 며칠 후 맞이한 부활절 날 한국 6·25전쟁에서 아들이 실종된 모든 부모들에게 위로의 글을 보낸다.

"저는 모든 부모님들이 저와 같은 심정이라고 믿습니다. 우리의 아들들은 나라에 대한 의무를 다하며 봉사하고 있었습니다. 오래전에 하나님께서 말씀하신 바와 같이 벗을 위하여 자신의 삶을 내놓는 사람보다 더 위대한 사랑은 없습니다."

6·25전쟁 3년 1개월 2일 동안에 미군은 전사 및 실종, 부상 등 총 13만 7,250명의 사상자를 냈다. 참전 미군 중에는 미군 장성들의 아들 142명이 포함되었는데, 이 중 35명(25%)이 전사 또는 부상을 입는 피해를 보았다.

아이젠하워 미국 대통령의 아들 존 아이젠하워, 워커 8군 사령관의 아들 샘 워커, 클라크 유엔군 사령관의 아들 빈 대위도 최전선에서 싸웠다. 해리스 미 해병 제1항공사단장은 장진호 철수작전을 항공지원하고 있었는데, 그때 미 해병 제1사단 7연대 3대대를 지휘한 그의 아들 해리스 소령은 장진호 전선을 돌파하다가 하갈우리에서 전사했다.

佛 몽클라르 장군은 6·25 참전 위해 중령 계급장 달았다

공산군의 남침으로 6·25전쟁이 발발했을 때, 프랑스는 유엔 안보리 상임이사국이었으나 제2차 세계대전 이후 국내 사정으로 전투 병력을 보낼 여유가 없었다. 그 실정을 알게 된 몽클라르는 전국을 누비고 다니면서 자신과 같이 한국전쟁에 참전할 지원병을 모집했다. 전투 경험이 풍부하고 그를 존경하던 600명이 동참했다. 대대 병력이 마련된 것이다.

거짓과 싸움이다

그런데 문제가 생겼다. 장군(중장)이 대대를 지휘한다는 것은 관례상 허용되지 않았다. 몽클라르 장군은 중령 계급장을 기꺼이 자청했다. 그리고 만삭인 아내를 설득했다. 무릎을 꿇고 "군인으로서 마지막 사명과 명예를 위해 허락해 달라"고 용서를 구했다. 아내는 아이가 아버지 없는 아이가 되지 않기를 바라면서 남편을 한반도 전쟁터로 떠나보냈다. 장군은 그때 58세였다.

그렇게 출정한 프랑스 대대는 미 보병사단 23연대에 합류해 양평 지평리를 방어하는 책임을 맡게 되었다. 그 요충지를 돌파하려는 중공군 3개 사단 병력은 지평리 산악지대를 포위하고 총공격을 개시했다. 그것이 전쟁 역사에 기록된 지평리 전투였다. 1951년 2월 13일부터 15일에 걸친 치열한 혈전이었다. 지평리 전선을 사수하라는 명령을 받은 미군과 프랑스군은 그 전투에서 기적처럼 승리했다. 전사 52명, 실종 42명의 희생자가 생겼으나 중공군은 전사자 약 5,000명을 남기고 퇴각했다. 미 공군의 폭격 등 외부 지원이 있었으나 한 연대가 3개 사단의 협공을 방어한 전투는 상상하기 어려운 전과였다. 중공군에 밀리던 유엔군은 자신감을 회복했다.

휴전과 더불어 귀국한 몽클라르 장군은 10년 후에 앵발리드 기념시설의 관리사령관으로 여생을 마쳤다. 그 기념관은 나폴레옹의 묘소이기도 해 국가적 영광을 상징하는 명소이다. 몽클라르는 1964년 6월 3일 세상을 떠났다. 그의 유해는 앵발리드 안에 있는 성당 지하에 안장되었다. 당시 샤를 드골 프랑스 대통령이 직접 장례식을 집행했다. 대통령은 눈물을 흘리면서 고인의 숭고한 군인 정신과 자유를 위한 생애를 국가적

예우를 갖추어 추모했다.

몽클라르 장군을 회상하면서 우리 젊은 세대에게 바란다. 넓은 세계를 바라보지 못하고 집안싸움에 세월을 낭비하는 기성세대의 구습에서 탈피하기를. UN 정신과 더불어 세계무대로 진출해 주기를. 애국심은 국민의 인간다운 삶과 행복을 위하는 희생정신임을 잊어서는 안 된다.

역사적 진실 변할 수 없어

6·25전쟁에서 미군은 필사적으로 공산 세력의 확산에 대응했다. 유엔군의 일원으로 참전한 미군은 제2차 세계대전의 명장과 그들의 자식까지 한반도에서 싸웠다. 미군은 3만 6,574명의 전사자와 10만 3,284명의 부상자를 냈다. 3,737명이 실종됐으며, 4,439명이 포로가 됐다. 한미동맹은 이렇게 피로 이어진 관계다.

유엔군 중에서 가장 큰 피해를 본 군대는 국군이었다. 대한민국의 국군은 14만 9,005명의 전사자와 71만 783명의 부상자라는 큰 피해를 봤으며 13만 256명의 실종자를 냈다. 그야말로 온 힘을 다해 조국을 방위했다. 중국과 북한이 아무리 '평화를 위한 전쟁'이라고 떠들어도 6·25전쟁은 중국의 지원과 북한의 침략으로 이뤄진 살육전이라는 사실은 변하지 않는다. 아무리 시대와 국제 환경이 변해도 당시 이런 침략을 저지하기 위해 목숨을 바친 수많은 사람을 기억해야 할 이유다.

밴 플리트 장군(1987, 당시 97세)은 미국 플로리다주 자택에서 이뤄진 생전 마지막 한국 언론과의 인터뷰에서 이렇게 말했다.

"내 아들은 전사했습니다. 인천(서해안) 앞바다에서 격추되었습니다. 시신은 찾지 못했습니다. 만약 시신을 찾는다면 나는 시신을 한국에 남겨두겠습니다. 왜냐하면 그곳이 그가 자유를 위해 생명을 바친 곳이기 때문입니다."

그는 3년 뒤 100세를 일기로 세상을 떠났다. 70여 년 전, 아버지와 아들, 머나먼 이국땅에서 그들이 보여준 피와 땀과 눈물은 세월을 뛰어넘어 오늘 우리에게 '노블레스 오블리주'의 정신이 무엇인지를 다시 한 번 생각하게 한다. 명예를 소중히 여기는 사람들이 보여준 참된 용기, 그들의 헌신과 희생에 머리 숙여 경의를 표한다.

미국 워싱턴 D.C의 링컨기념관 옆에는 6·25전쟁에 참전한 미군의 명예를 기리는 한국전쟁기념탑공원이 있다. 비를 맞으며 행군하는 미군들의 모습이 조각되어 있다. 기념비에는 "자유는 공짜가 아니다(Freedom is not free)"라는 문구가 새겨져 있다.

지난 역사를 모르면 이해하기 어렵다. 자유 속에 살다 보니 그것이 당연한 것으로 받아들여지는 경향이 있다. 그러나 자유를 지키기 위해서는 엄중한 책임이 있다. 자유는 한 번 얻어졌다고 영원한 것이 아니다. 지키고 살펴야 한다.

한국전쟁에서 천문학적인 비용을 지출한 미국

하버드대학은 교내 예배당 벽에 한국전쟁에 참전했다가 전사한 20명의 이름을 동판에 새겨 추모하고 있다. 월터리드 미 육군병원에는 6·25전쟁에 참전했다가 중상을 입은 용사 수십 명이 아직도 침상에 누워있다. 한국전쟁에서 미국은 천문학적인 비용을 지출했다. 2009년 미국의 국방정보센터(CDI)는 미 의회조사국 등의 자료를 바탕으로 6·25전쟁 당시 미국이 부담한 전쟁비용을 총 670억 달러로 산출했다. 이를 현재 가치로 환산하면 6,910억 달러(약 767조 원)에 달한다. 그들은 이렇게 천문학적인 비용을 지불하면서 한국을 도왔다.

미국은 한국을 지키기 위해 전쟁에 필요한 무기, 장비, 탄약 등 물자만 지원한 것이 아니라 한국 국민 전체를 먹여 살리면서 싸웠고 고귀한 생명까지 바쳤다.

거짓과 싸움이다

5장

그들은 결코 포기하지 않을 것이다

지식인의 아편

프랑스 군중심리학자인 귀스타브 르 봉(1841~1931)은 사회주의의 허구
성을 이렇게 비판했다.

"사회주의가 내세우는 이상은 실현 불가능한 것이다. 역사적 경험들
이 이를 뒷받침한다. 그러나 불행하게도 사람들은 사회주의 정책으로
인해 사회가 파괴되고 난 다음에야 이런 경험들을 체득하는 경우가
많다."

그는 1896년 출간한 《사회주의의 심리학》에서 당시 유럽을 휩쓸던 사
회주의의 허구성과 위험을 경고했다. 사회주의가 '핍박 없이 모두가 잘
사는 평등사회'를 주장하지만, 사회발전 원동력인 개인의 자유와 창의를
억압하기 때문에 결국 핍박과 빈곤을 낳을 뿐이라고 역설했다.

사회주의는 사람들의 신념과 희망, 그리고 정신에 강력한 호소력을 발

거짓과 싸움이다

휘하는 사상을 담고 있다. 사회의 규범과 인간의 본성 중 어느 한쪽이 무너지면 다른 한쪽도 함께 무너지게 되어 있다. 그리고 도덕적 유산이 최종적으로 해체될 때 그 사회는 사라지는 운명을 맞게 된다.

아직도 많은 나라 국민들은 이 같은 사실에 눈을 뜨지 못하고 있다. 평등과 질서와 정의라는 자신들의 이상 앞에 법률과 훌륭한 헌법만 있으면 세상을 다시 만들 수 있다고 굳게 믿는다. 1789년 프랑스 혁명 당시 사회란 원래 인위적인 것이기 때문에 독재자라도 민중에 호의적이기만 하면 사회를 완전히 다시 건설할 수 있다는 믿음에 여전히 사로잡혀 있다.

하루아침에 사회는 파괴될 수 있다. 그러나 사회를 다시 건설하는 데는 많은 시간과 고통이 따른다. 사회주의는 경제적 논쟁을 통해 그 존재 이유를 제시하고 뒷받침하려 할 때 극도로 취약한 모습을 보인다. 그러나 희망적이고 비현실적인 약속을 할 때, 사회주의는 아주 강력해진다. 만일 희망과 약속의 영역을 절대로 벗어나지 않는다면, 사회주의는 훨씬 더 강력해지고 훨씬 더 무서워 보일 것이다.

집단주의 위험을 두려워하고 경계해야 한다
"진정으로 두려워해야 할 집단주의 가장 큰 위험은 집단주의가 대중의 정신에 스며들고 있다는 사실이다."
르 봉은 "집단주의의 중요한 목적 중 하나는 국가가 모든 산업과 기업을 독점하는 것이다"라고 말한다. 집단주의자들은 다양한 수단, 특히 상속세를 통해서 공적인 부를 국가의 손안에 넣기를 바라고 있다. 프랑스의 경우 상속세가 매일 인상되고 있다. 집단주의 국가는 모든 시민을 대상으로 똑같은 내용의 의무교육을 무상으로 실시할 것이다.

집단주의 국가는 거대한 공무원 집단을 통해서 시민의 사소한 생활까지 규제할 것이다. 오늘날 공무원이야말로 국가의 진정한 통치자들이다. 시민들의 독창력과 자유를 점진적으로 제한하는 법과 규제들이 증가하고 있다는 단 한 가지 사실 때문에 공무원의 숫자는 언제나 늘어만 가고 있다. 이미 다양한 구실로 공무원들은 제조업체의 작업까지 감독하고 있다. 단지 공무원의 숫자가 늘어나고 공무원들의 속성이 조금씩 사회에 전파되기만 해도 집단주의자의 꿈이 실현될 것이다. 집단주의 국가가 상속세를 인상하여 개인의 부를 흡수하기를 바라는 한편으로 자본을 상상 가능한 온갖 방법으로 박해하고 있다. 국가가 이 문제에 앞장서고 있다. 민간 기업은 매일 점점 더 무거워지는 세금에 짓눌리고 있다.

집단주의자들에 따르면, 마지막으로 노동계급은 현재의 지도계급으로부터 정치권력을 빼앗아야 한다. 사회주의자들이 의회의 다수가 사회주의자로 채워질 때 집단주의자의 요구사항이 최종적으로 받아들여질 것이다. 그렇게 되면 어떠한 공상이든 가능할 것이다. 그리고 마지막으로 사회주의자들을 척결하기 위해 카이사르 같은 독재자의 시대가 열리고 곧 침공의 시대가 이어질 것이다. 사회주의가 지금까지 현대 사회를 위협한 위험 중에서 가장 무서운 위험인 이유가 바로 여기에 있다.

거짓과 싸움이다

르 봉은 사회주의 이념이 확대 재생산되는 데는 '얼치기 지식인'의 책임이 크다고 지적했다

정말 세상이 어떻게 돌아가는지도 모르고 책에 담긴 지식 외에는 아무런 지식이 없는 학자들이 '선의(善意)'를 가장한 구호로 민중을 선동하는 위험성에 대해서도 경고한다.

그는 사회주의의 또 다른 모습인 '국가 간섭주의' 확산도 경계해야 한다고 강조했다. '공공의 선'을 이유로 국가 역할을 확대할수록 개인의 자율성이 위축되기 때문이다.

사회 모든 분야에서 국가의 개입을 요구하는 목소리가 높아지고 있다. 새로운 법률들이 거의 매일 쏟아지고 있다. 국가가 철도를 국유화해 운영하자는 법, 국가가 은행을 직접 관리하자는 법, 노동시간을 규제하자는 법, 소규모 가게를 보호하기 위해 큰 가게에 세금을 무겁게 물리자는 법, 모든 고령 노동자에게 은퇴연금을 주자는 법…. 국가에 대한 의존도를 높이는 이런 법들은 언제나 비슷한 결과를 가져온다. 국민의 자율성과 독창성을 쪼그라들게 하고, 공권력을 비대하게 만든다. 프랑스가 쇠퇴하고 있는 것은 과도한 국가 간섭주의에 기인한다.

민주주의는 대중 선전·선동과 포퓰리즘으로 흐를 위험성은 있지만, 사회주의 위협을 막을 수 있는 유일한 대안

민주주의의 성공에는 법과 제도를 정비하는 것도 중요하지만 무엇보다도 사회 구성원의 태도가 가장 중요하다.

르 봉은 사회주의는 여러 가지 모순에도 불구하고 끈질기게 생명력을 유지할 것이라고 전망했다. 논리나 이성의 문제가 아니라 하나의 '신앙'으로 자리 잡았다는 판단에서였다. 사회주의는 힘든 삶을 사는 사람들에게 희망의 등불처럼 보이고, 더 나은 삶의 환경 개선을 약속하면서 하나의 원칙보다는 무조건적인 믿음과 복종을 강요하는 사이비 종교에 가깝다.

"민주적인 제도들은 자율적이고 활력이 넘치는 민족에 잘 어울린다. 쉽게 말해 자율성과 노력의 결과를 믿는 것이 습관화된 민족에 적합하다. 민주적인 제도는 온갖 종류의 노력이 가능한 분위기를 조성할 뿐이다. 하지만 어떤 제도도 민주주의만큼 폭넓은 자유와 성공할 기회를 제공하지 못한다."

사회주의는 종교적 성격이 강하다

프랑스 정치·사회학자 레이몽 아롱(1905~1983)은 《지식인의 아편》에서 이렇게 말한다.

"'역사적 변증법에 의해 필연적으로 도래하는 무산계급의 시대가 억압된 자들을 해방시킨다'는 공산주의 이론은 사이비 종교와 같다. 절대성을 강조하고 오류를 인정하지 않는 사상은 민중을 고난으로 이끌 뿐이다. 거대한 수용소 국가로 전락한 소련의 모습은 이를 대변한다. 진보라는 이름을 내세워 민중을 잘못된 길로 몰아세우는 좌파 지식인은 '마르크스주의라는 아편'의 중독자다. 객관성, 보편성과 소통하지 못하는 사상은 억지요 고집일 뿐이다."

거짓과 싸움이다

비록 사회주의가 현대 과학의 모든 연구 결과와 모순됨에도 불구하고 종교적인 형태를 띠는 바로 그런 경향 때문에 파괴적 힘을 갖고 있다. 종교의 형태를 갖추게 되면 사회주의는 더 이상 논쟁의 여지가 있는 이론이 아니고 복종해야 할 교리가 될 것이다. 이 교리가 정신에 미치는 권력은 절대적일 것이다. 그렇게 되면 이성은 그 믿음에 아무런 영향을 미치지 못한다. 그 이유는 어떤 믿음이 사람들의 마음속에 한번 자리 잡기만 하면 그 믿음의 잘못된 부분은 더 이상 보이지 않기 때문이다. 그 믿음을 훼손시킬 수 있는 것은 오직 세월뿐이다.

지금의 사회주의는 어떤 원칙이기보다는 일종의 집단 심리상태

수많은 사회주의의 계획들 중에서 공상적인 면을 무시하고 국가에서 실현시킬 수 있는 근본적인 부분만을 고려한다면 그 계획들은 네 가지 중요한 원칙으로 압축될 것이다.

1. 지나치게 심한 부의 불평등을 점진적 과세로, 특히 높은 상속세를 통해 바로잡는다.
2. 국가의 권리를, 아니면 국가와 이름만 다른 집단의 권리를 점진적으로 확대한다.
3. 국가가 토지와 자본, 산업, 그리고 온갖 종류의 사업을 다시 차지한다. 공동체의 이익을 위하여 개인 소유의 재산을 몰수한다.
4. 자유로운 경쟁을 억누르고 임금의 평준화를 이룬다.

사회주의의 이상이 네 가지에 완벽하게 표현되고 있다. 놀라운 사실은 사회주의 계획이 교육 수준이 높은 사람들에게 받아들여지는 것을 볼 때 사회주의의 위험이 심각하다고 할 수 있다.

'능력에 따라 일하고, 욕망에 따라 배분받는다'는 선전은 허공의 유토피아에 불과하다

"인간의 열망으로 이뤄질 수 있는 게 아니다. 이런 허구에 몰입할수록 '모두가 잘사는 세상'이 아니라 '모두가 가난한 세상'으로 전락할 가능성이 높다. 좌파들은 어설픈 이데올로기에 사로잡혀 역사의 진실을 어지럽혀선 안 된다. 오류를 인정하지 못하고 다른 의견을 용인하지 못하는 폐쇄성은 전체주의로 귀결된다는 게 역사의 교훈이다. 선동적인 '진보팔이'로 젊은이들을 호도하는 것은 문명의 퇴보를 재촉하는 것이다. 인간의 자발성과 창의력을 키우는 자유주의와 시장경제가 인류 진보의 유일한 해결책이다."

― 레이몽 아롱

아롱은 자신의 잘못을 인정하지 않는 마르크스주의의 치명적 결함이 소련의 몰락을 이끌 것이라고 예견했다. 그런 점에서 마르크스주의는 출발부터 실패의 씨앗을 잉태하고 있다.

정치란 선과 악의 투쟁이 아니다. 과거와 미래의 투쟁도 아니다. 좀 더 나은 것과 그렇지 않은 것 사이의 선택일 뿐이다. 정치와 이념을 선과 악의 투쟁으로, 이분법적으로 구분하는 것 자체가 잘못이다. 아롱이 비판한 '진보적 폭력론'은 국내 종북주의자들에게 많은 영향을 미쳤다.

거짓과 싸움이다

6·25전쟁은 프랑스에서도 이념 대결을 벌였다

20세기 프랑스 지성계(知性界)를 언급하면 빠지지 않고 등장하는 두 인물이 있다. 우파와 좌파를 대표하며 수십 년간 치열한 이념 대결을 벌였던 레이몽 아롱(1905~1983)과 장 폴 사르트르(1905~1980)다. 두 사람은 프랑스 최고 명문인 고등사범학교(ENS) 동기생이자 반(反)나치 레지스탕스 동지였다. 이들을 결정적으로 갈라서게 한 사건이 1950년 '6·25전쟁'이었다.

아롱은 6·25전쟁이 발발하자마자 '르 피가로' 칼럼을 통해 "북한이 남한을 침략한 것은 제2차 세계대전 이후 가장 중대한 사건"이라고 북한을 규탄했다. 반면 사르트르는 "남한 괴뢰도당이 북한을 침략했다"는 프랑스 공산당의 주장을 여과 없이 대변했다. 북한에 의한 남침(南侵)이 드러난 뒤에도 "남한과 미국이 남침을 유도했다"는 주장을 내놓았고, 한때 "6·25전쟁은 한반도 통일전쟁"이라는 프랑스 극좌파 주장에 동조했다.

남침설을 주장한 아롱은 당시 프랑스 지성계를 주도하던 좌파에 의해 "미 제국주의자의 주구(走狗)"라고 매도됐다. 상당수 우파 지식인은 좌파의 '낙인찍기'가 두려워 제대로 목소리를 내지 못했다. "아롱과 함께 옳은 것보다는 사르트르와 함께 실수하는 게 낫다"는 것이 당시 분위기였다.

아롱이 이런 사회적 배경에서 1955년 출간한 책이 《지식인의 아편》이다. 아롱은 1962년 개정 증보판을 냈다. 그는 이 책을 통해 반인권적인 공산주의에 동조하는 좌파가 '진보'의 이름을 독점하고 민중에게 거짓 선전·선동을 일삼는 현실을 개탄했다.

"정직하고 머리 좋은 사람은 절대로 좌파가 될 수 없다. 정직한 좌파는 머리가 나쁘고, 머리가 좋은 좌파는 정직하지 않다. 모순투성이인 사회주의 본질을 모른다면 머리가 나쁜 것이고, 알고도 추종한다면 거짓말쟁이다."

사회주의 어떻게 대처할 것인가?

사회주의 실험이 어느 국가에서든 반드시 실험될 것이다.

르 봉은 사회주의의 피를 부르는 혁명을 경계했다. "오늘날(1890년대) 상황은 혁명을 통해 사회 모순을 단번에 해결하려 했던 프랑스 대혁명 때를 떠올리게 한다. 사회주의의 득세는 피와 혼란, 독재로 결론 났던 과거의 사례를 되풀이할 가능성이 높다."

르 봉은 이런 사회주의 광기(狂氣)를 두고 혁명으로도 민족성을 바꿔놓지 못한다고 하며 교육의 중요성을 강조한다.

"교육 개혁을 통해 사회주의의 침투를 막고, 자유와 개인 책임의 중요성을 국민에게 각인시켜야 한다. 제도 개혁도 효과가 크지 않다. 유일하게 효과를 발휘하는 개혁이 있다면 교육 개혁이다. 그것만이 민족의 밝은 미래를 보장할 수 있다."

르 봉이 《사회주의의 심리학》을 처음 발표한 것이 1896년이다. 지금부터 120여 년 전에 출간되었다. 그 당시와 비교해 과학기술 발달로 많은 환경들이 변했으나, 인간의 본성은 쉽게 변하지 않은 것 같다. 귀스

거짓과 싸움이다

타브 르 봉에 따르면 인류 역사는 결국 개인주의와 집단주의로 압축되기 때문이다.

사람은 개인적으로는 현명하게 합리적이다가도 군중에 휩쓸리면 이성을 잃고 판단능력도 흐려진다. 올바른 교육 개혁을 통해 사회주의의 침투를 막고, '자유' 못지않게 '개인 책임'의 중요성을 국민에게 심어줘야 한다. 그것만이 민족의 밝은 미래를 보장할 수 있다."

사회주의는 20세기 최대 사기극이다

사회주의는 복지주의, 진보주의, 사회민주주의, 공산주의, 마르크스 주의, 좌익주의의 동의어이다.

"어떤 종류의 사회주의도 결국엔 인간의 영혼을 완전히 파괴하고 인류를 죽음으로 몰고 간다. 지난 몇 년간 여러 곳에서 나는 많은 서구의 사상가들이 정의의 왕국이라고 생각하는 사회주의가 사실은 강요로 점철된 것이고 관료의 탐욕, 부패, 욕심이 가득했으며, 그것이 한결같았고 강요 없이는 사회주의가 실현될 수 없다는 사실을 입증했다."
— 알렉산드르 솔제니친

로렌스 W. 리드의 《왜 결정은 국가가 하는데 가난은 나의 몫인가?》는 사회주의가 무엇인지를 정확히 보여주는 책이다. 사회주의의 근본적인 동기와 실제적인 결과들을 이해할 수 있도록 총 26편의 글이 실려 있다. 정치, 경제, 사회조직제도, 사회주의의 기본 전제와 그것이 실제로 만들

거짓과 싸움이다

어 내는 결과들을 바탕으로 독자들의 올바른 판단에 많은 도움을 주고 있다.

인류 역사에서 많은 사람에게 자유롭고 번영된 사회를 가져온 것은 자유시장 경제다

이웃이 땅을 사면 배가 아프다는 인간의 본능적인 사고를 자극하고 파고드는 것이 사회주의다. 자유가 없던 시대의 참혹한 빈곤과 고통은 점차 잊어버리고, 누가 더 많이 갖고 얼마나 더 잘 살고 누리고 있느냐에 더 민감하게 반응한다. 차별 없는 세상을 만들겠다고 배 아픈 사람들에게 달콤한 말로 선동하는 것은 정치인들만의 이야기가 아니다. 일부 지식인들도 이런 세상을 만들 수 있다는 망상에 온갖 가설을 만들고 그런 가설에 맞게 통계를 조작한다.

사회주의자들은 민중을 현혹하기 위해 상생, 동반성장, 경제민주화, 소득주도 성장, 평등하고 공정하고 정의로운 사회 그리고 포용적 성장이라는 선의를 가장한 미사여구를 앞세우며 준동하고 있다. 위장된 사회주의도 결국 정부는 점점 커져서 인간의 자유를 억압하고, 더 빈곤한 나라를 만들며, 그들이 앞세우는 경제적 약자를 더 힘들게 한다는 점에서는 하나도 다를 것이 없다. 이런 정치적 모순에 빠지지 않기 위해서 우리는 사회주의가 무엇인지를 정확히 알아야 한다. 그리고 현재의 눈에 보이는 차이에 집착하지 않고 자유가 없었던 과거, 자유가 억압된 다른 사회와 비교하는 지적인 훈련이 필요하다.

공산혁명주의자인 레온 트로츠키는 "내건 목적이 달성되는 점이 있을 때 수단을 정당화할 수 있다."고 말했지만 사회주의자들의 수단들은 그들이 내건 사회적 정의에 반하는 것이 대부분임에도 퇴출되지 않고 모양을 바꿔가며 사회에 스며들고 있다.

지금 인류는 자유주의가 어느 정도 자리 잡은 문명사회에서 살고 있다. 마르크스는 그렇게 발전해 온 인류의 삶의 방식을 자본주의라고 불렀다. 그런 사회에서 벗어나 사회주의 사회를 만들자는 구호는 일부 사람들에게 매력적으로 보였고, 특히 현실에 불만을 가진 계층일수록 그런 주장에 관심을 갖게 되었다. 그러다 보니 사회주의를 따르는 정치 세력들이 나왔고 실제로 상당수 나라들이 사회주의를 표방하기도 했다. 하지만 그런 나라의 국민에게는 궁핍과 아픈 상처만 남았다.

사회주의 원리에 충실했던 사회주의 국가들이 몰락하면서 사회주의 정치 세력은 위축됐다. 하지만 그렇다고 사라진 것은 아니다. 인간은 본능적으로 원시적 본능에 부합하는 생각과 행동에 익숙하기 때문이다. 자본주의가 발달한 나라에서 사회주의를 지향하는 정치 세력이 지지층을 넓혀가고 있다. 특히 자본주의가 발달한 나라에서 사람들은 자신의 처지에 대한 원망과 불만의 이유를 자본주의의 구조적 한계라고 쉽게 말하기 시작했다. 이런 사회적 분위기가 확산되면서 사람들은 자본주의를 비판하고 부정하는 것에 익숙해졌다.

그들은 자본주의를 비판하는 것에는 열심이지만 그렇다고 사회주의가 좋다는 말을 드러내지는 않는다. 그 이유는 사회주의가 현실에서 늘 실패해 왔고 성공하기 어렵다는 것을 알기 때문이다. 그래서 그들은 사회

거짓과 싸움이다

주의를 적당한 다른 것으로 포장한다.

20세기 인류의 가장 위협했고, 지금도 여전히 자유를 위협하고 있는 사회주의

전체주의 속성을 드러냈던 사회주의는 인류의 삶을 심각하게 위협했
다. 다양한 형태로 모양을 바꾼 변종이 나오면서 보편적 삶의 원리를 교
묘하게 뒤틀고 있다. 1991년 소련의 멸망을 지켜본 많은 학자들이 사회
주의, 공산주의 붕괴로 자유주의 승리라고 말하며, 더 이상 이념전쟁이
필요치 않다고 말했다. 아니다. 지구상에는 여전히 사회주의를 따르는
정치 세력이 존재한다.

최근 대한민국 정치·경제·사회가 급격히 자유시장경제에서 사회주의
적 경향이 강해지고 있다. 우리가 이념적으로 위기에서 벗어나 더 자유
롭고 번영된 미래를 만들기 위해서는 위장된 사회주의의 유혹에서 벗어
나야 한다. 사회주의는 자유주의와 함께 현존하는 대표적 이념이다. 대
부분의 나라에서 자유주의와 사회주의는 여전히 대립하고 있다. 스웨
덴, 덴마크, 노르웨이와 같이 제대로 작동하는 것처럼 보이는 사회주의
국가들은 사회주의 때문이 아니라 아직 망가지지 않은 자본주의 때문에
제대로 가고 있다. 사회주의를 전면적으로 실시하면 베네수엘라가 되고
더 악화되면 북한이 된다.

1789년 시작된 프랑스 혁명은 하나의 패턴을 보여준다

유토피아 사회주의, 급진적 개입주의, 집산주의, 국가통제주의, 좌파
등 부르는 이름은 다양하다. 이들이 추구하는 공공의 이익에 부합하도

록 사회를 바꾸려는 무모한 계획들을 실행하는 과정에서 사람들을 죽이거나 빈곤에 몰아넣고 결국에는 실패하고 말았다.

불가능한 사회주의에 왜 끌리는가?

자유주의와 정반대인 '노예의 길'로 가는 사회주의에 많은 사람들이 쉽게 단합되도록 만드는 힘은 무엇일까? 바로 인간 본성인 시기심과 탐욕을 자극하는 것이다.

사회주의 웅변가들은 인간의 시기심과 탐욕의 감정을 자극하고 이용하여 사람 사이, 계층 간의 갈등을 불러일으킨다. 이런 인간 본성의 추악한 특성은 옛날부터 문제를 야기해 왔다. "네 이웃의 집을 탐내지 말라" 십계명 중 하나이다. 질투와 탐욕을 주의하지 않으면 가져올 파괴적인 잠재력을 잘 알고 있던 우리 조상들은 이 본성을 통제하기 위해 금기를 종교적 의무로 만들어 무력화시키려고 노력했다. 평등주의가 강력한 추진력을 발휘하려면 시기와 탐욕이라는 전용(專用) 연료가 필요하다. 좌파들은 빈곤층 이상의 사람들에게 죄의식을 심고자 집요하게 노력한다.

현대 사회주의의 다섯 가지 얼굴

우리는 전쟁 중이다. 자유를 지키고 사회를 발전시키는 전쟁은 사람과 사람의 싸움이 아니라 자유민주주의와 사회주의 체제 간 사상의 전쟁이다.

프랑스 작가 빅토르 위고는 "쳐들어오는 적군에게는 저항한다. 그러나 스며들어 오는 사상에는 저항하지 않는다."고 말했다. 이념과 사상은 세

거짓과 싸움이다

상을 뒤엎는 결과를 가져와 역사의 흐름을 바꿨다. 사회주의는 역사적으로 실패한 제도이나 우리 사회를 계속 위협하고 있다.

'로렌스 W. 리드'는 현대 사회주의의 핵심 사상을 다섯 가지로 분석하고 있다.

입법 만능주의

법안 통과가 국가의 오락거리가 되었다. 사업이 어렵다면? 국가 보조금을 지급하거나 자유를 제한하는 규제 법안을 통과시켜라. 빈곤이 문제라면? 빈곤을 폐지하는 법안을 통과시켜라. 제정되는 법률이 비슷하다.

국가 재정을 충당하기 위한 증세, 지금까지 규제 대상이 아니었던 것을 규제하기 위한 공무원 충원, 법 위반에 대한 처벌에 관한 것들이다. 법안이 늘어날수록 통제가 많아지고 강제 징수, 제한, 강압이 된다. 입법 만능주의는 정치적 과정에 대한 부적절한 믿음의 증거이자 권력에 대한 의존성의 증거다. 이는 자유로운 사회에는 저주다.

'눈먼 나랏돈'의 환상

사람들은 '나랏돈'이 마치 정말로 공짜인 양 여긴다. 복지 국가들이 특혜와 무료 혜택, 지원금 등을 퍼주다 보니 나랏돈이 공짜가 아니라는 기본적인 사실이 묻혀 버린다. 정부란 기본적으로 사람들에게서 무언가를 걷지 않는 이상 나누어 줄 게 없는 조직이다. 세금은 기부가 아니다.

자신의 힘으로는 얻을 수 없는 것을 정부로부터 얻어내려는 사람은 "이것이 누구의 주머니에서 나온 것인가? 이 혜택은 내가 도둑질하는 것인가 아니면 정부가 나 대신 다른 사람의 것을 빼앗은 것인가?" 자문해 봐야 한다. 흔히 그 대답은 둘 다일 것이다. 이런 환상은 결과적으로 모든 이들이 다른 사람의 주머니에 손을 대게 만든다.

책임전가 병(炳)

최근 어떤 사회 복지 프로그램 수혜자가 사회복지 센터에 편지를 보내 요구했다. "여섯 번째 아이를 낳았는데, 뭘 해 줄 건가요?"

자신의 문제를 스스로 해결하고자 하지 않는다면 그는 책임전가 병을 앓고 있는 환자다. 어쩌면 그는 말할지도 모른다. "내 문제는 사실 내 것이 절대 아닙니다. 사회의 문제죠. 그리고 만약 사회가 이 문제들을 해결해 주지 않는다면, 그것도 빨리 해결해 주지 않는다면 곤란해질 겁니다!"

사회주의는 사람들이 책임감을 느끼지 않을 때 융성해진다. 인간은 독립심, 주도권, 그 존재 자체로서 갖는 자신감을 상실할 때 독재자와 폭군의 손아귀에서 놀아나게 된다.

'다 아는 척' 병폐

사회주의 사상의 주된 특성으로 '다 아는 척' 한다는 것이다. 다 안다고 생각하는 것은 사람들의 다양성을 무시하는 오만함과 조급함을 나타낸다. 개인들이 자유롭게 시도할 때 위대한 일을 성취할 수 있다는 것이 바로 시장의 기적이다. 인간이 만든 제약이 창의적인 에너지의 발산을 가로막아서는 안 된다.

거짓과 싸움이다

질투 강박증

오늘날 사회주의자들의 입법을 살펴보면 상당수가 타인의 부와 소득을 시기하는 마음에서 비롯되었다. 질투는 재분배의 엔진을 가동시키는 연료다. 부유층의 돈을 우려내려고 하는 수많은 제도들이 바로 질투와 탐심에 뿌리를 두고 있는 것은 확실하다. 사람들이 시기에 사로잡히면 무슨 일이 일어나는가? 자신의 문제에 대해 스스로를 탓하기보다는 더 잘사는 사람들을 탓한다. 사회는 계층으로 분열되고 파벌은 파벌을 먹이로 삼는다. 문명들은 시기심과 그에 따른 재화에 대한 멸시의 무게에 짓눌러 무너졌다.

사회주의의 다섯 가지 특성 속에 공통으로 흐르는 맥, 인간의 어두운 면을 향한 호소

인간의 본성은 원시적이고, 창의적이지 않으며, 나태하고, 의존적이며, 비도덕적이고, 비생산적이고 파괴적인 면이 자리 잡고 있다. 한 사회의 구성원들이 스스로 망하는 생각들을 실행에 옮긴다면 그 사회는 오래 지속될 수 없다. 자유와 노예 사이 싸움의 결과는 온전히 사람들의 마음과 생각 속에 무엇이 자리 잡고 있는지에 달려있다.

사회주의는 20세기 최대 사기극이다. 사회주의는 왜 실패했는가?

사회주의는 번영, 평등, 안전을 약속해 놓고 가난, 고통, 독재를 가져다 주었다. 평등은 모든 사람들이 평등하게 고통 받았다는 측면에서만 제대로 이루어졌다. 폰지 사기나 행운의 편지가 처음에는 성공하는 듯하나 결국에는 망하고 마는 것처럼, 사회주의도 초기에는 성공하는 듯

보인다. 그러나 중앙계획경제의 근본적인 결함이 드러나면 그 어떤 성취도 눈 녹듯 사라진다. 정부의 개입이 그토록 치명적이고 유혹적으로 보이는 이유는 모두 초기 성공의 환상 때문이다. 장기적으로 사회주의는 독재와 고통으로 가는 직행 노선임이 항상 입증되었다.

사회주의는 인센티브를 무시한다

피라미드 다단계는 잘못된 원칙을 바탕으로 하기 때문에 버티지 못하고 결국에는 쓰러진다. 마찬가지로 집산주의는 잘못된 이론 때문에 장기적으로 지속될 수 없다. 사회주의는 인간 행동의 기본적인 원칙에 위배되기 때문에 작동하지 않는다. 세계 여러 나라에서 사회주의가 실패한 것은 대단히 중요한 한 가지 결함으로 설명할 수 있다.

사회주의는 인센티브를 무시한 제도이다. 자본주의 경제에서 경제 행위를 유도하고 이끄는 인센티브는 가장 중요하다. 인센티브를 강조하지 못하기 때문에 사회주의는 인간의 본능과 모순되는 이론이며 그래서 실패할 운명이다. 사회주의는 인센티브가 무용지물인 이론을 바탕으로 한다.

마르크스주의자들은 이론적으로 완벽한 사회주의와 현실의 불안전한 자본주의를 비교하기를 좋아한다. 그러나 제한된 자원과 불안전한 세계에서 경제적 능률을 추구하려면 명백한 인센티브 구조를 바탕으로 한 경제제도가 필수다.

가격 및 손익제도

자본주의 강점은 시장의 힘에 의해 결정되는 가격, 경쟁적인 손익회

거짓과 싸움이다

계, 사유재산권 이 세 가지를 바탕으로 한 인센티브 구조에서 비롯된다.

사회주의의 몰락은 인위적인 가격으로 인한 비능률성 때문이고 통제된 가격에 담긴 정보는 항상 왜곡되어 있다. 권력집단에서 계획된 경제는 경쟁이 없기 때문에 경제활동에 효율적 인센티브 구조가 없다 보니 그 결과는 비참함과 절망이다. 더 능률적으로 자원들을 계속 재배치하는 대신 시회주의는 비능률과 실패의 구렁텅이에 빠지게 된다.

전 세계 사회주의의 실패는 '공유지의 비극'이다

16세기 영국에서 몇몇 마을들이 어떤 방목지를 공동 소유하여 공공의 목적으로 사용하고자 했을 때 일어난 일이다. 너무 많은 가축들이 모여들었고 결국엔 공동으로 소유한 자원을 착취만 하다가 못 쓰는 땅이 되었다. 자산을 공동으로 소유하면 지혜롭게 관리해야겠다는 마음이 생길 만한 인센티브가 없다. 개인의 재산은 보호하고 책임감 있게 사용해야 할 인센티브가 개인에게 생기지만, 공동 재산은 무책임과 낭비만 조장할 뿐이다. 아무도 소유하지 않는다면 아무도 관리하지 않을 것이다. 인간의 본능적 이기심은 선한 공유의 실현을 방해할 수 있다.

사회주의는 '생산수단의 공동소유'가 특징인 제도이므로 사회주의의 실패는 국가적인 '공유지의 비극'이다.

페루의 경제학자 에르난도 드 소토가 말했듯, 세계 어느 시골을 다녀보면 개들이 짓는 소리를 들을 수 있다. 왜냐하면 개도 자기 영역이 있기 때문이다. 개인의 영역과 개인의 소유권을 이해하지 못하는 것은 오직 국가주의 정부뿐이다.

러시아는 세계적으로 천연자원 풍부한 나라다. 세계에서 가장 많은 석유, 천연가스, 다이아몬드, 금 매장량을 가지고 있다. 그러나 러시아는 가난하다. 인센티브 제도를 통해 사람들의 창조력, 잠재력을 끌어내지 못했기 때문이다. 중앙계획경제는 인간의 정신발달을 저해한다.

우리의 의무는 세계 곳곳에서 그리고 국내에서 유혹의 손길을 뻗는 전체주의에 맞서 계속 싸우는 것이다

전체주의 유혹의 본질은 정부가 부를 창출할 수 있다는 환상 속으로 우리를 유인하는 것이다. 사회주의의 검은 손은 우리를 지속적으로 설득하고 있다.

인센티브의 중요한 역할을 무시하기 때문에 사회주의 체제는 대사기극의 일부다. 사회주의는 끊임없이 추파를 던질 것이다. 우리는 전 세계뿐만 아니라 국내에서도 사회주의에 대한 경계심을 늦추어서는 안 된다. 자본주의는 인간의 정신을 살찌우고 창의성을 고안하며, 기업가 정신을 고취하기 때문에 전 세계 자유를 회복하는 데 중대한 역할을 할 것이다. 근검절약과 근면성실과 능률을 촉진하는 강력한 인센티브 제도가 있기에 자본주의는 부를 창출한다.

전체주의적 사회주의는 역사상 가장 피비린내 나는 전쟁을 일으킨 직접적인 책임도 있지만, 국가들 사이에서 내부 탄압과 대량 살상의 가장 큰 단일 원인이기도 했다.

프랑스 국립학술연구센터의 스테판 쿠르투아 등이 1997년 펴낸《공산주의 흑서》에 의하면, 볼셰비키 혁명 이후 공산주의의 폭력이나 정책 실패로 인한 기아 등으로 사망한 사람의 숫자는 1억 명(소련 2,000만 명, 마오쩌둥 통치하에 중국 6,500만 명, 베트남 100만 명, 폴 포트 정권하의 캄보디아 200만 명, 동구(東歐) 공산정권하에서 100만 명, 아프리카에서 1,500만 명, 그리고 북한에서 200만 명. 북한에서의 희생자 200만 명 속에는 1990년대 후반 '고난의 행군' 시기에 아사(餓死)한 300만 명은 포함되지 않았다.)에 달한다고 한다. 이는 실로 엄청난 수치지만 가장 최소한의 추정치다. 2차 세계대전 총 사상자 수(군인 및 민간인)의 두 배에 달한다.

지금까지 기록된 많은 증거들이 있지만 여전히 민주주의 제도를 이용해서 많은 사람들은 사회주의가 폭정으로 돌변하는 것을 막을 수 있다고 믿는 '민주사회주의'라는 유령을 쫓고 있다.

미국뿐만 아니라 현재 대한민국 학생들은 수십 년 동안 초·중·고등학교 교육을 받으면서도 공산주의 만행과 사회주의 경제의 실패에 대해 배우지 않는다. 이러한 문제점 해결 방법을 찾기가 쉽지 않다. 역사와 경제는 인기 있는 과목이 아니며 선생들은 대부분 공산주의, 사회주의 성향이기 때문이다. 힘든 일을 안 해본 젊은이들이 이상주의에 빠져 사회주의의 먹잇감이 되기 아주 좋은 환경 속에 살아가고 있다.

"너의 자유를 다오, 나는 더 안전하고 더 잘살게 해줄게"
사회주의 악마는 계속 우리를 설득한다. 이 유혹을 이기지 못한다면, 우리는 결국 자유도, 안전도, 가정도, 재산도 다 잃게 될 것이다. 우리의 의무는 대한민국을 전체주의로 몰고 가려는 유혹에 맞서 계속 싸워 이겨 나가는 것이다. 전체주의 유혹의 본질은 정부가 국민 모든 것을 책임 진다는 환상 속으로 우리를 유인하는 것이다. 대사기극이다. 정신 차려 야 한다.

"어떤 종류의 사회주의도 결국엔 인간의 영혼을 완전히 파괴하고 인 류를 죽음으로 몰고 간다."
— 솔제니친

"민주주의와 사회주의 사이에는 한 가지를 제외하고 아무런 공통점 이 없다. 바로 평등이다. 하지만 여기에도 미묘한 차이가 있다. 민주주 의는 자유에 있어 평등을 추구하지만 사회주의는 종속과 통제에 있 어 평등을 추구한다."
— 토크빌

"사회주의가 이론으로만 존재하면 국제주의이지만 이를 실현하기 시 작하면… 극단적인 민족주의로 돌변한다. 이는 왜 서방 세계의 대다 수 사람들이 상상하는바 '자유주의적 사회주의(Liberal socialism)'가 순전한 이론에 지나지 않는지를 그리고 왜 사회주의를 실현하면 어 느 곳이나 전체주의가 되는지를 설명하는 이유 중 하나이다."
— 프리드리히 하이에크

국가가 계획을 하면 할수록 개인들을 위한 계획은 더욱더 힘들어진다. 하이에크는 사회주의 계획경제를 일컬어 '노예의 길'이라고 했다.

거짓과 싸움이다

나타나는 현상 뒤에는 거대한 세계관이 있다

공산주의 혁명은 곧 성혁명이다

"20세기의 모든 성혁명(Sexual revolution)은 마르크스주의에 그 영적 기원을 두고 있다."

– 가브리엘 쿠비

마르크스주의는 폭력혁명을 주장했으며, 성혁명, 동성애도 마르크스주의에 기반을 두고 있다는 가브리엘 쿠비의 진단이다.

왜 공산주의 혁명이 안 되는가?

부자들을 쳐부수고 모든 사람이 똑같이 나누어 지상낙원을 만들자. 얼마나 멋진 말인가? 많은 사람들이 열광했으며, 이제 성공을 하겠구나 생각했는데 그때마다 실패한다.

마르크스(1818~1883), 공산주의 혁명에 일생을 바친 뛰어난 천재는 고민한다. 공산주의 혁명이 될듯하면서 안 되는 이유는 무엇인가? 마지막

죽기 전에 그 이유를 깨닫는다. 그것은 바로 기독교와 사유재산이다. 이 둘을 없애야 공산혁명을 성공할 수 있다.

1883년 마르크스가 죽는다. 사상적 동반자이자 친구인 프리드리히 엥겔스는 마르크스의 유언 같은 책《가족, 사적소유, 국가의 기원》을 1884년 정리해 출간한다.

기독교에서 말하는 악의 기원은 불순종, 즉 하나님이 먹지 말라는 선악과를 따먹는 것이다. 공산주의 세계관에서 악의 기원은 기독교다. 신이란 존재가 없는데 인간이 신을 발명해서 신의 이름으로 인간을 억압하므로 모든 악의 근원이라는 것이다.

마르크스는 "성스러운 가족(성부·성자·성령＝삼위일체)의 비밀은 지상의 가족이다. 하늘의 가족을 사라지게 하려면, 이론과 실제에서 가족이 먼저 파괴되어야 한다. 일부일처제는 촌충(기생충)과 같다."라고 말한다.

기독교를 없애려면 먼저 가정을 없애야 한다. 하늘의 가족을 없애려면 먼저 땅의 가족을 없애면 된다. 이것이 위대한 혁명가 마르크스의 천재적인 통찰력이다.

마르크스의 이 주장은 삼위일체 하나님을 믿는 기독교를 파괴하려면 가정을 해체시켜야 하는데, 이 가정은 일부일처제에 견고한 기반을 두기 때문에 결국 성규범을 해체시켜야 한다는 결론이다.

'성규범 해체→가정 해체→기독교 해체'를 실현하기 위해 마르크스주의자들은 동성애를 장려하고 일부다처, 일처다부를 옹호하며 결국에는 폴리아모리(Polyamory, 다자간 연애)를 확산시키고 있다. 그러므로 20세기의 모든 패륜적 성혁명(Sexual revolution)은 마르크스주의에 그 영적·사상적 기원을 두고 있다.

공산주의가 안 되는 이유는 사적 소유다

공산주의란 무엇인가? 개인적인 소유를 없애고 모든 사람이 같이 벌어서 같이 쓰고, 나누고, 재산을 공동으로 하자는 것이 공산주의다. 사유재산이 없어져야 한다.

어느 부모든지 자식에 좋은 것을 물려주고 싶어 한다. 자녀들에게 더 좋은 혜택을 주기 위해서 열심히 일을 해서 개인 재산을 모은다.

공산(共産), 재산을 나누자고 하는데 재산을 사적 소유하는 것이 모든 악의 근원이라는 것이다. 공산혁명을 해서 사유재산을 없애버리는 것이 혁명의 이데올로기다.

만악의 근원은 기독교와 사적소유, 이것을 전파하는 곳이 어디인가? 교회와 가정이다. 기독교를 없애려면 교회를 없애고 교회를 근거로 세워진 가정을 없애야 한다. 교회와 가정을 없애는 것이 마르크스에게는 악을 없애는 것이다. 사적소유는 가족을 중심으로 증여, 상속되기 때문에 세상의 빈부의 격차가 줄어들지 않는다. 이것이 마르크스의 주장이다. 사적 소유를 없애려면 사적소유의 단위인 가족을 없애버려야 한다. 기독교와 가정을 없애려면 성의 해방으로 정리가 된다. 마르크스주의와 동성애와도 밀접한 관련이 있다.

또한 《신성가족》(1945)에서 "여성 해방이 이루어진 정도가 인간의 보편적 해방을 측정하는 자연적 척도이다."라며 노동자가 해방된 것처럼 여성도 해방되어야 한다고 한다. 마르크스주의는 페미니즘과 자연스럽게 연결된다.

가족을 없애야 한다고 주장한 마르크스의 가족은 어떻게 되었을까

마르크스와 부인 사이에 정식으로 낳은 아이가 6명이었다. 어렸을 때 3명이 죽는다. 인간적으로 보면 불행한 사람이었다. 마르크스는 평생 남의 것을 뜯어먹은 인간이다. 땀 흘려 돈을 벌어본 적이 없다. 마르크스의 큰딸이 소녀 가장처럼 닥치는 대로 부모와 동생을 부양한다. 너무 과로한 나머지. 큰딸은 시집가고 얼마 되지 않아 젊은 나이에 죽게 된다. 마르크스는 4명의 자녀가 죽는 것을 지켜본다. 참으로 불쌍한 인생이었다. 또 두 딸이 남았는데 두 딸 역시 자살을 하게 된다.

마르크스는 하녀하고 바람피워서 사생아를 낳는다. 마르크스는 위대한 공산주의자이기 때문에 하녀와의 사이에 아들을 낳았다 하면 망신이다. 추종자들이 덮어준다. 사생아는 마르크스가 자기 아버지인지도 모르고 죽는다. 가족을 파괴하려고 했던 사람의 가족이 철저하게 파괴된다. 마르크스는 자신의 가정도 파괴하고 남의 가정도 불행하게 만들었는데, 이것은 죽음의 이데올로기다.

"노동자를 착취하는 자본가를 타도하자. 자본가를 타도하는 데 도움이 된다면, 모두가 선한 것이고 옳은 것이고 윤리적인 것이다."라고 외쳤지만 마르크스의 실제 삶을 보면 자본가가 노동자를 착취한 게 아니라 마르크스가 자본가를 착취했다. 《마르크스 평전》을 쓴 프랜시스 윈은 "사실 마르크스는 어른이 된 이후로 남에게 손을 벌리지 않아도 되었던 순간이 한 번도 없었다. 엥겔스는 현금 상자에서 훔치거나, 자기 아버지 회사 계좌에서 교활하게 빼돌린 돈을 정기적으로 보내 주었다."고 기록했다. 마르크스는 말로는 노동자를 위하는 척 외쳤지만, 본인은 노동을

거짓과 싸움이다

하지 않았기 때문에 일생 동안 남에게 손을 벌리고 남의 것을 뜯어먹었다는 증언이다.

러시아 혁명의 붉은 장미, 알렉산드라 콜론타이(1872~1952), 드디어 꿈을 이루게 된다

> "혁명은 국가만이 아니라 가족까지 해체한다. 결혼과 가족관계는 소유권에 바탕을 둔 억압적이고 이기적인 과거의 유물이다."
>
> — 알렉산드라 콜론타이(《가족과 공산주의》, 1917)

콜론타이는 러시아의 여성 정치가로 세계 최초의 여성 외교관이었으며 볼셰비키 혁명에 참여해 여성해방운동을 펼친 혁명가다. 우크라이나의 오랜 지주 가문의 귀족 출신으로 제정 러시아 시대 장군이었던 아버지와 핀란드의 부유한 상인의 딸인 어머니 사이에서 태어났다. 〈가족과 공산주의〉라는 글에는 마르크스가 했던 이야기가 등장한다. 혁명에 성공해서 가족을 없애는 정책을 추진하게 된다. 알렉산드라 콜론타이는 어떤 사람인가. 엄마가 바람피워 낳은 딸이다. 계속 남자를 바꾸면서 자신의 주장을 몸소 실천하게 된다.

혁명 성공 후 볼셰비키 공산당에서 1917년 러시아 공산주의 혁명 제노텔(여성부)을 만들어 장관이 된다.
"모든 계급과 계층에서 가정의 온기는 사라질 것이다."
러시아에서 여성부 장관이 되어 가족을 해체하는 정책을 계속해서 펼친다. 가장 먼저 이혼 자율화, 간소화 정책을 추진한다. 이전까지는 이혼을 못 하게 하려는 법적 제약이 많았다. 간통죄를 없앤다. 한국도 2015년 간통죄에 대한 헌법재판소 위헌 판결로 간통죄가 사라졌다. 맘대로 이혼할 수 있게 만든 것이다. 공산주의 혁명이 성공한 뒤 가장 먼저 통과된 법이 무엇일까? 재산을 빼앗는 법안, 재산을 공동 관리하고 소유하는 법안이 아니다. 인류 최초로 근대국가에서 처음으로 합법화된 법안은 무엇일까? 이혼 자율화, 동성애, 간통, 낙태, 근친상간 이 다섯 가지를 자유롭게 해도 된다. 성의 자유를 보장해야 한다는 것이다. 기독교 국가에서는 낙태는 살인이다.

공산주의 혁명은 물질에 대한 것만이 아니다

러시아 공산주의 혁명에 성공하고 제일 먼저 합법화된 것은 낙태, 동성애, 근친상간, 간통 그리고 이혼 자율화다. 공산주의 혁명이 단순히 경제적으로 물질에 대한 것만이 아니라 가족을 해체하는 대단히 영적인 혁명이라는 것을 알 수 있다.

목마른 자는 물을 마실 자유가 있다

알렉산드라 콜론타이 대표적인 소설 《삼대의 사랑》(1925)이 있다. 이 책에 나오는 유명한 '물 한 잔의 이론'이라는 것이 있다. 목이 마르면 물을 마신다는 것이다.

콜론타이는 인간에게는 누구나 성욕이 있으며 그것을 없는 것처럼 가장하는 것이야말로 인간성에 대한 중대한 도전이자 반역이라고 보았다.

거짓과 싸움이다

육체적으로 목이 마를 때 물을 마시는 것처럼 성적인 갈증을 느낄 때도 자유롭게 채울 수 있어야 하며 배고픔과 목마름처럼 인간의 기본적인 성욕의 충족도 물 한잔 얻는 것처럼 간단해야 한다고 했다.

'아무하고나 성적인 관계를 가지면 된다. 결혼, 혼전 순결, 부부관계, 부부간에 정절을 지키는 것보다 욕구의 충족이 중요하다. 남자는 여자만 상대해야 하는 것은 아니다.' 아무하고나 성관계를 가져도 괜찮다는 것이다. 아무 물이나 마시는 것처럼, 그냥 자유롭게 즐길 수 있어야 하므로 다 없애야 한다고 주장했다. 레닌은 이를 "물 한잔 이론"이라 희화화하며 비판했다.

공산주의는 진화론에 기초하고 있다. 진화론을 주장한 찰스 다윈을 기념하는 가장 큰 박물관이 모스크바에 있다. 가족을 없애야 하기 때문에 일부일처를 지양하고, 성적인 자유가 중요하며, 아이들 아빠가 없어도 된다. 요즘 얘기가 아니라 100년 전에 러시아에서 공산주의자들이 그런 나라 체계를 만들었다. 수십만 수백만이 그렇게 살아왔다. 1917년 이후 러시아혁명 여성부를 통해 계속해서 혁명의 물결이 식민지 조선에까지 넘어 밀려오게 된다.

콜론타이의 자유 연애론은 1920년대, 1930년대 조선에도 큰 영향을 미쳤다
"콜론타이의 연애론은 조선의 보수적 유학자들의 반발과 함께 김온, 허정숙, 박헌영 등의 절대적인 지지를 받았다."

그의 견해는 조선에도 전파되어 허정숙, 정칠성, 정종명, 주세죽 등에게 영향을 주었다. 이들은 조선에 콜론타이의 사상을 소개하며 자유연애, 자유 결혼, 거래와 계급적 차별이 없는 자유로운 남성 관계론을 주장하였다. 열녀비가 세워진 시대에 성혁명의 선각자들이었던 이들에게 공통점이 있다. 바로 공산주의자라는 것이다.

박헌영과 주세죽은 남한이 배출한 조선 최고의 공산주의자다. 콜론타이의 영향으로 열녀비, 삼강오륜을 가르치던 조선사회에 성 해방을 받아들여 남자를 계속 바꾸고 여자를 계속 바꾸면서 살았다. 이런 영향이 아직도 남아있다. 성폭력, 성추행, 미투 등 범죄를 저지른 사람 중에 민주화운동을 하는 사람이 많다. 위대한 민주투사들의 삶의 궤적을 추적해 보면 이게 민주화운동인지 공산화 운동인지, 민주화를 가장한 공산화 운동인지 알 수 없는 경우가 많다. 이것은 이들의 전통이다. 일본 식민지 영향 아래 유교 전통이 많이 남아 있던 조선 땅에 이런 운동으로 맹비난을 받게 된다.

100년 전부터 공산주의자들은 성 해방을 주장하며 실천도 했지만 대중화되지는 못했다. 소련도 마찬가지다. 법을 만들어 여성부 장관이 나서서 외쳤지만 소련 사회에서 뿌리를 내리지는 못한다.

두 가지 반발에 부딪힌다. 레닌이나 스탈린도 성 해방은 혁명에 방해가 된다는 것이다. 러시아 정교도 기독교 문화의 일부다. 공산화가 됐지만 기독교 전통이 남아있던 러시아 국민들의 반발을 사게 된다. 공산주의를 했더니 사회가 더러워진다는 것이다. 1930년 소련 공산당이 여성부를 없애버린다. 동성애 합법화도 무효화시켜버린다. 마르크스가 꿈꿨던 혁명이 잠시 멈추게 된다.

거짓과 싸움이다

빌헬름 라이히(1897~1957)는 성 해방자, 성애주의자, 성 도착자 등의 별명을 가진 성 교육자

라이히는 "동성애가 다시 금지되었다. 임신중절이 더 어려워졌다. 소련 젊은이들과 10대 청소년들의 성적 자유가 금욕주의 이데올로기에 의해 훼손되고 있다. 사회적으로 강제된 '전통적 가족'이 다시 지지를 받고 있다. 집단 육아가 중단되었고 양육의 책임이 부모에게로 돌아갔다."고 한탄했다.

빌헬름 라이히는 《성혁명》이란 책에서 이렇게 말했다.

"사람들의 건강을 유지하기 위해서는 주 3회의 오르가즘이 필요하다. 오르가즘을 느끼는 방법은 중요하지 않다. 동성, 파트너 체인지, 어린애를 대상으로 해도 된다."

라이히가 볼 때 이렇게 하는 것을 방해하는 대상으로 '강제적인 결혼'과 자녀 양육의 도구로서 '강제적인 가족'을 들면서 이것들이 반드시 해체되어야 한다고 믿었다.

어린이와 청소년이 자유롭게 성적 쾌락을 즐길 수 있도록 하는 '학생 인권'의 이론적 근거가 된다. 빌헬름 라이히는 기독교와 자본주의가 성적 자유를 억압한다고 했다. 그의 어머니, 아버지, 혁명 동료도 자살을 한다. 주변 사람들이 다 자살한다. 성적 자유를 주장하고 문란한 사람들은 자살이 많다. 1953년 라이히는 교도소에서 사망한다.

라이히는 비엔나의 성위생 상담소에서 노동자들에게 피임, 낙태, 출산 등의 성교육을 실시하였다. 라이히는 1939~1941년 미국 뉴욕 유스쿨에서 임상심리학 교수로 재직하다 1957년 코네티컷 던버리 형무소에 수감

돼 망상성 정신병을 선고받고, 펜실베니아의 레비스버그 교도소에서 사망했다고 전해진다. 그러나 그의 사후 그의 이론들은 대중적으로 수용되기 시작했다.

공산주의의 창시자 마르크스가 가족의 해체를 주장했는데 잘 안됐다. 마르크스 가족이 자살하고 비참하게 죽는다. 알렉산드라 콜론타이 등 공산당 지도부가 공산화를 성공시킨 다음 이혼, 동성애, 낙태, 등 성 해방을 추진하려 했는데 잘 안됐다. 빌헬름 라이히가 사기 혐의로 복역 중 사망한다. 실패, 실패, 또다시 실패하다가 마침내 거대한 성공을 거두게 된다. 120년 만에 마침내 마르크스의 영향을 받은 젊은이들에게서 성공을 거두게 된다.

현대사의 잊을 수 없는 해, 1968년 68혁명이 시작된다

프랑스 낭트대학교, 한밤중에 여학생 기숙사에 남학생들이 무단 침입한 사건이 발생한다. 학교 규칙에 따라 남학생들이 여학생 기숙사에 출입할 수 없다. 학교 측에서 통제를 하자 "성별 분리, 프리섹스에 대한 탄압이다"라고 외친다. 구호는 거창한데 68혁명의 시작은 남학생이 여학생 기숙사에 아무나 가서 하룻밤 자고 와도 되고, 여학생도 남학생 기숙사에 아무나 가서 자고 와도 된다는 것이다. 성 해방을 부르짖은 사건이다.

1968년 2월 14일 프랑스 낭트 대학교에서 '성별 분리와 탄압을 철폐'하라는 데모가 일어난다.

거짓과 싸움이다

1968년 3월 21일 아메리칸 익스프레스(미국회사) 사무실 습격, 미국 국기 방화 두 가지 슬로건이 등장한다. 하나는 성(性) 해방이고 다른 하나는 미군 철수다. 대한민국에서도 똑같은 일이 일어난다. 학생인권조례 등 이상한 법을 만들고 있다.

68혁명은 노동자가 중심이 된 계급 갈등의 표현이 아니라 학생이 중심이 되어 문화적인 변화를 요구하는 새로운 사회운동이었다.

시위를 주도했던 다니엘 콘벤디트(콩방디)는 이민노동자, 지역운동, 성 해방, 동성애 등 새로운 문화적인 차원의 문제에 관심이 있었다. 당시 학생들은 "구속 없이 살고 구속 없이 즐기자", "금지한 것을 금지한다" 등 자유를 향한 구호를 외쳤다.

1968년 이후 마르크스주의자들의 전략은 두 가지

첫째는 성 해방, 둘째는 반미가 마르크스주의자들의 투쟁 주제가 된다. 알렉산드라 콜론타이가 시도했는데 실패했고 빌헬름 라이히가 하려다 감옥에서 죽게 된다. 드디어 프랑스 68혁명이 성공을 거두자 이탈리아, 독일, 일본, 미국 등에서 불길처럼 번져 전 세계를 뒤덮는다. 68혁명은 프랑스를 넘어 전 세계 좌파들을 자유, 평등, 연대의 원리로 국제적으로 결집하게 했으며 그 혁명의 불길은 미국과 일본에서도 전쟁 반대와 기성 제도의 해체를 내세우며 시위로 이어졌다.

68세대들은 70년대 이후 다양한 영역에 진출했다

신좌파 의식에 세뇌된 68혁명 세대들은 정치, 경제, 언론, 교육, 문화계 등 사회 전 분야에 진출해서 세계 문화 영역을 지배하기 시작했다.

네오막시즘이 UN과 유럽연합(EU), 국제조직 곳곳에 스며들어 막대한 영향력을 행사하고 있다.

성장보다는 분배정책을 추진하고 대부분 마르크스 사상에 뿌리를 둔 좌파 파워 엘리트들에 의해 세계는 장악되어 가고 있다. 이들은 법과 권력을 이용해 동성애, 근친상간, 수간 등을 정상적인 것으로 받아들이게 된다. 사람들에게 왜곡된 성 의식을 주입시켜 왔고 결혼과 전통 가족체계를 파괴하여 국가를 붕괴시키는 것이 목적이다.

68혁명 때 주역들이 수상, 국회의원, 장관 등 사회지도자로 등장한다. 대한민국도 마찬가지다.

대학생 때 주사파 운동권 위수김동(위대한 수령 김일성 동지), 친지김동 (친애하는 지도자 김정일 동지)를 외쳤던 20대 젊은이들이 지금 대한민국 청와대, 국회, 장관, 언론사 등을 장악하고 있다. 당연히 친북, 친중국 공산주의로 흐르고 있다. 대한민국에서만 일어난 사건이 아니다. 68혁명 이후 혁명을 이끌었던 지도자들, 성 해방과 반미를 외쳤던 마르크스계열의 청년운동 지도자들이 유럽 각국을 이끌어 가는 정치 지도자로 성장했다. UN 창립의 미국 측 실무 책임자 앨저 히스(1904~1996)는 구(舊)공산권 문서, 베노나 문서 등 공개로 소련 간첩이었다는 사실이 드러났다. UN은 인권의 이름으로 전 세계에 동성애를 확장시키고 있다.

모든 것이 68혁명의 후예들이다. 68혁명에서 성혁명 성공으로 전 세계 동성애를 합법화하라는 물결이 번져가고 있다. 결국 대한민국까지 오게 된 것이다.

　　　　　　　　거짓과 싸움이다

68혁명의 대표적인 슬로건 "금지하는 것을 금지하라"

"금지하는 것을 금지한다! 혁명을 생각할 때면 섹스가 하고 싶어진다!"

무엇을 금지하지 말라는 것인가? 동성애, 낙태, 수간, 폴리아모리(다수를 뜻하는 Poly와 사랑이라는 뜻의 Amor가 합쳐진 단어다. 남자 하나에 여자 둘, 다중섹스 등)를 금지하지 말라는 것이다.

결국은 68혁명의 여파가 수많은 나라들을 정복해서 동성애가 합법화되고 동성애는 죄가 아니다. 동성애가 죄라고 말하는 사람은 감옥 가고 처벌도 받고 불이익을 당하는 그런 나라들이 많다. 그 물결이 대한민국까지 왔다. 그 싸움이 2021년 다시 시작됐다. 법안을 발의한 국회의원들은 좌파들이다. 전 세계 우파가 발의한 적은 없다. 친 마르크스계열의 좌파들이 마르크스가 주장했던 것들을 그대로 따라 한 것이다. 성혁명, 동성애를 강력히 추진하는 주축 세력은 마르크스주의자, 공산주의자들이다.

'어떻게 해야 인간을 파괴시킬 수 있을까?' 고민하며 택한 것이 바로 성(性) 해체

좌파가 아무리 다양한 색깔의 옷을 바꿔 입고 등장한다 해도 그 뿌리는 여전히 소외, 착취, 억압, 차별의 제거를 목적으로 하는 마르크스 사상에 기초하고 있다. 기존 체제의 해체와 붕괴를 목적으로 한다. 특히 기독교에 기초한 전통적 결혼과 가족과 국가체제는 반드시 제거해야 할 대상으로 여긴다.

"지금 프랑스의 몰락은 '68혁명'에서 시작했다"

프랑스 일간지 '르 피가로' 논설위원 출신의 언론인 에릭 제무르가 2014년 출간한 《프랑스의 자살(Le Suicide Francais)》 책에서 이렇게 주장했다.

"이민자·동성애 등의 문제로 프랑스는 자살의 길을 걷고 있다. 그 시작은 '68혁명'이다."

이 거대한 세계관의 싸움

"하나님이 자기 형상 곧 하나님의 형상대로 사람을 창조하시되 남자와 여자를 창조하시고(창세기 1장 27절)"

결국 이 한 구절을 놓고 싸우고 있다. 하나님은 양성, 남자와 여자만 만들었다. 내가 남자라고 생각하는 여자, 내가 여자라고 생각하는 남자, 그런 사람을 창조하신 적은 없다. 결국 성별을 하나님이 주시는 것으로 보느냐 후천적으로 성별(젠더)을 사람이 바꿀 수 있는 것이냐 그 싸움이 벌어지고 있는 것이다.

거짓과 싸움이다

인권 자유 평등의 옷을 갈아입고 나타났다

소련 붕괴로 이미 실패한 실험으로 끝난 마르크스주의가 새로운 모습으로 유령처럼 우리 주위를 배회하고 있다. 수많은 사람들의 생명을 앗아간 마르크스주의는 이제 인권, 자유, 평등의 이름으로 옷을 갈아입고 나타났다. 인간의 성적 타락을 부추기고 사회 근본 질서인 가정을 파괴하고 나아가 미래 세대의 정신적, 영적 생명력을 앗아가고 있다.

볼셰비키 혁명 이후 공산주의의 폭력이나 정책 실패로 인한 기아 등으로 사망한 사람은 전 세계적으로 1억 명이 넘는다.

공산주의 폭력이나 정책 실패로 인한 사망자

1997년 프랑스에서 발간된 《공산주의 흑서(共産主義 黑書, The Black Book of Communism-Crimes Terror Repression)》에 따르면, "숙청, 집단처형, 강제이주, 정부가 조장한 대(大)기근 등으로 공산주의 체제에서 죽임을 당한 인간은 약 1억 명에 달한다"고 나온다.

이상적 평등사회 구현은 가능한 것인가

공산주의는 무엇인가? 플라톤의 《국가》에서도 소개되고 있듯이 공산주의는 오랜 역사를 가지고 있다. 공산(共産)이라는 라틴어 'Communis'의 뜻처럼 공산사회는 함께 생산하고 공유하는 이상적인 평등사회를 의미한다. 그리고 개인이 공동체 속으로 소멸되는 극단적인 형태의 사회적 완전평등을 성취하기 위해서는 사유재산이 사라져야만 한다.

마르크스는 '사유재산의 폐지'를 전제하고 계급 차별로 인한 자본주의 사회의 필연적 붕괴를 예언하고 이론화했다.

이상적인 사회를 구현한 나라가 있는가?

인류 최초 추진했던 나라는 러시아였다. 1917년에서 1991년까지 '사유재산 없는 평등한 사회'를 꿈꾸었지만 실패로 끝나고 말았다.

마르크스주의자들은 여기서 포기하지 않고 계속 진화하기 시작한다. 법을 제정하고 적절한 교육을 통해 인간은 얼마든지 개조시킬 수 있다고 믿고 있다. 현재 마르크스 추종자들이 믿고 있는 인간관이다. 계속해서 반복적으로 세뇌시키면 자연스럽게 수용할 것이라고 믿고 있다. 좌파 진영이 성 소수자 문제를 지속적으로 제기하는 것도 인간 개조에 대한 전략과 인식이 작동하기 때문이다.

마르크스는 자본주의 체제를 혐오했으며, 폭력을 사용해서라도 뒤집어야 할 대상으로 여겼다. 그의 사상이 더욱 위험한 것은 국가와 가족은 붕괴시키고 해체해야만 하는 대상이라고 생각했기 때문이다. 그 이유는 국가와 가정은 자본주의를 지탱해 주는 중요한 수단이라고 믿었기 때문

거짓과 싸움이다

이다. 국가, 가족, 종교와 같은 권위를 무너뜨릴 수 있다면 필연적으로 공산사회가 도래한다고 믿었다. 가족을 자본계급의 권력을 유지하기 위한 도구로 본 것이다.

좌파(The left), 우파(The right)를 나누는 기준은 무엇일까?

프랑스 혁명(1789.07.14.) 당시 국민회의에서 국민회의장 시선 기준으로 우측에는 온건 기득권층인 지롱드당이 자리 잡았고, 좌측에는 급진 혁명파인 자코뱅당이 자리 잡은 데서 좌파와 우파가 유래되었다.

보통 우파는 인간의 존엄성을 중시하는 가운데 자유민주주의, 자유자본주의라는 운영 원리에 따라 자유주의가 내포하는 보편가치를 추구한다. 평등에 있어서도 법 앞에 평등, 기회의 평등, 신분의 평등을 강조한다. 따라서 우파는 보통 법과 질서가 존중되는 가운데 개인 간의 공정한 경쟁과 노력에 대한 보상을 담보하는 것이다.

반면 좌파는 개인의 자유와 권리보다 집단적 의무와 사회 정의, 즉 공공선(善)이 우선하며, 개인의 이익보다 집단의 이익과 결과로서의 평등주의를 절대시한다. 일당 독재 체제를 유지하게 되며 고도의 중앙 계획과 통제에 의한 인위적 평등사회를 목표로 삼는다.

평등주의 국가체제는 인민의 사상과 삶을 획일적으로 통제하는 전체주의 국가형태를 취하게 된다. 따라서 인민은 가난과 평등 속에서 당과 국가의 노예로 전락하고, 개인의 자유 경쟁은 사회정의를 무너뜨리는 사회악으로 간주되어 핍박과 처단의 대상이 되는 것이 사회주의 국가의 특징이다.

마르크스에게 국가, 가족, 기독교는 무너뜨려야 할 대상

오늘날 좌파 정권이 무리한 분배정책과 보편복지를 강력하게 추진하려는 의도가 무엇인지 주의 깊게 살펴보아야 한다. 그들은 궁극적으로 국가와 가족과 기독교를 붕괴시킴으로 자신들이 원하는 공산사회를 꿈꾸고 있기 때문이다. 공산국가는 사라져도 공산주의는 결코 사라지지 않는다는 사실을 잊어서는 안 된다.

마르크스 사상 추종자들은 유토피아를 상상했다. 자본주의 체제가 모순으로 무너질 것이라는 예상은 빗나간다. 세계 2차 전쟁을 거치면서 마르크스 추종자들은 자본주의 체제가 무너지기는커녕 더 발전한 것에 혼란스러워하고 실망한다. 그렇다고 마르크스주의를 포기할 수는 없었다. 이때 탈출구를 제공한 이들이 바로 독일의 철학자 니체(1844~1900)와 심리분석가인 프로이트(1856~1939)였다.

"신은 죽었다"는 니체의 말은 유럽사회 지지 기반인 기독교 체계와 철학을 파괴하는 것이었다. 절대 진리와 절대 가치, 선과 악을 구분하는 절대 도덕은 인간을 나약하게 만드는 낡은 가치이기 때문에 기존의 가치는 허물고 자신만의 길을 가라고 외쳤다.

니체와 함께 마르크스주의자들에게 영향을 준 것이 프로이트의 성(性) 이론이다. 19세기 유럽사회에서 금기시됐던 성 문제를 공론화시킨 인물이 바로 프로이트였다. '억압된 성욕의 해방'이라는 개념이 절망에 빠져 있던 좌파진영에 소망을 던져 준 것이다.

거짓과 싸움이다

성혁명 등장, 너의 충동대로 살아라

프로이트의 이론에서 한 걸음 더 나아가 집단과 사회적 차원에서의 성적 욕망의 해방을 주장한 사람이 프로이트의 제자이자 마르크스주의자인 '빌헬름 라이히(1897~1957)'이다. 라이히는 정신분석과 마르크스주의를 접목하여 욕망의 문제를 사회적 계급관계로 결부시킨 최초의 인물로서 프로이트−마르크스주의의 흐름을 만들어 낸 사람이다.

성(性) 정치가 성공하려면 어떻게 해야 할까?

인간이 성행위의 즐거움을 알고 거기에 푹 빠지게 만들어야 한다. 어린이들과 청소년은 핵심대상이었다. 성에 대한 부정적인 권위를 가진 부모와 단절시키고 그들에게 마음껏 성행위를 할 수 있게 만드는 것이다. 라이히에게는 성적 본능에 빠지게 만드는 것이 가정과 교회, 국가를 파괴하는 가장 적절한 수단이었던 것이다.

1960년대 후반 프랑크푸르트학파의 옷으로 갈아입은 라이히의 성혁명은 미국의 히피들과 유럽의 68혁명 세대들에게 많은 영향을 미쳤다. 그의 메시지는 이것이었다.

"너 자신을 억압적인 기독교의 성도덕으로부터 해방시켜라. 너의 충동대로 살아라. 모든 지배로부터 자유로운 사회라는 낙원을 창조하라."

마르크스의 예언은 이뤄지지 않았다. 유토피아를 꿈꿨던 마르크스의 후예들은 큰 좌절을 한다. 이때 니체와 프로이트가 나타나 생기를 불어넣는다. 기독교로부터 탈출, 절대 가치와 도덕을 부정하고 사람 중심 인간의 억압된 성 욕구를 자극한다. 동성애와 인권이란 이름으로 모습을 드러내기 시작한다.

네오막시즘(Neo-marxism, 신마르크스주의) 그들은 누구인가?

1930~1950년대 철학적 기초를 마련하고 1960년대 서구 사회에 지대한 영향을 끼치는 인물이 있다. 이탈리아 안토니오 그람시, 독일의 프랑크푸르트학파의 철학자들, 프랑스 구조주의 철학자들이 바로 그들이다, 비록 서로 다른 분야를 연구했지만 이들의 공통적인 동력은 언제나 카를 마르크스 사상에 있었다. 이들 철학의 특징은 무엇이며 현재 좌파사상과 어떻게 연결되어 있는가?

안토니오 그람시(1891~1937)가 내세운 인간 개조를 위한 새로운 혁명이론

1960년대부터 오늘에 이르기까지 좌파진영에 지대한 영향을 끼치는 사람은 이탈리아 공산당 창립자, 지도자이자 철학자인 안토니오 그람시였다. 그람시는 1928년 파시스트 당국에 체포되어 20년 형을 선고받았다. 수감생활 중 건강이 악화되자 1934년 가석방되었고 3년 후인 1937년 뇌출혈로 사망했다. 옥중에서 자신의 생각을 모은 《옥중수고》가 1965년 출간되었다. 이 책에서 사회주의 혁명을 위한 헤게모니 이론, 진지전, 기동전이라는 독창적인 혁명이론을 소개하고 있다. 안토니오 그람시는 우리에게 잘 알려진 인물이 아니다. 그럼에도 혁명이론이 한국 사회만큼 잘 먹혀들고 있는 나라도 없을 것이다. 그 이유는 오늘날 이해할 수 없는 정책들이 강제되는 것은 그람시의 헤게모니 이론과 진지전이라는 전략과 전술을 충실히 따르고 있기 때문이다.

　　　　　　　　거짓과 싸움이다

헤게모니 이론은 무엇인가?

그람시는 마르크스가 주목했던 자본주의 체제 모순으로 붕괴된다는 '경제적 측면'에서 한 걸음 더 나아가 정치의 중요성에 주목했다. 정치가 가진 변혁의 사령탑으로 잠재력을 높이 평가한 것이다. 전통 마르크스주의자들은 경제와 생산방식 같은 하부구조, 폭력적 혁명을 중요시했지만 그람시는 정부나 문화 같은 상부구조, 이데올로기적 투쟁을 더 중요하게 생각했다.

러시아나 중국과 같은 후진 사회에서는 폭력적 혁명이 가능할지 몰라도 정치, 경제, 교육, 법, 언론, 대중문화 등이 중요한 역할을 하는 선진 자본주의 사회에서는 시민사회 내에서 획득되는 대중의 동의를 통해 계급에 의한 지배가 이루어진다고 보았다. 신념, 가치, 문화적 전통, 신화와 같은 상부구조적 현상이 일반 대중 속 깊이 파고 들어가 있는 기존 권력 체계의 가치관에 대항할 수 있는 '대항 헤게모니적 세계관과 가치관'을 창출해야만 자본주의 체제를 전복할 수 있다고 생각했던 것이다.

폭력보다는 사람들의 생각을 '세뇌'시켜야 한다

"거짓말은 처음에는 부정되고, 그다음은 의심 받지만 되풀이하면 결국 모든 사람이 믿게 된다." 나치의 선동가 괴벨스의 말처럼 반복적이고 지속적인 세뇌, '기존 권력 체제를 뒤엎기 위해 대중의 생각을 뜯어고치는 수단'이 헤게모니 이론이다. 사람들의 생각 변화를 통한 인간개조가 목적인 것이다.

대한민국에서 역동적으로 작동하는 진지전과 기동전

안토니오 그람시는 헤게모니 이론과 함께 진지전(War of position)과 기동전(War of movement)이라는 새로운 혁명 전략을 만들어 낸다. 시간이 걸리더라도 유연하고 개방적인 방법으로 자본주의 국가를 지탱해 주는 정치, 경제, 교육, 언론, 학계, 문화, 예술 등 모든 영역에서 좌파의 진지를 구축하고 대항할 수 있는 헤게모니를 전파하는 것이다. 지지자들이 많아지고 대세를 장악할 수 있는 환경이 만들어지면, 러시아 혁명처럼 각자의 진지에서 뛰쳐나와 기동전으로 결정적인 승부를 내야 한다고 했다. 진지전이란 시민사회 내에서 장기적인 지적, 도덕적, 문화적 헤게모니를 장악하기 위한 투쟁전략이다.

진지전과 기동전의 속성과 작동 환경을 고려해 보면 대한민국은 그람시의 전략이 역동적으로 작동할 수 있는 모든 조건을 갖추고 있다고 볼 수 있다.

"사회주의 혁명의식을 자발적으로 수용할 수 있도록 사람들의 생각을 개조시켜라. 오랜 시간이 걸려도 유연하고 개방적으로 폭넓은 대항 헤게모니를 주입시켜라. 헤게모니를 잡기 위해 각 영역에 좌파의 진지를 구축하라. 대세가 형성되었다 판단되었을 때 참호에서 나와 기동전으로 혁명을 완성하라." 이것이 마르크스와 구별된 그람시만의 독특한 혁명 전략이다.

그람시의 사상은 프랑스 68혁명, 미국 히피세대들의 전쟁 반대, 성 소수자 문제 전략 지침서로 사용되었고 오늘날 더 큰 영향을 미치고 있다.

거짓과 싸움이다

신 좌파사상의 등장

프랑크푸르트학파란 제1차 세계대전이 끝난 후 1923년 프랑크푸르트 대학에 설립된 사회연구소에서 호르크하이머를 중심으로 아도르노, 마르쿠제, 프롬, 벤야민, 폴록, 하버마스 등의 학자들이 이룬 학풍의 총칭을 말한다. 프랑크푸르트학파가 프로이트의 심리학과 미국 사회학적 방법을 결합시켜 현대 산업사회를 비판하여 전통적 마르크스주의의 한계를 극복하고자 했는데 여기서 나온 것이 비판이론이다.

비판이론의 대표적 학자들 중 주목할 사람은 빌헬름 라이히의 성 정치를 계승한 헤르베르트 마르쿠제(1898~1979)다. 마르쿠제는 선진 산업사회를 비판하고, 정치적 급진주의를 옹호했으며 68혁명의 영웅, 신좌파의 아버지로 불리며 철저한 마르크스 신봉자였다.

마르쿠제, 1955년 프로이트의 이론을 접목시켜 《에로스와 문명》을 출간

이 책에 따르면 억압되지 않은 의식 속의 상상력을 바탕으로 유토피아를 이룰 수 있다는 것이다. 계급 억압적 현실을 비판하고 변혁을 추구하는 의식은 과거의 좋은 기억 속에 있으니 그 기억을 자극하고 상상력을 키워서 유토피아를 이루라고 주장했다. 기존 체제를 거부하고 자신이 하고 싶은 대로 하라는 마르쿠제의 주장은 60년대 젊은 세대들에게 많은 영향을 미쳤다.

프랑스 68혁명, 미국 흑인 인종차별반대운동, 베트남전쟁 반대운동, 기술문명에 반대하는 반기술문명운동, 권위주의적 낡은 체제에 저항하는 급진적 변혁운동 등에 큰 영향을 끼쳤다. 이들을 흔히 신좌파라 부르며, 신좌파 사상은 매우 복합적이어서 마르크스의 사상뿐만 아니라 프로이트, 레닌, 마오쩌둥, 사르트르, 체 게바라 등 여러 사상가들의 이론과 사상을 수용했다.

60년대 철학의 공통적인 특징은 전통적 진리나 윤리·도덕 등 가치체계를 거부한 것이다.

"자본주의 산업사회의 병폐를 보라"

"이 세상은 상품을 팔기 위해 쾌락주의를 조장하고 행복의 기준을 돈으로 평가하는 병든 세상이다. 어른들의 권위주의와 전통적인 윤리적 가치를 거부하라. 내 속의 감수성이 우선이니 하고 싶은 대로 마음대로 행하고 즐기라. 비이성적인 것을 숭배하라. 세상을 유토피아로 만들기 위해 내 속에 내재되어 있는 무의식의 기억을 깨우고 바꾸라."

상상하라. 상상력에 권력을!

2차 세계대전 후 경제적으로 풍요한 시기에 태어나 신좌파 교육을 받은 '베이비 붐' 세대들은 부모 세대의 전통적 가치관을 거부한다. 프로이트와 마르크스 사상을 결합한 성혁명과 성 정치를 주장하던 신 마르크스주의자들은 60년대부터 전열을 재정비하고 베이비 붐 세대들을 선동하여 '전통문화와 가치관·관습 등에 반항'하는 옷으로 갈아입고 문화전쟁에 들어간다.

알프레드 킨제이(1894~1956)

미국의 동물학자였던 킨제이는 '성 과학의 아버지'로 불리며 동성애 운동에 있어서 주목해야 할 인물이다. 록펠러 재단의 지원으로 인간의 성적 행동을 연구하였으며, 서구 문화의 근본적인 가치를 해체시키는 데 큰 역할을 했다.

1948년 쓴 《남성의 성생활》과 1953년 쓴 《여성의 성생활》은 서구 세계 인간의 성적 지향성, 남성들만의 전유물로 여겼던 동성애에 대한 미국인들의 편견을 깨는 데 획기적인 전기를 마련한 책이다. 킨제이 이후 성은 대중에게 파고들었다. 킨제이 보고서에서 힌트를 얻은 미국의 휴 헤프너가 1953년 선보인 '플레이보이' 잡지의 판매 부수는 한때 700만 부까지 올랐다. 전 세계 섹스 산업의 규모는 날이 갈수록 커져만 갔다.

동성애자이자 변태성욕자이기도 했던 킨제이는 자신이 원하는 결과를 얻기 위해 아이들과 재소자들을 이용했고 통계자료를 위조하여 보고서를 발표했다. 거짓과 허위로 가득한 보고서임을 분명히 알고 있음에도 오늘날 성과학자들은 그것을 진지하게 신뢰하고 있다.

킨제이는 이혼, 혼외 성관계, 동성애, 이혼, 매춘 등에 너그러워야 한다고 했다. 시간이 지남에 따라 미국 사회는 킨제이의 주장대로 천천히 변해갔다.

존 머니(1921~2006)

뉴질랜드 출신의 심리학자, 성과학자이다. 킨제이의 후계자인 존 머니를 주목하는 것은 그가 '인간은 자신의 성을 자유롭게 선택할 수 있다'는 '젠더 이데올로기'를 뿌리 내리게 한 희대의 사기꾼 과학자이기 때문이다. 그의 거짓 이론으로 많은 사람들이 희생됐다. 1960년대 '젠더 아이덴티티 클리닉'이라는 최초의 성전환 수술 병원을 개원했다. 머니는 한

쌍둥이 형제를 실험대상으로 인간의 성 정체성은 생물학적인 요인이 아닌 환경, 즉 학습에 의해 결정된다는 이론을 주장하게 된다. 성 정체성, 젠더 역할, 성 지향이란 어휘를 최초로 소개했다. 그의 글은 여러 나라 언어로 번역되어 약 2,000여 개의 글과 책들로 세계적으로 영향을 끼쳤다. 그러나 핵심 연구 결과 중 하나가 날조였으며, 개인의 삶을 파괴한 것으로 드러나 지탄받고 있다.

킨제이처럼 머니도 '집단 성교와 양성애'를 옹호했다.

퀴어(Queer) 실천가 '주디스 버틀러' 젠더 이론

체제 전복을 목적으로 하는 젠더 이데올로기의 흐름에 있어 중요한 인물은 젠더 이론의 선구자이자 퀴어 이론의 실천가인 주디스 버틀러이다. 헝가리-러시아계 유대인 학자 집안에서 성장한 그녀는 캘리포니아대학 버클리 캠퍼스 수사학 교수로 재직 중이며 마르크스주의자이자 페미니스트요 레즈비언이기도 하다. '세상에는 남자와 여자라는 것은 존재하지 않으며 성 정체성은 자기 스스로 결정해야 한다'고 주장한다. 버틀러에게 성 정체성은 언제든지 변화 가능한 것이다.

그녀의 주장에 의하면 성적 지향은 언제든지 변할 수 있고 다양한 것이니 근친상간도 금지해서는 안 되고 남자, 여자, 아버지, 어머니 등 명칭도 없애야 한다는 것이다.

놀라운 것은 이와 같은 버틀러의 '전복이론(Subversive theory)'이 불과 20년도 되지 않아 전 세계 학계에 수용되어 '젠더와 퀴어 연구'라는 새로운 분야를 형성했다는 사실이다.

또 놀라운 것은 UN이나 EU 같은 국제기구들과 수십억 달러를 동원할

거짓과 싸움이다

수 있는 재단들 역시 스스로 이 전복 이론에 뛰어들어 미친 듯이 전 세계에 젠더 이데올로기가 전 세계의 주류가 되어 기존 체제를 뒤엎고 있는데도 이에 대해 아는 이가 별로 없다는 사실이다. 대한민국 역시 예외가 아니다. 급진적 마르크스주의자인 버틀러의 전복이론은 인류를 파멸로 이끌고 있는 매우 위험한 이데올로기다.

세계 평화 지킴이 역할을 했던 UN은 변질된 지 오래다. 글로벌 성 혁명을 주도하는 가장 큰 세력은 좌파가 장악한 UN과 그 산하 기관들, NGO와 같은 유관 이익 집단들이다.

새로운 전체주의 '족자카르타 원칙'

UN을 장악한 좌파가 펼치는 글로벌 성혁명은 또 다른 형태의 전체주의라고 할 수 있다. UN의 힘과 권위를 이용하여 전 세계에 제재와 압력을 가하고 있기 때문이다. 족자카르타 원칙은 '젠더, 성적 지향, 성 정체성의 자유로운 선택을 포함한 29가지'를 만들어 UN 공식적인 문서도 아닌데 각 나라에 강제하고 있다. 이 문서는 '인권 전문가'라는 사람들이 2007년 인도네시아 족자카르타에 모여서 29가지 원칙을 만든 것에 불과하다.

핵심 내용은 '성 정체성'을 차별금지 기준의 하나로 헌법에 명확히 명시하는 것이다. 족자카르타 원칙 첫머리는 이렇게 시작한다. "국가는 반드시 이 원칙을 자국의 헌법 혹은 다른 적절한 법안에 포함시켜야만 한다."

성평등, 성적 지향, 차별금지법, 국가인권위원회 위상 강화 등 합법화에 심혈을 기울이고 있다. 이들이 원하는 것은 무엇일까? "다수의 권리와 시민적 자유를 대가로 비이성애적 소수자들을 위한 특권적 지위를 요구하는 것"이다. "성적 지향, 젠더 정체성, 인권은 소수에게만 해당된다"는 핵심 개념을 중심으로 얼마나 이 원칙에 충실한지를 알 수 있다.

좌파는 서구문화를 오래 지탱해 온 전통적인 기독교적 언어를 전략적으로 혼란시켰다

대중조작의 창시자인 에드워드 버네이즈는 인간 사회가 대중들의 정신작용과 사회적 유형을 간파하고 있는 소수의 사람들에 의해 지배받고 있음을 잘 알고 있었다. 그 소수의 사람들이 대중의 마음을 조작하고 있는 것이다. 잘 알려져 있듯이 전 세계인을 담배에 중독되게 하고 여성들의 흡연을 유행시킨 장본인이 바로 에드워드 버네이즈이다. 이처럼 성혁명을 효과적으로 확산시키려면 의식적이고 지적인 선전과 조작을 지속적으로 해야 한다.

오랜 세월 서구문화를 지탱해 온 기독교적 언어들을 의도적으로 사람들이 전혀 알아차리지 못하게 은밀히 부정적 언어들로 변질시켜 왔다. 위계질서(평등), 부모의 권위(자녀의 권리), 섹스(젠더), 남자·여자 양성의 성 정체성(젠더의 선택), 대의적 민주주의(참여적 민주주의), 전통(문화적 다양성) 등 전혀 듣지 못한 용어들도 미디어나 교육을 통해 반복적으로 듣다 보니 어느 순간부터 용어의 정확한 의미도 모른 채 이 시대 지식인들이 사용하는 언어로 오인하고 아무런 저항 없이 받아들이고 있다. 성혁명 이데올로기의 위험성을 전혀 알지 못한 상태에서 우리 속에 깊숙이 파고들었다.

한국의 좌파세력은 서구 좌파들과 마찬가지로 자유, 인권, 평등, 그리고 친동성애, 친이슬람, 페미니즘 정책들을 지속적으로 추진하고 있다

유럽이나 한국 좌파세력들이 자본주의, 자유민주주의, 기독교를 무너뜨릴 수 있는 최고의 전략은 이슬람, 동성애, 페미니즘을 확산시켜 사회 혼란과 인간의 기본적인 윤리·도덕을 말살하고 있다. 동성애를 죄라고 말하고 이슬람의 위험성을 경고하는 데는 기독교밖에 없다. 어느 시대든 기독교를 탄압하는 이유가 여기에 있다. 정신 차리고 항상 깨어있어야 한다.

그들은 결코 포기하지 않을 것이다

성혁명을 통해 체제 전복을 꿈꾸는 세력 배후에는 유물론과 무신론을 주장하는 공산주의 사상인 막시즘과 네오막시즘이 있다. 그들은 인권과 평등, 평화, 나눔, 소수자 인권보호 등의 개념을 왜곡되게 정립한 사상적 기반으로 성 해체 작업을 통해 가정을 파괴하고 마지막에는 국가도 파괴시키고 있다.

반복되는 미디어와 세뇌교육, 정치권력을 통해 끊임없이 지식인들 의식 속에 네오막시즘을 삽입하고, 국민들은 아무것도 모른 채 따라가며 속수무책으로 당할 수밖에 없는 무서운 계획을 가지고 있다. 공산국가는 사라져도 공산주의 사상은 결코 사라지지 않을 것이다. 그들은 결코 포기하지 않을 것이다.

참고문헌

1. 도서

《가족, 사적소유》_국가의 기원, 프리드리히 엥겔스, 책세상

《가짜 민주주의가 온다》_티머시 스나이더, 부키

《경찰학사전》_신현기 외 4명, 법문사

《공산주의 바이러스》_김정민·이호, 자유인의 숲

《공산주의 비판전서》_보헨스키, 한국반공연맹

《공산주의를 붕괴시킨 사람들》_오즈카 가츠미, 생각하는백성

《공산주의를 허문 8인의 결단》_조갑제, 조갑제닷컴

《공산주의의 본질》_윤원구, 건국이념보급회출판부

《교과서를 배회하는 마르크스의 유령들》_김철홍·전희경 외 1명, 기파랑

《국가는 왜 실패하는가》_대런 애쓰모글루·제임스 A. 로빈슨, 시공사

《권력은 사람의 뇌를 바꾼다》_강준만, 인물과사상사

《그들은 자신들이 자유롭다고 생각했다》_밀턴 마이어, 갈라파고스

《김일성이 일으킨 6·25전쟁》_강규형 외 4명, 기파랑

《노예의 길》_프리드리히 A. 하이에크, 자유기업원

《대구 10월폭동, 제주 4·3사건, 여·순 반란사건》_김용삼, 백년동안

《대한민국 근현대사 시리즈 2》_박윤식, 휘선

《대한민국 만들기 1945~1987》_그렉 브라진스키, 책과함께

《대한민국에서 공직자로 산다는 것》_민동석, 나남

《독재자의 최후》_셸리 클라인, 길산

《두 얼굴의 조선사》_조윤민, 글항아리

《동물농장》_조지 오웰, 민음사

《무례한 시대를 품위 있게 건너는 법》_악셀 하케, 쌤앤파커스

《미국에 당당했던 대한민국의 대통령들》_이춘근, 글마당

《미친 언론》_성창경, 나눔사

《박정희 바로 보기》_송복 외 9명, 기파랑

《박헌영》_박갑동, 인간사

《반일 종족주의》_이영훈 외 5명, 미래사

《사회주의의 심리학》_귀스타브 르 봉, 부글북스

《선택할 자유》_밀턴 프리드먼, 자유기업원

《승자의 뇌(뇌는 승리의 쾌감을 기억한다)》_이안 로버트슨, 알에이치코리아

《시대의 징조를 분별하라》_박광서, 누가

《아빠, 왜 히틀러한테 투표했어요?》_디디에 데냉크스, 봄나무

《아무도 나를 신고하지 않았다》_김동식, 기파랑

《아무도 미워하지 않는 자의 죽음》_잉에 숄, 평단

《어떻게 민주주의는 무너지는가》_스티븐 레비츠키·대니얼 지블랫, 어크로스

《예루살렘의 아이히만》_한나 아렌트, 한길사

《왜 결정은 국가가 하는데 가난은 나의 몫인가?》_로렌스 W. 리드, 지식발전소경제지
    식네트워크

《우리는 공산당이 싫어요》_김태수, 조갑제닷컴

《우리는 침묵하지 않을 것이다》_러셀 프리드먼, 두레아이들

《우리들의 대한민국》_이상우, 기파랑

《위대한 장군 밴 플리트(The Will to Win!)》_육군본부 육군군사연구소, 육군본부

《잊을 수 없는 6·25전쟁》_박윤식, 휘선

《잊지 말아야 할 그때 그 역사》_김재동, 자유와생명

《이승만》_이지연·배재희, 기파랑

《전체주의의 기원》_한나 아렌트, 한길사

《좌파정권 10년 방송은 이런 짓들을 했다》_최도영·김강원, 비봉출판사

《지식인의 두 얼굴》_폴 존슨, 을유문화사

《지식인의 아편》_레이몽 아롱, 삼육출판사

《태양을 등진 달바라기》_김용규, 글마당

《하나님의 기적 대한민국 건국(하)》_이호, 복의근원

2. 기사 및 사설

〈아파트 판 돈까지… 어디에 쓸지 소명하라니〉_한국경제, 2020. 1. 3.

〈[염재호 칼럼] 두려움의 사회와 민주정치의 위기〉_중앙일보, 2020. 5. 20.

〈전 세계적인 민주주의 위기의 원인〉_월간조선, 2019. 11. 24.

〈[이하경 칼럼] '민주화' 완장 찬 사람들이 민주주의를 멸시한다〉_중앙일보, 2020. 11. 2.

〈[횡설수설/송평인] 붉은 깃발法〉_동아일보, 2018. 8. 9.

〈[장진모의 데스크 시각] 국가는 어떻게 실패하는가〉_한국경제, 2020. 1. 5.

〈[곽인찬 칼럼] 어슬렁대는 한국판 적기법〉_파이낸셜뉴스, 2019. 12. 2.

〈왜 나가사키에 원자폭탄이 떨어졌나?〉_시민일보, 2019. 8. 7.

〈민중사관의 뿌리는 북한의 주체사관이다〉_미래한국, 2015. 12. 11.

〈主思派의 침투 경고한 '올네이션스 연합중보기도 콘퍼런스'〉_월간조선, 2020. 3월호

〈코로나와 견제 받지 않는 권력의 공통점〉_조선일보, 2020. 9. 11.

〈세상이 광우병 괴담에 휩쓸릴 때… '팩트의 방파제'를 쌓았다〉_조선일보, 2020. 3. 3.

〈효순이와 미선이…누가 두 소녀의 죽음을 이용했나〉_미디어펜, 2016. 3. 2

〈평양 모란봉중 졸업생 된 효순·미선 양〉_연합뉴스, 2005. 3. 25.

〈막내딸 미선, 가슴에 묻은 지 10년… 반미단체 정치적 추모행사 불참〉_동아일보, 2012. 6. 4.

〈北"국정화 반대 총궐기투쟁"지령〉_문화일보, 2015. 10. 28.

〈역사 전쟁, 대한민국은 지금 이념의 낙동강전선까지 밀렸다〉_미디어펜, 2015. 11. 16.

〈좌편향 판치는 교과서 대한민국이 위험하다〉_미디어펜, 2015. 6. 30.

〈한국사 국정화 논쟁 본질은 자유·민중사관 대립에 있다〉_미디어펜, 2015. 10. 23.

〈국사 교과서, 이렇게 북한 책을 베꼈다〉_조갑제닷컴, 2014. 1. 26.

〈역사 교과서, 종북적인 시각… 대한민국은 언제 건국된 건가〉_아시아경제, 2019. 12. 22.

〈오만한 권력이 국민을 개돼지 취급하고 조작된 진실이 세상을 휩쓸고 있다〉_조선일보, 2019. 9. 19.

〈새로운 좌표축과 또 하나의 기적〉_중앙일보, 2020. 6. 17.

〈정의연 '나폴레옹'이 되려 했던가〉_디지털타임스, 2020. 5. 18.

〈포퓰리즘·스트롱맨 시대… 다시 조지 오웰 열풍〉_조선일보, 2019. 8. 27.

〈조지 오웰 '동물농장'〉_매일경제신문, 2010. 9. 10.

〈또 다른 탐욕스런 돼지들을 만든 동물농장의 혁명〉_시사주간, 2019. 9. 4.

〈무능한 좌파권력의 민낯〉_한국경제신문, 2019. 11. 13.

〈北, 41년 전 소련 닮았다… 美도 눈 뜨고 당한 '빨치산 전술'〉_중앙일보, 2020. 6. 18.

〈80년간 1억 명 죽인 공산주의만행 잊지 말자〉_미래한국, 2017. 6. 19.

〈이승복 동상 철거하고, 교과서에서 빼고… 17년간 활개친 광기(狂氣)들〉_조선일보, 2009. 2. 13.

〈'공산당이 싫어요' 이승복 군의 아버지 지난 24일 사망 뒤늦게 알려져〉_조선일보, 2014. 8. 27.

〈울산교육감 한마디에… '이승복 동상' 모두 사라질 판〉_조선일보, 2018. 11. 7.

〈[사설] 1998년 '이승복 오보 전시회'는 DJ정권의 기획 작품〉_조선일보, 2009. 5. 26.

〈언론은 '정부의 손안에 있는 피아노'… 정부가 연주해야 한다〉_월간조선, 2018. 7월호

〈우리는 '괴벨스 공화국'에 살고 있는가〉_주간동아, 2018. 8. 21.

〈[만물상] 北의 욕설 연구개발〉_조선일보, 2020. 6. 9.

〈레닌 "혁명(革命)을 위해 용어(用語)를 혼란시켜라"〉_조갑제닷컴, 2014. 12. 2.

〈[동서남북] 말을 빼앗긴 시대, 좋은 말은 빼앗기고〉_조선일보, 2020. 6. 2.

〈유동열의 안보전선 주사파 대해부 1탄] 고영주, 법정 최후진술서 "좌익이 말하는 민주주의는 인민민주주의"〉_펜앤드마이크, 2020. 6. 3.

〈일부 고교 윤리 교과서에 국민주권 대신 '인민주권'〉_조선일보, 2019. 11. 30.

〈[사설] "주권이 인민에게 있다"는 일부 윤리 교과서〉_아시아투데이, 2019. 12. 1.

〈[시사칼럼] '용어혼란전술'의 최종목표는 한반도 공산화 통일이다〉_시니어타임즈US, 2019. 3. 21.

〈진보·민주화…용어를 빼앗긴 우익, 문화전쟁 봄은 오는가〉_미디어펜, 2016. 5. 22.

〈자본주의 경멸·좌경화 되어가는 국민… 좌파의 '혐오 유발' 딱지 붙이기〉_미디어펜, 2016. 5. 22.

〈레닌주의자가 법무부 장관이 된 대한민국〉_월간조선, 2019. 9월호

〈反日이데올로기는 民族主義가 아니라 種族主義〉_월간조선, 2019. 7월호

〈[칼럼] 용어혼란술은 공산혁명의 기본전술-유동열(자유민주원 원장)〉_독립신문,
  2004. 9. 24.

〈[다시 읽는 명저] 권력에 대한 자발적 복종이 문제다〉_한국경제신문, 2018. 8. 30.

〈[천자 칼럼] 사회주의자는 안 된다〉_한국경제신문, 2020. 3. 5.

〈[다시 읽는 명저] 진보가 오류 인정하지 않으면 도그마〉_한국경제신문, 2018. 9. 12.

〈[서소문 포럼] 평등경제의 함정〉_중앙일보, 2020. 6. 18.

〈[박정훈 칼럼] 이게 '사회주의' 아니면 뭐란 말인가〉_조선일보, 2019. 12. 13.

〈[다시 읽는 명저] 평등부터 앞세우면 자유도 잃는다〉_한국경제신문, 2017. 5. 25.

〈[다시 읽는 명저] 자유주의 번창한 국가가 세계사 주도〉_한국경제신문, 2018. 3. 14.

〈[다시 읽는 명저] "사회주의 이념 확산에는 '얼치기 지식인'의 책임이 크다" …선의(善
  意)로 가장해 유럽 휩쓸던 사회주의 허구성 경고〉_한국경제신문, 2019. 11. 18.

〈[다산 칼럼] 재산권 침해는 자유를 파괴한다〉_한국경제신문, 2020. 6. 26.

〈소득주도빈곤… 한국은 과거 성공 낭비하고 있다〉_한국경제신문, 2019. 12. 9.

〈민족주의 재인식〉_조선일보, 2006. 5. 20.

〈미국의 트럼피즘과 국제안보 환경의 변화〉_월간조선, 2020. 3월호

〈'우리민족끼리'는 주체사상에 기초한 김정일의 작품〉_월간조선, 2020. 3월호

〈우리민족끼리에 속아 '反美·反日 민족주의' 수용하면 대한민국은 自滅〉_월간조선,
  2020. 3월호

〈[오형규 칼럼] '정치적 부족주의'가 키운 분노의 시대〉_한국경제, 2020. 6. 4.

〈[필동정담] 너무 손쉬운 민족주의〉_매일경제, 2019. 7. 16.

〈좌파는 거짓말을 먹고 산다〉_월간조선, 2020. 2월호

〈[만물상] 반미파의 '미국 선호'〉_조선일보, 2020. 5. 13.

〈위안부 쉼터서 일본 과자 먹은 윤미향… "이중적" vs "트집 잡기"〉_한국경제, 2020.
  5. 17.

〈반국가단체 무장강도 출신〉_조선일보, 2020. 6. 16.

〈역사교사로서 바라본 영화 '기생충'의 인기〉_펜앤드마이크, 2020. 2. 13.

〈[박정훈 칼럼] '기생族'들〉_조선일보, 2020. 5. 29.

〈영화 기생충, 인간 기생충〉_동아일보, 2020. 2. 13.

〈[기자의 시각] 최고 분열 조장자〉_조선일보, 2020. 8. 15.

거짓과 싸움이다

〈[사설] "하다 하다 의사 간호사까지 편 가르기 하느냐"는 국민 분노〉 _조선일보,
　　2020. 9. 4.

〈[사설] 방역에도 네 편, 내 편 따지니 코로나가 잡히겠나〉 _중앙일보, 2020. 8. 26.

〈[시평] '코로나 정보 독재' 경계해야 한다〉 _문화일보, 2020. 9. 1.

〈자사고 일괄폐지와 상산고 홍성대 이사장의 분노〉 _서울이코노미뉴스, 2019. 11. 8.

〈[사설] 원칙도 기준도 엉망진창인 진보교육감의 자사고 취소〉 _중앙일보, 2019. 6. 21.

〈[사설] '상산고 지정 취소' 전북교육감, 만속도 만섬학교 만들어봤나〉 _동아일보,
　　2019. 6. 21.

〈[사설] 174석 믿고 '편 가르기 악법' 전방위 강행하는 巨與〉 _한국경제, 2020. 10. 29.

〈모두가 '1가구 1주택'이 된다면[오늘과 내일/김광현]〉 _동아일보, 2020. 7. 30.

〈베네수엘라 닮아가는 부동산 정책 '베네수엘라' 현실 되나〉 _한국경제신문, 2020. 8. 11.

〈[사설] 전 세계서 실패한 주택임대 규제, 왜 뒤늦게 고집하나〉 _한국경제, 2020. 8. 12.

〈'서민 삶' 파괴하기 시작한 임대차 3법 후폭풍〉 _한국경제, 2020. 9. 11.

〈[천자 칼럼] '토지공개념'이란 허상〉 _한국경제, 2018. 9. 17.

〈[사설] 통계 왜곡하다 부도난 그리스·아르헨, 남의 일이 아니다〉 _조선일보, 2020.
　　8. 21.

〈[이병태의 경제 돌직구] 주택보급률 100%라는 허상〉 _조선일보, 2020. 9. 7.

〈"임대료 규제는 도시를 파괴한다" 전월세 상한제의 함정〉 _주간조선, 2020. 8. 10.

〈[다산 칼럼] 재산권 침해는 자유를 파괴한다〉 _한국경제, 2020. 6. 26.

〈[CFC특집] 북한교회 멸망기와 한국교회의 위기(1, 2, 3, 4)〉 _크리스천포커스, 2020.
　　4. 13~19.

〈대한민국은 인민위원회 공화국인가?〉 _미래한국, 2017. 9. 5.

〈脫원전 열쇠 쥔 9인 위원회… 원전 전문가 한 명도 없어〉 _동아일보, 2017. 7. 25.

〈독일, 30년 논의 후 국회서 탈원전 결정… 스위스, 탈원전 국민투…〉 _조선비즈,
　　2017. 7. 25.

〈[사설] 박찬주 前대장 부인도 무죄… 軍적폐몰이 누가 책임지나〉 _문화일보, 2020.
　　6. 25.

〈센터의 폭로 직후 문 대통령은 "이번 기회에 군내 갑질 문화를 뿌리 뽑으라"고 지
　　시, 박찬주 前 대장 "나는 국방부 지하 영창 갇히고… 육참총장은 靑행정관이
　　부른다고 달려가"〉 _조선일보, 2019. 5. 3.

〈[발언대] 역사적 인물의 功過 고려해 친일 판단해야〉 _조선일보, 2020. 8. 25.

〈[박양수 칼럼] 독재는 '민족주의 피'를 먹고 자란다〉 _디지털타임스, 2020. 8. 25.

〈[이인호 칼럼] 내일은 국치일(國恥日)인데〉 _펜앤드마이크, 2020. 8. 28.

〈[김용삼 칼럼] 아직도 친일 프레임 약발이 제대로 먹혀드는 나라〉 _펜앤드마이크, 2020. 8. 25.

〈[포럼] '친일 몰이' 선동의 끝은 反美·親北〉 _문화일보, 2020. 8. 24.

〈[서지문의 뉴스로 책읽기] [143] 정말 '색깔론'을 끝내려면〉 _조선일보, 2019. 3. 26.

〈역사에서 찾은 문재인 정권 뿌리론, '도덕 투쟁'하는 현대판 친중위정척사파?〉 _신동아, 2019. 3. 6.

〈한국 여권파워 3위, 비자 없이 갈 수 있는 나라 무려 189개국〉 _한국경제, 2020. 7. 8.

〈[박정훈 칼럼] 21세기 위정척사파(衛正斥邪派)〉 _조선일보, 2018. 1. 19.

〈[양상훈 칼럼] 소름 끼치는 文 '한·중 운명 공동체'론〉 _조선일보, 2020. 2. 19.

〈[김순덕 칼럼] 시진핑의 중국 닮아가는 '문파의 나라'〉 _동아일보, 2020. 6. 11.

〈왕도정치 탈을 쓴 조선의 민낯… 『두 얼굴의 조선사』〉 _매일신문, 2016. 3. 11.

〈[심층분석] 2020년, 전체주의 먹구름이 몰려온다〉 _미래한국, 2020. 1. 8.

〈[이학영 칼럼] 대한민국은 약소국이 아니다〉 _한국경제, 2020. 8. 18.

〈개인적인 것은 정치적인 것이다(The personal is political)〉 _리얼뉴스, 2018. 7. 3.

〈[특별기고] 6·25 전쟁은 김일성과 남노당의 합작품, 북한군과 남한 좌익의 대학살극〉 _Liberty Korea Post 디지털신문, 2020. 6. 27.

〈"6·25 때 남북 서로 힘으로 무너뜨리려" 역사교재 편향 논란〉 _중앙일보, 2020. 11. 11.

〈딸에게 "아빠는 배추장수"라 한 대공요원… 전직 대공요원이 밝힌 '간첩의 세계'〉 _월간조선, 2017. 11월호

〈前 남파간첩 김동식, "내가 살았다는 이유로 가족 모두 숙청당해"〉 _대한민국인터넷안보신문, 2017. 3. 17.

〈이념 갈등 대한민국, 대통령 탄핵으로 폭발〉 _미래한국, 2017. 1. 25.

〈前 남파간첩 김동식, "내가 살았다는 이유로 가족 모두 숙청당해"〉 _코나스넷, 2017. 3. 7.

〈[박보균의 현장 속으로] '전설의 스파이' 조르게가 소련 구했다〉 _중앙SUNDAY, 2020. 7. 18.

〈[열린 광장] 한국 국감에서 튀어나온 "간첩 이야기"〉 _LA중앙일보(미주판 9면), 2016. 10. 15.

〈전직 對共 요원이 밝힌 '간첩의 세계'〉_월간조선, 2015. 3월호

〈인터뷰〉 염돈재 전 국가정보원 1차장 "간첩 수사, 국정원 배제는 국가안보 위협"〉_ 미래한국, 2020. 9. 2.

〈계급투쟁론자들은 왜 조국을 배신할 수밖에 없는가?〉_뉴데일리, 2014. 1. 10.

〈IMF를 만든 美재무부 차관보는 소련간첩이었다!〉_언론닷컴, 2013. 4. 20.

〈권력 잡으면 腦가 변해… 터널처럼 시야 좁아져 獨走할 가능성 커져〉_Weekly biz, 2014. 7. 5.

〈"文정권 거의 모든게 내로남불" 진보논객 강준만, 신간서 비판〉_동아일보, 2020. 10. 26.

〈진보논객 강준만 "文 내로남불, 정리하다 포기… 거의 다 해당"〉_조선일보, 2020. 10. 25.

〈[사설] 대통령 아닌 국가에 충성하는 美 공직자들, 우린 상상도 못할 광경〉_조선일보, 2019. 11. 1.

〈[배연국 칼럼] 대통령은 국민의 부하다〉_세계일보, 2020. 10. 27.

〈[오늘과 내일/고기정] "명령 따랐을 뿐", 면죄부 아니다〉_동아일보, 2020. 10. 26.

〈[사설] 정권 아닌 국민에 충성하는 公僕(공복)을 보고 싶다〉_한국경제, 2020. 10. 24.

〈[횡설수설/하태원] 밴플리트賞〉_동아일보, 2013. 9. 28.

〈부모찬스 없다… 中 한반도 급습에 줄줄이 참전한 美장군 아들들〉_중앙일보, 2020. 10. 24.

〈[군사사4월4일] 6·25 참전 밴플리트 장군 아들 야간임무 중 실종〉_국방일보, 2019. 4. 2.

〈아무튼 주말 – 김형석의 100세 일기〉_조선일보, 2020. 2. 29.

〈故 밴플리트 장군 '백선엽 한·미동맹상'〉_한국경제, 2015. 11. 1.

〈[만물상] 군 복무 '노블레스 오블리주'〉_조선일보, 2020. 9. 16.

〈[김희철의 전쟁사](37) 보훈의 달, 잊혀가는 영웅들과 지도자의 자세〉_뉴스투데이, 2020. 5. 29.

〈왜 건국을 반대했나? – 김용삼 미래한국 편집장〉_미래한국, 2015. 8. 10.

〈80년간 1억 명 죽인 공산주의 만행 잊지 말자!〉_미래한국, 2017. 6. 19.

〈이승만 "내가 그만두면 사람들이 안 다치겠지?"〉_뉴데일리, 2015. 4. 5.

〈[천자 칼럼] 최고의 복지는 교육〉_한국경제, 2019. 11. 7.

〈'이승만 현대사, 위대한 3년' 출간한… 원로언론인 인보길 씨〉 _조선일보, 2020. 8. 3.

〈신맑스주의나 현대 여성운동가들의 '성 혁명' 뿌리에는〉 _크리스천투데이, 2020. 8. 6.

3. 기타

〈[조우석칼럼] 영화 기생충의 섬뜩한 비밀, 부자 세상 갈아 엎자는 좌익혁명 선동영화〉 _뉴스타운TV, 2020. 2. 11.

〈'기생충'은 병든 영화 상 탔다고 박수칠 수 없다 – 조희문 교수에게 듣는다(1)〉 _뉴스타운TV, 2020. 2. 20

〈"영화는 혁명의 도구" 섬뜩한 운동권 풍토가 '기생충' 키웠다 – 조희문 교수에게 듣는다(2)〉 _뉴스타운TV, 2020. 2. 22.

〈종북주사파 세력의 실체!!!〉 _TV 0271(유튜브), 2019. 12. 6.

〈북한 간첩 이야기(이호 목사)〉 _히즈코리아TV, 2019. 9. 19.

〈동성애 전쟁 1 성경과 역사에서 본 동성애(이호 목사)〉 _히즈코리아TV, 2018. 9. 16.

〈동성애 전쟁 2 세계관의 대결, 기독교와 동성애(이호 목사)〉 _히즈코리아TV, 2018. 9. 20.

〈동성애 전쟁 3 마르크스주의와 성(性)혁명(이호 목사)〉 _히즈코리아TV, 2018. 10. 11.

〈동성애 전쟁 4 68혁명과 성의 개방(이호 목사)〉 _히즈코리아TV, 2018. 10. 25.

영화 〈기생충〉(2019)

영화 〈광해, 왕이 된 남자〉(2012)

위키백과